레오폴트 폰 랑케의
강대세력들·
정치대담·
자서전

레오폴트 폰 랑케 지음 / 이상신 옮김

Leopold von Ranke

Die großen Mächte ·
Politisches Gespräch ·
Zur eigenen Lebensgeschichte

● 쉼터 ●

차례

역자 서문 ·· 7

랑케의「강대 세력들」·································· 25
    루이 14세 시대 ·· 29
    영국 · 오스트리아 · 러시아 ······················ 45
    프로이센 ·· 61
    프랑스혁명 ·· 78
    재건 ·· 94

랑케의「정치 대담」·································· 105

랑케의「자서전」······································ 161
    1. 1863년 10월의 구술 ···························· 163
        머리말 ·· 163
        유년 시절 ·· 164
        두 수도원 학교들에서의 수학 시절 ········ 179
        대학 시절 ·· 206
        일찍 시작했던 교사 생활 ······················ 216
    2. 1869년 5월의 구술 ······························ 219
        프랑크푸르트 시절: 1818년 가을부터 1825년 봄까지 ·········· 219
    3. 1875년 12월의 구술 ···························· 242
    4. 1885년 11월의 구술 ···························· 262

찾아보기 ·· 301

●쉼터●

역자 서문

여기에 번역된 세 편의 글들은 랑케가 1832~1836년의 기간에 『역사정치 잡지(Historische-Politische ZeitSchrift)』의 편집자로 활동하면서 이 잡지에 기고했던 많은 글들 중에서 가장 유명한 「강대 세력들(Die großen Mächte)」과 「정치 대담(Politisches Gespräch)」, 그리고 랑케 전집 제53·54권(Rankes Sämmtliche Werke, 53/54 Band)에 실려 있는 랑케의 「자서전(Zur eigenen Lebensgeschichte)」이다. 우선 세 개 글들 중에서 앞의 두 글들이 작성되었던 배경과 그 내용에 관해 알아보기로 하겠다.

랑케가 4년 동안 편집자로서 주관했던 『역사정치 잡지』는 당시 프로이센의 외무장관이던 베른슈토르프(Bernstorff)가 실제 발행인으로 후원함으로써 발간되었던바, 그에게는 당시의 정치적 여론 속에서 일정한 의도가 있었다. 1830년 7월의 프랑스혁명은 1815년 이래의 왕정을 다시금 전복시켰고, 그 영향은 유럽의 다른 나라들에서도 입헌 체제와 개혁을 요구하는 혁명적인 봉기들을 불러일으키고 있었으며, 이에 대립하는 반동 세력의 반격도 일어나고 있었다. 본시 프로이센은 왕정복고 시기에 유럽이 개혁적·혁명적인 진영과 봉건적·절대주의적인 진영으로 나뉘어 있던 상황에서 개혁적·혁명적인 영국과 프랑스에 대립해 보수적 세력들인 러시아와 오스트리아에 더 가까이 서 있었으며, 근대적인 의회 체제의 도입에 대해서는 거부적이었다. 그런가 하면 프로이센은 슈타인-하르덴베르크(Stein-Hardenberg) 개혁 이래로 근대적인 법적·행정적 제도를 갖추었고, 자유경제 정책을 채택하고 있었으며, 우수한 교육 제도도 세웠다. 말하자면 이 나라는 보수적이되, 독일 국가들 중에서 가장 성과 있게 개혁되고 있었던 국가였으며, 더욱이 민족 통일을 위한 중심적·주도적인 역할을 요청받고 있었다. 이러한 조건들 속에 있었던 프로이센 정부는 자유·민주적 진영과 봉건·보수적 진영 사이의 정치적·이념적인 양극화 현상으로부터 벗어나서 자체의 보수적·개혁적인 정책을 신중하게 세우고 있었다. 이에 프로이센 정부에게는 여론으로부터 자신의 정책에 대한 동의를 확보할 필요가 있었으며, 여기에서 베른슈토르프는 특히 소유 계층과 교양 계층에게 프로이센 정부의 정책을 이 잡지를 통해 설명하고자 했던 것이다.

베른슈토르프는 편집 책임을 랑케에게 부탁했고, 랑케는 이 제안을 수락했다. 그는 이미 1824년에 첫 작품을 발표한 후 1825년 프로이센 정부에 의해 베를린 대학의 비정규 교수로 초빙되었고 정부로부터 빈(Wien)과 이탈리아로 문서고 방문 여행(1827~1831)을 위한 후원을 받은 바 있으므로, 이 정부에 일정한 의무를 지고 있었다. 또한 그 자신도 당시의 극단적인 이념적·정치이론적 대립 속에서 이 잡지를 통해 자신의 정치이론을 세우고자 하는 의도도 갖게 되었다. 즉 그는 당시에 제기되고 있던 두 극단들의 정치 이론들에 대립하여 사실들의 근원적인 타당성들을 근거로 하는 '진정한 정치'를 제시해 보고자 했던 것이다. 이것은 프로이센의 정책을 정당화시켜 보고자 했던 베른슈토르프의 의도와 부합되는 것이기도 했다.

랑케는 당시의 혁명 이론을 포함한 정치 이론들이 중세의 스콜라 철학(Scholastik)처럼 실제의 세계를 자신들의 '독단론(Dogma)'과 '체계(System)'에 따라 판단함으로써 오류를 범하고 있다고 보았다. 따라서 이와는 반대로 그 자신은 '사실로서의 진실'에 근기하는 '순수한 판단'을 세우겠나는 목표를 『역사·정치 잡지』의 편집에서 설정하고 있었다. 랑케로서는 유럽 여러 국가들의 상태들에는 무수한 다양성들이 있으므로 어떤 유일한, 지배적인 요구에 의한 정치 이론이 아니라 사실적인 파악 위에서 각 지역의 권리에 따르는 상대적인 이론을 세워볼 필요가 있었던 것이다. 여기에서 그는 합리적·추상적 사고에 대립하여 자신의 역사적·구체적인 사고로써 대결하게 되었다. 따라서 이 잡지에서의 그의 방향은 자연히 현실 정치 자체에 대해서보다는 그러한 정치의 역사적 조건에 대한 해명으로 나아가게 되었던 것이다. 그리하여 그가 편집하는 이 잡지는 프로이센의 당시의 정책과 목표를 설명하는 대신에 유럽 국가들의 관계들이 역사적으로 성장했던 다양성을 해명하는 데 치중하게 되었다.

결국 『역사·정치 잡지』에 기대를 걸고 있었던 프로이센 정부나 정치적 관심을 갖고 있었던 독자들은 잡지의 내용과 방향에 대해 당황하거나 실망하게 되었다. 이 잡지의 성격에 대해 처음부터 회의적이었던 사람들도 물론 반대하게 되었다. 그들은 모두 다 정치적인 잡지를 기대했으나, 역사학적인 잡지를 만나게 되었던 것이다. 잡지는 독자들을 잃어버렸고, 공동 작업자들도 떠나갔다. 랑케는 기고자들을 발견하는 데 어려움을 겪음으로써 이 잡지의 전체 기고문들 중 거의 3분의 2를 랑케 자신이 쓰기도 했다. 잡지가 출간되는 간격도 계속 길어졌다. 이로써 랑케는 충격적인 좌절을 겪었고, 1836년의 여름 호를 계기로 잡지의 발간을 중단할 수밖에 없었다. 이것을 계기로 그는 교수 생활과 역사 서술 작업으로 돌아오게 되었다. 이렇게 하여 랑케가 이 잡지의 편집을 통해 기대했고, 목표로 설정했던 바는 공식적으로는 좌초했다. 그러나 그는 편집자로서 활동했던 이 기간에 자신의 기본적인 역사 사상을 기초했다. 다름 아니라 그가 기고했던 많은 글들 중에서도 여기에 번역된 「강대 세력들」과 「정치 대담」이 그 대표적인 것이다. 전자는 그의 필생의 역사 작품들의 기본 윤곽이 되었고, 후자에서는 그의 역사주의적 사고와 사상이 일찍이 정연하게 표명되었다.

「강대 세력들」은 1833년 8월에 나온 이 잡지의 제2권 제2책에 발표되었다. 여기에서 우선 그는 "우리가 살고 있는 세계순간(Weltmoment)'을, 그것이 일상적으로 일어난 것처럼 명확하게, 의심할 바 없이 관찰되도록 해보겠다"라는 의도를 제시했다. 이것은 그가, 근세 시기들의 발전 과정에 대한 사람들의 이해에서 거의 일반적으로 확산된 몇 개의 오류들을 지적하기 위해서였다. 그에 의하면 그 오류들이란 사람들이 1789년과 1830년의 혁명은 입헌 체제로 나아가는 보편적 경향성을 띠고 있고, 그 경향성들로부터는 어떤 나라도 벗어날 수 없을 것이라고 전망하고 있던 사실들이다. 랑케는 그러한 견해들에 대립하여 '우리가 살고 있는 세계순간'을 유럽 국가들의 관계 속에서 관찰했고, 특히 프랑스·영국·오스트리아·러시아·프로이센 등 5개 국가들의 지나간 150년 동안의 형성과 발전에서 나타났던 경향성들을 추적했다. 그가 파악하는 바로는, 프랑스는 세계적 권력이고자 하는 욕구를 1789년 혁명 이래로 나폴레옹 시기를 통해 보여주고 있지만, 이미 루이 14세 시기부터 그러했다는 것이다. 루이 14세는 가톨릭적·민족적·군주제적·중앙집권적 권력을 세웠고, 이 권력은 유럽을 지배하면서 여러 국가들과 그들의 문화 발전의 독자성을 위협했다. 그런가 하면 영국에서는 윌리엄(William) 3세의 등장 이후 두 개의 경쟁적인 정당들의 활동 속에 게르만적·해양적·프로테스탄트적·민족적인 본질이 형성되었고, 오스트리아는 독일의 행정 및 군대를 근거로 하는 가톨릭적·독일적인 원리를 세웠고, 러시아에서는 그리스적·슬라브적 원리가 형성되었다. 그리고 마지막으로 등장했던 프로이센은 프리드리히 대왕의 작업을 통해 프로테스탄트적·독일적 본질을 세웠다. 각 국가들은 이와 같이 자체의 본질을 지니고 있으며, 당연히 독자성을 추구했다. 그러므로 그에 의하면

한 나라의 세력이 우세할 때, 이에 대해 다른 나라들이 '동맹'과 '연합'으로 대치함으로써 이른바 '세력균형'이라는 개념이 형성되었던 것은 그러한 과정에서였다. 결국 랑케는 프랑스가 추구해 왔던 지배권 욕구와 대혁명의 보편화적 운동에 대립하여 여러 민족들과 민족성들의 역할과 의미를 대치시켰고, 이들의 원리들이 상호 대립하면서도 공존하는 가운데 오히려 유럽의 진정한 조화가 보증된다고 보았던 것이다.

랑케는 강대 세력들의 발전을 그들의 대외 관계들에 집중하면서 관찰했다. '강대 세력들'이란 유럽에서 가장 강력한 영향력을 행사하는 국가들로서, 그들의 대외 정치가 랑케에게는 유럽사의 발전에서 결정적인 작용 요소이다. 그에게는 "한 국가는 다른 국가들에 대해 자신을 전체적으로 유지할 수 있어야 한다." 그때 비로소 그 국가의 국내 정치도 발전할 수 있다. 그러므로 한 국가의 국내 정치 체제, 종교 및 문화 생활, 민족적 현존재의 모든 것은 대외 관계들과의 상호 작용 속에 있으며, 따라서 이러한 국내 관계들은 대외 관계들에 대한 해명 속에서 거의 모두 발견될 수 있다는 것이다. 랑케는 그러한 모습을 국가의 대외적 관계와 특히 민족문학 사이의 연관 관계 속에서 보았다. 루이 14세 시대에 프랑스 문학은 유럽에서 가장 우세하게 영향력을 행사하면서 프랑스의 우위권 확보에 기여했고, 영국 문학은 명예혁명 이후부터 꽃피우기 시작했으며, 독일 문학은 프리드리히 2세를 통해 각성되었다는 것이다.

랑케는 유럽의 중요한 국가들은 각각 그들 자체의 국가적 원리가 있다고 보았다. 이 국가의 원리는 각 민족의 민족생활을 실현시키는 데 필요한 것으로서, 강대 세력들의 발전 가능성은 그들 각자가 자체의 국가적 원리를 어떻게 세우고 있고 실현시키느냐에 달려 있다는 것이다. 프랑스혁명 이전 마지막 100년 동안의 사건은 강대 세력들이 등장하여 유럽의 독립성을 옹호하면서 발전했다는 점이 사실이라면, 그 이후 시기의 사건은 민족성들이 스스로 갱신되고 새로이 발전했다는 사실이며, 민족성이 없는 국가는 존속할 수 없게 되었다는 것이다. 그에 의하면 우리 시대는 부정하는 일에만 빠지지는 않았고, 거대한 해방을 수행했으며, 우선 강대 세력들을 살려냈고, 국가와 종교와 법의 원리를, 또한 개인의 권리를 새롭게 했다는 것이다. 그리고 우리 시대는 국가를 위한 도덕적 힘과 민족성이 국가를 위해 지니고 있는 의미를 다시 한 번 의식시켰다는 것이다.

여기에서 랑케는 국가의 원리를 실현시키는 힘을 도덕적 에너지들이라고 규정했다. 이 도덕적 힘들이 그에게는 정신적·창조적인 힘들로서 생(生) 그 자체이다. 이 힘들은 다름 아닌 정신의 자산으로서 민족 생활, 나아가서 국가 생활은 이 힘들이 표현된 것, 구체화된 것이다. 그는 여러 국가들이 지니고 있는 이 힘들의 상호 작용과 연속 속에, 그 소멸과 소생 속에 '세계사의 비밀'이 있다고 정의했다. 이러한 점에서 보면 랑케가「강대 세력들」에서 그들의 발전을 대외 정치 관계들을 중심으로 관찰함으로써 결국 사건들을, 즉 외면적 현상들을 중심으로 관찰했다는 오해가 해소될 수 있다. 왜냐하면 그는 오히려 사건들에서 작용하는 도덕적 에너지에 대한 인식을 통해 내면적인 깊은 작용 요소를 파악하고 있었기 때문이다. 도덕적 에너지들을 정신의 자산으로서, 이것이 구체화된 것을 국가 생활로 보는 그의 사고는 헤겔(Hegel)적이기도 하다.

랑케는 바로 이러한 역사 사고에서 자신의 역사 연구 방법의 근본 원리를 또한 이 글에서 표명했다. 즉 그는 정신적인 생명을 불러일으키는 힘들인 도덕적 에너지들은 "정의(定義)될 수 없고, 추상적 개념들로 정리될 수도 없다. 그러나 우리는 그 힘들을 관조(觀照)할 수 있고 인지(認知)할 수 있으며,… 이 힘들의 현존재에 대한 공감을 만들어낼 수 있다"라고 주장했다. 이것은 그의 역사 사고와 방법론에서의 근본 원리이다. 이러한 점에서 보면 랑케는 엄격하게 사실을 근거로 하되 결코 실증주의적이지는 않았으며, 오히려 훔볼트(W. v. Humboldt)의 이해 이론에 입각해 있었다는 점이 명백해진다. 마지막으로 랑케는 유럽 근세사의 마지막 150년 동안의 강대 세력들의 발전에서 어떠한 세력도 유일하게 일방적으로 압도적일 수는 없고 오히려 각 세력들의 분리와 각자 자체의 완성이 필요하며, 그들의 공존 속에서 '진정한 조화'가 보증된다고 보았다.

1833년에 발표된 이 「강대 세력들」은 그 후로 그가 발표하기 시작한 유럽 각국들의, 특히 5개의 강대 세력들이 17세기부터 이룩해 온 발전들에 관한 여러 저작들의 기본 윤곽이 되었다. 말하자면 그는 자신이 1833년까지 축적했던 역사 지식을 근거로 하여 후일 자신의 역사 작품들의 기초를 단숨에 세웠으며, 또한 그 후 일관되었던 방법론도 함께 표명했던 것이다. 실로 탁월한 경지였다.

「정치 대담」은 1836년 8월 『역사·정치 잡지』의 마지막 책자인 제2권 제4책에 실렸다. 이 글은 플라톤이 소크라테스의 대화를 전해주는 『향연』의 서술 형식으로 작성되었다. 여기에서는 현자(賢者)인 프리드리히(Friedrich)가 주로 질문을 제기하는 칼(Carl)과 함께 일상 사건들의 외면적인 현상들이 아니라 유럽 역사의 진행 논리와 그 진실을 파악하고 있다. 이 두 대화자들 중 프리드리히는 랑케 자신을 대변하며, 칼은 독일 역사법학파(Historisch-Rechtschule)의 주도적 인물이었고 당시 국가 고문이던 자비니(Friedrich Karl von Savigny)[1]를 대변하고 있다. 실제로 랑케는 이

---

[1] 자비니(Friedrich Karl von Savigny, 1879~1861)는 랑케보다 먼저 베를린(Berlin) 대학의 법학교수로 부임했으며, 『입법과 법학을 위한 우리 시대의 과제』(1803)·『중세 로마법의 역사』(1816~1817)를 저술했다. 그는 동료 법학 교수인 아이히호른(Karl Friedrich Eichhorn, 1781~1854)과 함께 역사학적 연구 방법을 법률학 연구에 적용해 법제사(法制史) 연구에서 이른바 '역사법학파'를 세웠다. 법에 관한 자비니(Savigny)의 역사주의적 이해는 합리주의적 법학파에 대립적이었고, 헤겔적인 비역사학적 이해 태도와도 대립되었다. 그가 아이히호른과 함께 발간했던

글을 작성할 때 그와 함께 논의했던 것으로 알려지고 있다. 두 사람 사이의 대담은 칼이 현세주의자들(Weltkinder)과의 모임인 어떤 한 회합에 참석했다가, 프리드리히의 고독한 공부방으로 들어오는 장면과 함께 시작된다. 칼은 여러 사람들과 일상 정치에 관한 피상적인 견해들을 주고받는 대화(Konversation)로는 만족할 수 없었으므로, 그들과의 모임을 벗어나서, 사건들의 깊은 구조, 무엇보다도 역사적 배경에 관한 깊은 이해를 탐구적으로 진행시킬 수 있는 대담(Gespräch)을 나누기 위해 프리드리히를 찾아온 것이다.

대담 형식의 이 글에서 랑케는 역사를 형성시키는 힘들, 국가의 본질, 헌법 체제와 민족의 본질, 보편 정신과 개별 천재성, 인륜성, 법과 종교의 본질을 설명하면서 자신의 정치적 통찰력과 학문 이론에서의 깊은 사고를 보여준다. 그는 우선 유럽 국가들이 국내 정치를 두고서 절대적 군주제와 입헌적 군주제로 분열되었다고 보는 일반적인 경향에 대해 거부한다. 그는 그러한 대립이 있고, 그것이 미래를 어둡게 만들고 있지만, 이제 더는 우려할 필요가 없다고 전제한다. 그는 먼저 저 두 극단들의 대립 상황에서 시도되고 있는 프로이센 당국의 이른바 중용(中庸, Justemilieu) 정책에 관하여 독특한 관념을 제시한다. 즉 그는 중용은 '한가운데'를 유지하는 '소극적인 성격'으로는 문제 해결에 기여할 수 없다는 것이다. 진실은 '한가운데'에 있지도 않고, 모든 오류들의 종합으로부터도 얻어지지 않으며, 오히려 사실들을 그것들 자체의 권역 속에서 관찰할 때 발견된다는 것이다. 따라서 중용은 자신으로부터 당파들 극단들을 밀어내면서 자신의 고유한 내용을 관철시키는 '적극적 성격'을 세우고 유지해야 한다는 것이다. 이것이 중용에 관한 랑케의 관념이다. 이것은 자유주의적 과격파

『역사적 법학을 위한 잡지(Zeitschrift für geschichtliche Rechtswissenschaft)』는 법학에서의 역사학파를 위한 기관지가 되었다.

와 보수적 반동파의 두 당파들 사이에서 정부가 단지 양자 간의 투쟁만을 저지하면서 취하고 있는 외면적 중용 정책을 거부하는 것이며, 또한 동시에 국가가 두 극단들 사이에서 적극적으로 자체의 정신적 내용으로써 자신의 본질을 주도적으로 실현해 나아가야 한다는 요구이기도 했다.

이것이 필요한 이유는 모든 개별 국가들은 자체의 고유한 정신적 원리를 갖고 있기 때문이다. 랑케에게는 이 원리가 민족 생활에 생명을 불어넣어 주고, 그 국가를 '개체성'으로 만드는 것이다. 즉 국가의 현존재는 민족정신이 구체화된 것이므로 그에게는 '국가란 현실적·정신적인 본질(das Real-Geistige Wesen)'이다. 이러한 사상에서 랑케는 '진정한 정치'를 세우기 위해서는 실제 역사에 대한 구체적인 관찰이 필요하다는 점을 강조한다. 즉 그것은 계몽사상에서 출발하는 자연법사상과 계약 이론처럼 역사의 실제로부터 분리된 사고에서 나오는 것이 아니라 역사적 토대가 있어야 한다는 것이다. 그리고 그가 역사적으로 관찰해 본 결과 유럽에는 두 개의 적대적인 당파들의 대립이 본시는 존재하지 않았다는 것이며, 「강대 세력들」에서 표명한 바대로 모든 중요한 나라들에는 생동하는, 개별적인, 그들 속에 내재하는 하나의 원리, 즉 국가의 원리가 있으며, 여기에 그들 각자의 대외적 활동과 대내적 형성이 의존되어 있다는 것이다. 따라서 강대 세력들 각자는 대외적 독립성을 위해 노력하며, 그러해야만 한다. 그리고 그들 각자에게는 대외 정치와 대내 조직의 상호 작용 속에 정신의 창조물들을 세우고자 하는 과제가 있다. 그러므로 '진정한 정치' 이론은 각 국가가 자체의 원리 위에서 자체의 특수성을 실현시켜 온 과정에 대한 이해를 근거로 하여 비로소 세워지는 것이다. 이러한 주장을 랑케는 유럽 국가들의 국제 정치를 위해, 독일 민족국가를 위해, 그리고 프로이센의 국내 정치를 위해, 특히 이 국가가 대의 체제를 도입하는 경우를 위해 제시했다. 즉 각 정부는 "아직 존재하지 않는 바를 삶 속으로 도입하기 위해서는 기존하는 것에 대한 가장 깊은 인식을, 그리고 정신의 완전한 자유를 동시에 필요로 한다"라는 것이다. 이것은 실로 역사주의의 핵심적인 사상이다.

랑케가 이 글에서도 「강대 세력들」에서처럼 강조하는 것은 결국 국가의 원리이다. 각 국가는 이 원리를 통해 자신의 힘으로 일어나야 하고, 자유로운 독자성을 발전시켜야 하며, 결여되어 있는 권리를 쟁취해야 한다. 여기에서 랑케는 국가를 계약 이론에서와 같은 개인들을 위한, 그들의 사유 재산을 위한 보호 기관으로 보지 않고, 오히려 정신적인 것으로서, 신적(神的)인 근원에서 유래되는 이념을 실현시키는 개체적 존재로 본다. 개체성으로서 국가란 신의 사상(Gedanken Gottes)이다. 이 국가를 운영하는 체제 문제에 있어 랑케는 구성원 각자가 자신의 신분과 능력에 따라 참여하는 형식을 선호하는가 하면, 협의체적 형식에 대해서는 회의적인 보수적 견해를 보여준다. 그는 역시 입헌군주제에 대해 회의적이었다. 마지막으로 랑케는 각 국가들은 자신들의 특수한 발전을 이룩해 나가지만 그렇다고 그들이 대립으로만 나아가지는 않으며 유럽에는 공동체적 성격이 있으므로, 결국에는 이 공동체로 회귀할 것이라는 낙관적인 전망을 세우고 있었다. 이를 위해 각 국가는 자체의 구성 부분들을 해체될 수 없는 끈으로 결속시켜야 하고, 또한 유럽의 공동체 성격은 각 국가들의 원리와 고유성을 존중하면서 조화를 이루어야 한다는 것이다. 랑케에게는 이것이 가능한 것으로 보였다. 왜냐하면 공동체들이란 비록 혼란스럽게 보인다 해도, 창조적 정신과 도덕적 의지에 의해 일어났으며, 그것을 통해 끊임없이 발전하고 있기 때문이다.

이 글의 구성과 전개 방식은 상당히 문학적이다. 괴테와 대화를 나누었던 에커만(Eckermann)으로 설정된 칼(Carl)이 역사법학파의 자비니(Savigny)를 대변하면서 주로 질문을 하면, 랑케 자신인 프리드리히(Friedrich)가 대답을 하는 과정에서 일반적인 사고나 상식을 넘어서는 반전(反轉) 속에 결론이 도출되기도 한다. 흥미와 긴장이 넘친다. 여기에서는 사건들이 「강대 세력들」에서와는 달리 연대적으로 서술되지 않고, 대화자들의 사상과 관심에 따라서 개별적으로 채택되어 해석되고 있다. 그 과정에서 랑케는 일반 정치 이론, 입헌자유주의의 요구, 보편타당한 체제의 규범 등을 거부하면서, 국가란 '현실적·정신적인 본질(das Real-Geistige)'이며 자체의 고유한 삶(生)의 법칙들과 형식들(Lebensgesetze u.-formen)을 갖고 있다는 사상을 보여주고 있다. 아울러 랑케가 강조하는 '역사적 관찰'의 방법도 함께 제시되고 있다. 즉 현실적·정신적인 것은 어떠한 원리로부터도 추론될 수 없으므로 특수한 것으로부터 보편적인 것에로 나아가야만 한다는 것이다. 왜냐하면 보편적인 것으로부터 특수한 것을 관조하는 길은 없기 때문이다. 이 문제에 관해 랑케 연구자들 중에는 흔히 그에게서는 특수와 보편이 다 같이 중요하다고 해석하는 사람도 있지만, 사실은 특수성이 더 근원적인 것으로서 더 중요시되고 있다. 이와 같은 역사주의 사상과 그 연구방법론이 표명된 이 글은 역사 이해와 서술을 위한 그의 역사 이론이기도 하다.

랑케는 「정치 대담」을 발표한 후 『역사·정치 잡지』의 발간을, 시작한 지 4년 만인 1836년에 중단했다. 그리고 그는 이미 1834년에 임명된 바 있는 베를린 대학의 정교수 직으로 돌아왔다. 이때 그의 교수 취임 강의는 '역사학과 정치의 친근성과 차이(Über die Verwandtschaft und den Unterschied der Historie und Politik)'였다. 이 강의의 내용은 그가 프로이센의 정치를 위해 참여했던 잡지의 편집인으로서 겪은 경험과 학문으로서의 역사학에 대한 자신의 관념을 근거로 하여 역사학과 정치의 관계에 관한 견해를 표명한 것이다. 그의 견해가 결정적으로 표명된 문장에서 보면 "역사 서술의 과제는 국가의 본질을 일련의 과거 사건들로부터 제시하고 그것을 이해하도록 하는 것이지만, 정치의 과제는 획득한 이해와 확보한 인식에 따라서 국가의 본질을 발전시키고 완성시키는 것이다. 과거에 대한 지식은 현재에 대한 이해 없이는 불완전하다. 현재에 대한 이해는 과거 시기들에 대한 지식 없이는 존재하지 않는다. 하나는 다른 하나에게 악수를 청하며, 후자 없이는 전혀 존재할 수도 없거니와 완전할 수도 없다".〔S.W. 24 s.288f〕라는 것이다.

랑케는 정치와 역사학을 이와 같이 구분하면서 강의와 저술에 전념했다. 이때부터 그는 생애를 마칠 때까지 50여 권의 역사 작품들을 발표했다. 이 엄청난 저술들에서는 그가 1830년대에 저 두 글에서 기초했던 근본 관념들과 방법론이 변경됨이 없이 기본적인 토대로서 계승되고 있다. 그 관념들, 즉 대외 정치의 우위론, 현실적·정신적 본질이자 신의 사상으로서의 국가관, 유럽사 발전의 법칙으로서 세력균형론, 다양성 속의 조화론 등은 독일의 역사적·정치적 사상들에 큰 영향을 주었다. 물론 그 후의 시대적 상황과 국면들에 따라서 그것들은 회의에 붙여지기도, 효력을 상실하기도, 논란을 불러일으키기도 했으며, 양차 대전에 대한 일정한 책임마저도 벗어날 수 없게 되기도 했다. 그러나 우리는 랑케가 자신의 근본 관념들을 세웠던 역사적 토대는 혁명 이전까지의 유럽의 역사 유형들이었다는 것, 그에게는 토크빌(Tocquoville)과 부르크하르트(Burckhardt)에게서처럼 미래 전망이, 물론 그의 한계이기는 했지만, 그렇게 강하게 작용하지는 않고 있었다는 점을 고려해야만 할 것이며, 무엇보다도 그가 교수 취임 강의에서 표명했듯이, 결코 행동주의적으로 미래 건설을 위해서 자신의 관념들을 세웠던 것은 아니었다는 점들이 고려되어야 할 것이다. 이러한 점들은 우리로 하여금 랑케를 그의 시대적 제약성 속에서 더욱더 잘 이해할 수 있게 하는 데 반드시 필요한 사항들이라고 할 수 있을 것이다. 그는 객관주의자이면서도 현실로부터 유리되어 있지는 않았으며, 오히려 과거

이해를 위해 현재 인식을 항상 철저히 하고 있었으며, 그러면서도 현실의 정치적 관점에서 과거를 해석하는 태도에 대해서는 거부적이었다. 바로 이러한 그의 태도 때문에 그는 게르비누스(Gervinus)와 같은 자기 세대로부터뿐만 아니라 드로이젠(Droysen)·지벨(Sybel) 등 다음 세대의 역사가들로부터도, 그에게는 민족 현실의 당면 문제에 대해 필요한 당파적 참여가 결여되어 있다라는 비판을 받았다. 그러나 역사 서술을 당파적일 수 있는 모든 현실적 이해관계들로부터 분리시키고자 했던 그의 주장은 시간이 지나면서 더욱더 역사 연구에서의 부인될 수 없는 이상이 되어왔다.

「강대 세력들」은 1833년에 처음 발표되었다가, 1872년에 랑케 자신에 의해 전집(全集. S.W.) 제24권에 수록되어 다시금 출판되었다. 이때 그는 이 글이 1833년까지의 자신의 역사 연구를 기반으로 하여 작성되었던 것으로서 당시 이후의 저술을 위한 기획이었다고 언급하면서, 당시 이 글 끝부분의 몇 문장들을 제외시켰다고 밝혔다. 그 이유는 이 글이 처음 발표될 때의 논쟁점들이 이제 1870년대에 와서는 예민한 문제들이 되고 있으므로, 가급적 완화시킬 필요가 있었다는 것이다. 랑케 사후 알프레트 도베(Alfred Dove)는 랑케에 의해 제외되었던 문장들을 복원시켰고, 그 후로는 복원된 원래의 글이 출판되어 왔다. 「정치 대담」은 1836년에 처음 발표되었다가, 랑케 사후 1887년에 알프레트 도베에 의해 전집(S.W.) 제49·50권에 수록되어 출판되었다. 즐빅(Heinrich Ritter von Srbik)에 의해 "독일 학문의 불멸의 보석들"이라고 지칭된 이 두 글들은 랑케가 1854년 9월에 19일 동안 9회에 걸쳐 바이에른(Bayern)의 막시밀리안(Maximilian) 국왕에게 행한 『근세사의 여러 시기들에 관하여(Über die Epochen der neueren Geschichte)』[2])와 함께 그의 모든 역사 작품들과 글들 중에서도 가장 많이

---

2) 레오폴트 폰 랑케, 이상신 옮김, 『근세사의 여러 시기들에 관하여』(신서원, 2011).

인용되어 왔던 가장 유명한 글들이다. 그러므로 이 두 글들은 20세기에 여러 역사가들에 의해 각각 또는 묶이어 여러 차례에 걸쳐 출판되어 왔다.3) 각 출판본에는 각 편집자들의 관심과 관점에 따르는 해설이 첨부되었다. 1916년에 마이네케(Meinecke)는 제1차 세계대전의 권력 투쟁을 경험하면서 랑케의 유럽 역사 사상이 입증되는 것으로 보았고, 1941년에 즐빅(Srbik)은 "거대한 전환을 겪고 있는 우리 시기는 랑케의 정치사상의 깊은 면을 얼마 전에 가능했었던 것보다 더 많이 해명해 준다"라고 해설했으며, 쉬더는 1955년에 "총체적인 국가 권력의 세기 속에서" 랑케를 평가해 보고자 시도했다. 그리고 이거스(G. Iggers)는 몰트케(Moltke)와 함께 영역판을 내면서 '민주적으로 기초된 사학사(史學史)'의 관점에서 랑케의 국가주의적·보수적인 역사 사상을 평가해 보고자 했다.4) 일본에서는 1940년에 아이하라 신사쿠(相原新作)에 의해 '강국론: 근세 구주 열국의 성쇠(强國論: 近世歐洲列國の盛衰)'(巖波書店)라는 제목으로, 그리고 1980년에는 하야시 겐타로(林健太郎)에 의해 '열강론(列强論)'이라는 제목으로 번역된 바 있다.5) 이와 같이 이 두 글이 수차례에 걸쳐 항상 새로운 해설과

---

3) 제1차 세계대전 후인 1916년과 1924년에는 마이네케(Meinecke)가, 1925년에는 로타커(Rothacker)가, 제2차 세계대전 중에는 호프만(Hans Hofmann)이, 1941년에는 즐빅(H. R. v. Srbik)이 출판한 바 있으며, 제2차 세계대전 후에는 라우에(Theodor H. v. Laue)에 의해 영어로, 1940년에는 일본어로 번역되었다. 1955년에는 쉬더(Theodor Schieder)에 의해 다시금 출판되었고, 1973년에는 이거스(Georg G. Iggers)가 몰트케(Konrad v. Moltke)와 함께 다시금 영어로 번역했다. 마지막으로는 물락(Ulrich Muhlack)이 1995년에 많은 주석을 첨부하여 출판했다.
4) U. Muhlack, Nachwort, in; L. v. Ranke: Die großen Mächte, Hrsg. v. Muhlack (Frankfurt: 1995), s.116.
5) Leopold von Ranke, 相原新作 譯, 『强國論: 近世歐洲列國の盛衰』(東京: 岩波書店, 1940).

함께 출판되고 있는 것은 그만큼 유럽의 과거 역사에 대한 반성들에, 또한 그 미래에 대한 전망들에도 랑케의 사상이 항상 깊은 영향을 주어왔기 때문이다.

역자는 이 번역 작업에서 쉬더의 1955년판[6]과 물락(Muhlack)의 1995년판[7]을 대본으로 삼았다. 랑케는 「강대 세력들」에서는 가끔 주석을 달았으나, 「정치 대담」에서는 주석을 전혀 달지 않았다. 그런가 하면 쉬더의 편집본에는 두 글에 공통적으로 얼마간의 주석들이 쉬더에 의해 첨부되었는가 하면, 물락의 편집본에는 두 글에 공통적으로 각각 원문의 지면들과 비슷한 분량에 해당되는 많은 주석들이 물락에 의해 첨부되었다. 역자는 랑케의 주석과 쉬더의 주석을 모두 다 번역했으나 물락의 주석들은 역자의 관심에 따라 부분적으로 생략 또는 축소하기도 했으며, 또한 역자가 직접 주석을 달기도 했다. 여러 가지 주석의 특성상 랑케 주는 별도의 표기를 붙이지 않았고, 쉬더나 물락, 역자가 단 주에는 별도의 표기(쉬더 주, 물락 주, 역자 주)를 했다.

이 번역본의 마지막 부분인 랑케의 자서전은 그가 1863년 10월과 1869년 5월에, 그리고 1875년 12월과 1885년 11월에, 즉 네 차례에 걸쳐 자신의 아들 오토(Otto)에게 구술하여 작성된 글로서 그의 사후에 도베(Alfred Dove)가 편집한 랑케 전집 제53·54권에 실렸다.(1890) 이 자서전은 많은 자서전의 저자들이 자신들의 생의 과정과 과제 및 목표를 변호 또는 합리화하면서 방대하게 서술하고 있는 것과는 달리 매우 간략하다. 그런 만큼 이 자서전은, 비록 그가 베를린 대학의 교수로 부임한 후부터 프로

---

6) L. v. Ranke, Die großen Mächte·Politisches Gespräch, mit einem Nachwort von Theodor Schieder(Göttingen, 1955).

7) L. v. Ranke, Die großen Mächte·Politisches Gespräch mit einem Nachwort von Ulrich Muhlack(Frankfurt am Mein und Leipzig, 1995).

이센 궁정과 항상 긴밀하게 접촉해 왔던 관계로 이미 친프로이센적·보수적이지 않을 수 없었으면서도, 다른 자서전들에 비하면 비교적 객관적이다. 여기에서는 무엇보다도 그가 자기 시대의 민족주의적 사조와 그 열기로부터 거리를 두었고, 보수와 혁명의 두 극단들 사이에서는 조화를 모색하면서 당대의 격변들을 그 자신의 보편사적 관점으로부터 담담하게 관조하고 있었던 점이 나타나고 있다. 그리고 그의 중요한 작품들이 저술되었던 각각의 동기와 과정들이 당시 내외(內外) 독서층의 반응과 함께 항상, 비록 간략하지만, 언급되고 있다. 이것은 오늘의 독자들에게는 그의 역사학을 이해하는 데 도움이 될 것이다. 역자에게는 그가 수도원 학교 시절에 이미 그리스어와 라틴어 문헌들을 번역하고 또한 그 언어들로 작문을 할 수 있을 만큼 고전어들을 연마했으며, 고전 시대로부터 자기 시대에 이르기까지 많은 중요한 문학 작품들을, 마치 문학사가인 양, 깊이 이해하고 있었다는 점이 특히 인상적이다. 랑케는 긴 생애를 누렸지만 이 자서전은 그가 유년 시절, 수도원 학교 시절부터 1848년 2월혁명과 그 운동들에 대한 체험까지를 비교적 자세히 언급했을 뿐, 1870/71년의 독일 제국 건설까지의 체험과 그 후의 자신의 생애에 관해서는 지극히 간략하게 언급했을 뿐이다. 마지막으로 구술했던 세 번째와 네 번째 구술의 내용은 앞서서 구술했던 내용들이 부분적으로 다시 언급되어 있다. 이것은 이 마지막 구술이 그가 자신의 생애를 유년 시절부터 다시 한 번 전체적으로 회고하는 성격을 띠고 있기 때문이다. 그러나 특히 사학사적으로 중요한 것은 이 마지막 두 개의 구술들에서는 그의 역사 작품들이 저술되었던 과정들이 각 저술들의 의도 및 동기와 함께 언급되었다는 점이다. 랑케는 자신의 생애를 구술하면서 주석을 전혀 첨부하지 않았으므로, 역자는 사건들·인물들, 특히 역사가들과 그들의 작품들에 대한 역자의 주석을 가급적 많이 첨부하고자 노력했다.

랑케 자서전이 일본에서는 이미 1900년과 1943년에 니시무라 데이지(西村貞二) 외 2인에 의해(三省堂), 그리고 1966년에는 하야시 겐타로(林建太郎)에 의해(中央公論社) '랑케 자서전(ランケ自傳)'이라는 제목으로 번역된 바 있으며,[8] 우리나라에서는 1982년에서야 비로소 그것도 출처 및 역자 미상의 번역본이 출판된 바 있으나, 지금은 절판된 상태이다. 역자는 랑케 전집 53·54권[9]에 수록되어 있는 자서전을 대본으로 하여 번역했다. 본시 역자는 이 자서전을 그의 「강대 세력들」 및 「정치 대담」과 함께 번역하는 계획을 처음부터 세우지는 않았고 따로 계획하고 있었으나, 위의 두 글들을 번역한 후에 이보형·이광주 두 교수님들로부터 이 자서전을 함께 번역하여 첨부할 것을 권고받고서 작업하게 되었던 것이다. 이에 두 분의 권고에 대해 이 자리를 빌려 감사드리는 바이다.

역자는 독자들이 이 세 편의 번역된 본문들을 읽을 때 번거롭겠지만, 첨부된 주석들을 함께 읽으면서 참조하기를 권하는 바이다. 왜냐하면 이 세 편의 글들이 모두 다 17세기 이래 랑케 시대까지의 유럽 역사의 발전을 압축적으로 정리한 것이거니와 또한 그의 역사 사상과 역사 이론이 지극히 간결하게 집약되어서 표현되었으므로, 상당한 전공자들조차도 번역된 원문만 읽을 때는 사건들의 전후 관계나 사상적·이론적 배경에 대한 확인 없이 넘어가 버릴 수 있기 때문이다. 역자는 이 번역 작업을 하면서 라틴어 및 고대사 해석에서는 김경현 교수와 윤진 교수의, 프랑스어 해독에서는 민유기 교수의 도움을 받았으며, 특히 까다로운 독일어 문장의 해독에서는 박성철 교수의 도움을 받았다. 이 분들의 도움과 수차례 원고 정리를 맡아준 이윤재 군의 노고에 깊이 감사하는 바이다. 아울러 역사학

---

8) Leopold von Ranke, 林建太郎 譯, 『ランケ自傳』(東京: 岩波書店, 1966).
9) Leopold von Ranke, Leopold von Ranke's Sämmtliche Werke; Bd.53~54(Leipzig; D.&H., 1890).

관계의 저술서 및 번역서의 출판을 전문으로 하는 ㈜신서원의 정용국 대표에게 감사하는 바이다.

2014년 3월
역자 씀

랑케의 「강대 세력들」

Die großen Mächte

루이 14세 시대

영국 · 오스트리아 · 러시아

프로이센

프랑스 혁명

재건

●쉼터●

연구와 독서에 대한 우리의 관계는 여행에서의 여러 가지 인식들에 대한, 그러니까 생(生) 그 자체의 많은 사건들에 대한 우리의 관계와 다르지 않다. 우리가 개별적인 것을 향유하는 동안에, 아무리 그것이 우리의 마음을 끌고 자극한다 해도, 그것은 시간이 지나면서 뒤로 밀려나고 희미해지며 사라진다. 우리가 어떤, 또는 다른 그 어떤 장소에서 받았던 거대한 인상들만이, 우리에게 무의식적으로, 또는 특별하게 주목할 만한 관찰을 통해 일어났던 전체적인 관조들(Gesamtanschauungen)만이 계속 남으면서, 우리의 정신적 자산을 총체적으로 증가시킨다. 향유되었던 현존재의 가장 고귀한 순간들은 기억으로 합쳐지고 그것들의 살아 있는 내용을 이룬다.

확실히 사람들은 어떤 한 중요한 작품을 읽고 난 후에는, 될 수 있는 한, 그 작품의 결론들을 분리시켜 제시하면서, 좀 더 중요한 곳들을 다시 한 번 개관한다. 이때 권고할 만한 것은 좀 더 많은 포괄적인 연구를 합쳐서 그때마다 정리해 두는 일이다. 나는 계속 나아가면서 하나의 긴 역사적 시기의 성과들을 일단 연관 관계 속에 현재화하는 작업에로 독자들을 초대하고자 한다. 그 시기는 최근 150년 동안의 시기로서 다방면의 노력들을 통해서만 파악될 수 있다.

의심할 바 없이 역사 서술(Historie)에서는 개별 순간에 대한 관조(Anschauung)도 역시 그 진실 속에, 특수한 발전 그 자체 속에 하나의 귀중한 가치가 있다. 즉 특수한 것(das Besondere)은 그 자체 속에 보편적인 것(das Allgemeine)을 지니고 있다. 그러므로 자유로운 관점으로부터 전체의 연관 관계를 개관하고자 하는 요구가 결코 배격될 수는 없다. 각자는 또한 각기 다른 방식으로 그러한 노력을 한다. 개별 인식들의 다양성으로부터 우리에게는 비의도적으로 그것들의 통일성에 대한 견해가 일어난다.

단지 어려운 것은 이와 같은 견해를 적은 분량의 지면들로써 합당하게 정당화하고, 몇 가지 기대에 동의하면서 제시해 보는 일이다. 그렇지만 나는 이 시도를 감행해 보고자 한다.

왜냐하면 내가 근세 시기들의 형성 과정에 관한 이미 거의 일반적으로 확산되어 버린 오류들을 문제시할 수 있을 때, 그리고 내가 우리가 살고 있는 세계순간(Weltmoment)이 좀 더 명확하게, 좀 더 의심할 바 없게, 그것이 일상적으로 일어날 수 있듯이, 관조되도록 할 수 있을 때, 나는 이 『역사·정치 잡지(Historisch-Politische ZeitSchrift)』의 다음 권(卷)을 좀 더 잘 편집할 수 있을 것이기 때문이다.

이러한 시도를 감행하는 데 있어서 나는 너무 멀리 과거로 소급해서는 안 될 것이다. 그렇게 한다면 그것은 필연적으로 하나의 세계사를 서술하는 것이 될 것이다. 또한 나는 의도적으로 거대한 사건들에, 대외적 관계들의 전개에 집중하겠다. 이러한 사건들의 가장 다양한 작용과 영향 속에 있는 대내적 관계들에 대한 해명은 대외적 관계들 속에서 대부분 발견될 수 있을 것이다.

루이 14세(Ludwig XIV) 시대

우리는 사람들이 16세기에는 유럽의 자유를 스페인과 프랑스 사이의 대립과 세력 균형 속에서 보았다는 사실로부터 출발해 보겠다. 사람들은 한쪽으로부터 압박을 받았을 때 다른 쪽에서 피난처를 찾았다. 프랑스가 오랫동안 내란1)으로 허약해졌고 혼란을 겪었다는 사실은 일반적인 불행이었다. 사람들이 그다음으로 앙리 4세(Heinrich IV)2)를 그렇게도 기꺼이 환영했을 때, 이것은 그가 프랑스에서의 무정부 상태를 종식시켰을 뿐만 아니라, 무엇보다도 그가 바로 그렇게 함으로써 안정된 유럽 질서의 재건자가 되었기 때문이다.

그러나 이것은 프랑스가 여러 곳에서, 즉 네덜란드, 이탈리아, 이베리아 반도(半島)에서 경쟁 국가인 스페인에 가장 위험스러운 타격을 가했었고, 독일에서는 스페인의 동맹자들을 억제해 그들의 우세를 파괴함으로써 가능해졌던 것이며,3) 이를 통해 프랑스는 자신의 권력이 정점에 이르

---

1) 프랑스에서 전개되었던 신·구교 사이의 종교전쟁(1562~1598)을 의미한다. —역자 주
2) 앙리 4세(1553~1610)는 나바르(Navar)의 군주로서 프로테스탄트군을 이끌고 가톨릭의 도시인 파리(Paris)와 대치하다가 가톨릭으로 개종하는 조건으로 파리에 입성하여 1589년에 프랑스 국왕으로 즉위했다. 그는 프로테스탄트에 대한 가톨릭 측의 관용을 받아내어 1598년에 낭트칙령을 반포함으로써 종교 내란을 종식시켰지만, 국왕 재임 시에 암살당하고 말았다. —역자 주
3) 프랑스가 이룩한 이상의 업적들은 30년전쟁 기간(1618~1648)에 프랑스가 거두었

렀던 시기에는 스페인보다 훨씬 더 우세해졌다.

우리는 유럽의 상태가 1680년경에는 어떠했는지를 알아보기로 하자.

프랑스는 한 사람의 국왕 아래 그렇게 오랫동안 유럽을 혼란 속에서 유지하는 데 잘 적응했다. 그는 이 나라의 군주가 되는 것을 완벽하게 이해했던 인물이다. 그의 귀족들은 오랫동안의 저항 끝에 그에게 굴복하여 궁정이나 군대에서도 마찬가지로 열성껏 봉사하게 되었으며, 그의 성직자들은 교황권에 저항하면서 그에게 결속했다. 그리하여 그는 이전 어느 때보다도 이들과 더욱 일치했고, 더욱 강력해졌다.

권력 관계를 어느 정도 개관해 보기 위해서는 우리는 단지 다음 사실들만을 상기해 보면 되겠다. 즉 황제가 자신의 두 개의 첫 번째 상비군 연대들, 즉 보병과 용기병(Kürassiere: 흉갑을 착용한 기마병)을 설치했었던 바로 그 시기에, 루이 14세는 평화 속에 자신의 점령 지역들에 이미 10만 명의 주둔 병력을, 그리고 1만 4,000명의 근위대 병력을 유지했던 것,[4] 영국 해군이 찰스 2세(Karl II)[5] 시기에는 더욱더 많이 격파되었지만[1678년에는 83척이나 되었다], 프랑스 해군은 1681년에 제1급 및 제2급의 정기 운행 선박을 96척, 전함(Fregatten)[6] 42척, 소형 전함(Feluken)[7] 36척을, 또한 많은 화공선(Brander)[8]들을 확보하고 있었다는 것 등의 사실들이다.[9]

던 전쟁의 성과들이다. ─ 역자 주

4) 살방디(Salvandy)는 『폴란드의 역사 8권(Historie de Pologne, Livre VIII)』에서, "국고는 평화 시기에도 국왕이 자신의 휘하에 있는 모든 궁정들을 뒤흔들 수 있는 40만 명의 병력을 유지할 수 있게 해주었다"라고 서술했다.

5) 1660년부터 영국 국왕이던 찰스 2세(1630~1685)를 일컫는다. ─ 역자 주

6) 17세기에 등장했던, 3개의 돛대가 장착된 빠르고 조정하기 쉬운 쾌속 전함으로, 지금의 순양함과 구축함의 중간형이다. ─ 역자 주

7) 두 개의 돛대와 한 개의 삼각 돛대가 장착된 소형의 연안 항해선이다. ─ 역자 주

8) 기름과 화약을 싣고 적함에 충돌해 화재를 일으키도록 건조된 선박이다. ─ 역자 주

루이 14세의 군대는 가장 잘 훈련된, 전쟁에 가장 익숙했던 병력으로 알려져 있었고, 그의 군함들은 매우 건실하게 건조되었다. 어떤 다른 군주도 공격과 방어를 위해 그렇게 잘 갖추어진 국경선을 갖고 있지는 못했다.

그러나 군사력을 통해서뿐만 아니라, 더 많이는 정치와 동맹을 통해 프랑스인들은 스페인인들을 압도할 수 있었다. 그들이 그렇게 함으로써 이룩했던 관계들은 그들에게 일종의 최고지배권을 형성시켜 주었다.

우리는 우선 북방과 동방을 관찰해 보자. 1674년에 스웨덴은 위험한 한 전쟁을 감행했었다.10) 준비도 없이, 자금도 없이, 정당한 동기도 없이, 단지 프랑스의 요청과 보조 지원을 믿으면서 말이다. 소비에스키(Johann Sobieski)11)가 폴란드 국왕으로 즉위한 것은 한 장의 공식 문서 속에 루이 14세의 승리가 공표된 것이다. 이 국왕과 왕비는 오랫동안 프랑스의 관심 속에 있었다. 프랑스인들은 폴란드로부터 헝가리인들의 불만12)을 지원했었다. 왜냐하면 그것이 빈(Wien)을 통해서는 더 이상 불가능했었기 때문이다. 프랑스인들은 헝가리인들과 터키인들의 연합을 중재했었다. 왜냐하면 프랑스인들은 일상적인 수단을 통해 유지되어 온 영향력을 디반

---

9) 볼테르(Voltaire)는 『루이 14세 시대(Siècle de Louis XIV)』 2권, p.139에서 1681년에는 툴롱(Toulong) 항구에 198척의 전함들과 30척의 갈레 선박들이 있었다고 기록했다.
10) 스웨덴은 1674년에 브란덴부르크(Brandenburg)로 진격함으로써, 1672년에 네덜란드와 전쟁을 개시했던 루이 14세의 부담을 덜어주고자 했다. 〔물락(Muhlack)의 편집본(역자 서문, p.21, 주 7 참조), s.145(이하 '물락 주'로 표기함)〕
11) 소비에스키(Johann Sobieski, 1624~1696)는 폴란드의 왕세자로, 터키와의 전쟁에서 승리를 거두었던 장군이다. 그는 오랫동안 계속되었던 왕권 투쟁을 극복하고 1674년에 폴란드 국왕 얀 3세(Johann III)로 선출되었다. 〔쉬더(Schieder)의 편집본(역자 서문, p.21, 주 6 참조), s.74(이하 '쉬더 주'로 표기함)〕
12) 니콜로(Betlem Nicolos) 백작의 회상록, 『헝가리 혁명들(Révolutions de Hongrie)』 6권, p.275.

(Diwan)13)을 근거로 하여 방해 없이 행사했기 때문이다. 그 모든 것은 '하나의' 체제(System)였다. 프랑스의 정책에서 탁월했던 배려는 폴란드와 터키 사이에 평화를 유지시키는 일이었다. 이것을 위해 타타르칸(Tatarchan)14)조차 활용되었다. 또 다른 배려는 스웨덴이 전쟁으로 러시아에 굴복당하지 않도록 하는 것이었다. 모스크바 사람들은, 콘타리니(Contarini)15)가 1681년에 말했듯이, 프랑스와 동맹 관계에 있던 스웨덴을 공격할 기색을 갖고 있지 않았으며, 그때에 터키인들은 러시아 황제의 영토를 침입하고자 위협을 가하고 있었다. 요컨대 이렇게 멀리 떨어진 지역들의 전쟁과 평화조차도 프랑스에 달려 있었다.

사람들은 당시 독일의 체제가 얼마나 직접적으로, 무엇보다도 스웨덴을 통해 프랑스와 관계되어 있었는지를 알고 있다. 그러나 그러한 관계 외에도 우리의 조국은 갈라져 있었고 허약했다. 바이에른(Baiern)과 팔츠(Pfalz)는 혼인 관계를 통해 프랑스 궁정과 결속되어 있었고, 거의 모든 나머지 독일 군주들은 여러 시기들에서 프랑스의 지원을 받았다. 쾰른(Köln)의 선제후(選帝侯)16)는 여러 가지 상이한 위장 계약들을 통해 비밀에 부쳐두고 있었던 하나의 공식적인 문서에 의하여 자신의 성채인 노이

---

13) 오스만 제국의 총리이다. ―역자 주
14) 크리미아 지역에 거주했던 터키 부족의 지배자 칭호이다. ―역자 주
15) 콘타리니는 루이 14세의 전성기에 프랑스 궁정에 주재했던 베네치아 외교관 (1676~1679)으로, 1680년에 파리로부터 돌아와서 자신의 외교 활동에 관한 보고서를 작성했다. 랑케는 이 문서를 1824/25년에 베를린의 왕립 도서관에서 발견했으며, 자신의 『프랑스사』에서 인용했다. ―쉬더 주, s.74(5)
16) 막시밀리안 하인리히(Maximillian Heinrich, 1621~1688)는 1650년부터 쾰른 (Köln)의 선제후가 되었으며, 그는 루이 14세가 홀란드 침공을 군사적·외교적으로 준비하기 위해 노이스(Neuß)와 쾰른의 다른 지역들을 1671~1672년의 기간 동안 점령하는 것을 허용했다. ―물락 주, s.146

스(Neuß)를 프랑스 점령군에게 넘겨주었다.17)

중부 유럽과 남부 유럽에서도 역시 사정은 크게 다르지 않았다. 스위스인들은 때때로 2만 명 넘게 프랑스 군대에 복무했으며, 프랑스의 강력한 개방적인, 더욱이는 좀 더 강력한 감추어진 영향 때문에, 스위스 의회(Tagsatzung)18)의 독립성은 아무런 칭찬도 받을 수 없었다. 이탈리아 인들을 공공연하게 유지하기 위해 리슐리외(Richelieu)는 피나롤로(Pinarolo)를 접수했다.19) 더욱 중요한 곳은 카살레(Casale)20)였던바, 이곳을 통해 밀라노(Mailand)와 제노바(Genua)는 직접적으로 위협을 받게 되었다.21) 모든 사람들은 이곳이 프랑스의 수중으로 들어갈 경우, 그것이 어떠한 위험이 될 것이라는 점을 알고 있었다. 그럼에도 불구하고 어느 누구도, 루이 14세가 만토바(Mantua)의 대공과 그 문제에 관해 몰두했던 협상─이것이 오랫동안 계속되었는데도─에 대해 심각하게 저지하려는 시도를 감행하지 않았다. 그리고 결국에는 프랑스가 그곳을 점령했다. 만토바의 대공과 마찬가지로 그 외의 이탈리아 군주들도 역시 대부분은 프랑스에 대해 의무

---

17) 플라싱(de Raxio de Flassen: 1760~1845)은 프랑스의 외교관이자 역사가로서, 그의 『프랑스 외교사(Histoire génerale et raisonée de la diplomatie française)』 6Vols.(Paris: 1808), 제3권, p.400에는 이 유례없는 조약의 발췌문이 있다.
18) 이 스위스 의회란 옛 스위스 연방(Eidgenossenschaft)에서 각 주(州: Kanton)의 대표들로 구성된 회의체를 의미하며, 이것은 1848년까지 지속되었다.─역자 주
19) 피나롤로(Pinarolo)는 사부아 대공의 영토였으나, 1630년에 프랑스 영토로 병합되었다.─물락 주, s.147
20) 카살레(Casale)는 만토바(Mantua) 대공의 영토였으나 1681년 9월에 스트라스부르크(Straßburg)와 함께 프랑스에 병합되었다.─쉬더 주, s.74(6)
21) 포스카리니(Foscarini), 『베네치아의 역사(Historia Veneta)』 3권, p.400.〔포스카리니(1632~1692)는 베네치아의 정치가이자 저술가로서, 이 작품에서는 프랑스의 카살레 점령을 1681년의 가장 주목되는 사건이라고 언급하며 상세하게 설명했다.─역자 주〕

를 지고 있었다. 사부아(Savoyen)의 대공비(大公妃)와 피레네 산맥(Pyrenäen)의 건너편인 포르투갈의 여왕은 프랑스 여인들이었다.[22] 추기경 데트레(Kardinal d'Estrées)[23]는 여러 가지 문제들에 관해 확고한 권력을 갖고 있었으므로, 사람들은 그가 전제주의적으로 지배했다고, 즉 무력으로 나라를 지배했다고 말했다.

그러나 사람들은, 프랑스가 그동안에 오스트리아 가문들과의 투쟁에서 지배적인 권력을 세웠었지만, 이 숙적에 대해 결정적인 영향력을 확보했다고 믿을 수 있을까?

이것을 스페인 측과 독일 측은 각기 다르게 이해했다. 스페인의 젊은 국왕[24]은 프랑스의 한 공주와 결혼했고, 더욱이 그다음으로는 프랑스 대사의 작용이 스페인 국내 사건들에서 곧바로 나타났다. 이 나라가 당시에 갖고 있었던 가장 중요한 인물인 제2의 돈 주앙 도스트리아(Don Juan d'Austria)[25]는, 내가 알고 있는 바로는, 프랑스인들에 의해 명예를 훼손당했고, 이로 인해 그는 죽었다. 그러나 빈(Wien)에서도 프랑스인들은 전쟁

---

[22] 콘타리니(Contarini): 사부아가 보여주듯이, 왕은 소통보다는 주권을 유지했다. 피나롤로(Pinarolo)는 그들에게 어떠한 자유도 가슴깊이 허락하지 않았다.

[23] 추기경 데트레(1628~1714)는 1682년부터 이탈리아 여러 지역들과 바이에른·사부아·스페인에서 프랑스 대사로 활약했던 인물로서 1665~1666년에 사부아와 포르투갈에서 위에 언급된 두 프랑스 여인들의 결혼을 중매했고, 그때부터 정치적 영향력을 행사했다. —쉬더 주, s.75(6)

[24] 이 사람은 1665년부터 스페인의 국왕이었던 칼 2세(Karl II)로서 루이 14세의 동생인 프랑스 오를레앙(Orlean)의 필리프 대공(Philipp 大公)의 딸 마리아 루이스(Maria Louise, 1662~1689)와 결혼했다. —쉬더 주, s.75(7)

[25] 도스트리아(1629~1679)는 스페인 국왕 필리페 6세(Philipp VI)와 여배우 칼데론(Calderon) 사이의 아들로서 1669년에 아라곤(Aragon) 왕국의 주교총대리로 임명되었다가, 1675년에는 스페인의 젊은 국왕 칼 2세(Karl II)에 의해 총리로 임명되었다. —쉬더 주, s.75(76)

의 한가운데에서조차도, 비록 비밀리였지만, 기반을 잡을 줄 알았다. 이러한 전제 조건 아래서만 사람들은 최소한 그곳 내각의 동요를 파악할 수 있다고 믿었다. 오스트리아 최고 군정(軍政) 당국이 내렸던 지시들은, 몬테쿠쿨리(Montecuculi)[26]가 탄식했듯이, 자체 사령부 내에서 보다 더 일찍 베르사유에 알려졌다.[27]

이러한 상태에서는 모든 유럽국가들 중에서도 영국이 프랑스를 저지하는 사명을 갖고 있었을 것이다. 사실 영국만이 그러한 힘을 보유하고 있었다. 그러나 사람들은, 찰스 2세(Karl II)가 정치와 애정의, 사치와 종교의, 이해관계와 음모의 지극히 다양한 동기들의 특수한 결합을 통해 루이 14세와 결속되어 있었다는 것을 알고 있다. 그러나 프랑스 국왕을 위해서는 이러한 결속들이 아직도 충분하게 든든하지는 못했다. 바로 그 순간에 찰스 2세는 의회의 가장 중요한 구성원들을 포섭하는 데 관심을 기울이고 있었다. 그들은 그렇게도 독립적(independent)이고 공화주의적인 신조를 갖고 있었지만,[28] 그에게는 단지 동일한 수단들을 활용하는 것만으로

---

26) 몬테쿠쿨리(1609~1680)는 1649년부터 오스트리아 육군 원수였으며, 1668년부터는 빈의 궁정 전쟁부의 의장이 되었다. 그는 터키와의 전쟁에서 승리를 거둔 바 있고, 17세기의 한 중요한 전쟁 저술가이기도 하다.―쉬더 주, s.75(7)

27) 푸펜도르프(Pufendorf), 『브란덴부르크 역사(Rerum Brandeburgicarum)』 12권, p.929.〔푸펜도르프(1632~1694)는 독일의 법학자이자 역사가로서 1686년부터는 브란덴부르크의 사관(史官)이었다. 그는 『브란덴부르크의 선제후 프리드리히 빌헬름의 생애』(1695)를 서술했던바, 랑케는 이 작품을 진실에 충실한 저술로서 유럽국가들과 그들의 관계에 대해 각성시켰다고 찬양한 바 있다. 이 작품은 드로이젠(Droysen)의 『프로이센 정치사』, 15Bde.(1855~1886)가 나올 때까지 브란덴부르크 역사에 관한 대표적인 서술이었다.―물락 주, s.148f〕

28) '그들'은 영국의 비국교도파인 독립교회파(Independent)를 지칭한 것이다. 그들에게는 교회를 개별 공동체의 독립성 위에 세우려는 급진공화적·민주적 신조가 있었다.―물락 주, s.149

충분했다. 프랑스 공사 바리옹(Barillon)[29]이 그 수단들 중 하나에 관해 "내가 찰스에게 제시했던 근거들은 그를 확신시키지 못했다. 그러나 내가 그에게 제공했던 돈은 그를 안심시켰다"라고 말했다.[30] 이렇게 하여 비로소 루이 14세는 영국을 자신의 권력 안으로 확보했다. 영국 국왕이 돈을 멀리 했었더라면, 의회에서 동일한 저항에 부딪혔을 것이다. 의회가 프랑스인들에 대한 민족적 적대감을 공감하고 있을 때, 이를 국왕은 곧바로 지지했다. 루이 14세의 정책은, 바리옹이 루이 14세의 마음속에 있었던 것이라고 강조하는 바대로, 영국인들의 단합을, 즉 국왕과 의회 사이의 화해를 방해하는 것이었다. 이것을 그는 훌륭하게 달성했다. 이로써 영국의 권력은 완전히 중립화되었다.

물론 유럽은 그렇게 프랑스인들에 대립하면서 분열되었고 무력했으며, 한 베니스인[31]이 말했듯이, 심장도 없고 또한 쓸개도 없었다. 루이 14세가 자신의 메츠(Metz) 의회가 제기한 제안에 따라 메츠에 재합병관청(Reunionskammer)[32]을 설치하고, 여기에 가장 강력했던 군주들을 소집해,

---

[29] 바리옹(Paul Barillon, 1630~1691)은 프랑스의 외교관으로서 1677~1689년의 기간에는 영국 주재 프랑스 대사로 활약했던 인물이다.―역자 주〔이 인물에 관해 랑케는 자신의 『영국사』에서 "바리옹의 장점은 영국의 모든 당파들과 관계를 맺고서 모든 수단을 활용하는 데 있다. 그는 정당하게 생각한 바를 실행하면서 본국에 성실하게 봉사하는 사람으로서 편견 없이 보고했다"라고 묘사했다. ―물락 주, s.149〕

[30] 이러한 보고의 중요성은 달림플(Dalrymple, 1726~1810)에 의해 발견되어 전해졌다고 알려지고 있다.〔달림플 경은 스코틀랜드의 저술가로서 *Memoirs of Great Britain and Ireland from the Disolution of the last Parliament of Charles II untill the sea Basttle of La Hogue*, 3Bde.(London, 1771)을 저술했다.―역자 주〕

[31] 이 인물은 1679~1683년 기간에 프랑스 주재 베네치아 대사였던 세바스티앙 포스카리니(Sebastiane Foscarini)를 지칭한다.―물락 주, s.150.

[32] 재합병관청(Reunionskammer)은 루이 14세가 메츠(Metz)·브라이자흐(Breisach)·

토지와 주민들에 대한 그들의 권리에 관해서는 국가 계약들을 통해 보증되도록 하고, 사법(私法)에 관해서는 자신의 법원들에 의해 결정되도록 했을 때, 사람들이 이를 감내했던 것은 일반적인 정치의 한 상태였다. 슈트라스부르크(Straßburg)가 그렇게 무력적으로, 사물의 이치에 그렇게 어긋나게 탈취되었던 것도 독일 제국의 한 상태였다. 한 외국인이 먼 훗날 알자스(Elsass)의 점령에 관해 표현했던 바를 여기에서 내가 인용해 보겠다. 즉 영(Young)[33]이라는 사람은 자신의 여행기에서 "사람들이 그 사

베장송(Besancon)의 최고 법원들에 설치했던 기구로서, 그는 프랑스에 의해 1552·1648·1668·1679·1681년에 걸쳐 한 번 점령된 적이 있었던, 그리고 그 후로 프랑스에 의존되어 왔던 모든 지역들을 요구했으며, 프랑스 왕권에 재병합하기 시작했다. —쉬더 주〔이 재병합 정책의 절정은 1681년의 스트라스부르크(Straßburg) 합병이었다. 랑케는 자신의 『프랑스사』에서 "오랫동안 독일 제국의 보호 아래 자유를 누렸던 한 자유 도시가 예속되어 버렸다"라고 서술하면서 그것을 아무런 법적 근거도 없이 이루어진 것이라고 보았다. 랑케는 『프랑스사』를 발표한 후 얼마 안 가서 스트라스부르크(Straßburg)와 알자스(Elsass)가 반환되는 것을 체험했다. 랑케는 1870년 10월에 빈(Wien)에서 프랑스 총리로 예정되어 있던 티에르(Thiers)를 만났을 때, 이 문제를 명확히 하려는 시도에서 다음과 같이 말했다. "전쟁은 더는 나폴레옹을, 지금 감옥에 있는 사람을, 더욱이 우리가 어느 정도 위대하게 보는 프랑스 그 자체를 겨냥하는 것이 아니라, 과거에 독일 제국의 약점들을 이용했던 루이 14세의 정책에 대립하는 것이다. 그는 정당성도 없이, 권리도 없이 스트라스부르크(Straßburg)를 우리로부터 빼앗았다." "여러분들은, 그러한 불법이 결코 망각되지 않았다는 것을, 그것이 오늘날에도 복수를 위해서가 아니라—왜냐하면 우리는 그러한 것과는 거리가 멀기 때문에—, 반작용을 위해 불타오르게 하고 있다는 것을 알아야만 한다. 우리는 다 같이 옛 불법을 진정시키도록 하자."—물락 주, s.150f〕

33) 영(Arthur Young, 1741~1820)은 영국의 작가이자 민족경제학자로서 농업경제에 관한 많은 작품들과 여행기들을 저술했다. 랑케는 그의 저술들 중에서 「프랑스 여행기(1792~1794)」를 자주 인용했다.—쉬더 주, s.75(8)

건에 관한 역사를 읽을 때, 그것은 그렇게 깊은 인상을 만들지 못한다. 그러나 나는 프랑스로부터 출발하여 높은 산맥을 넘어야 했고, 그다음으로는 평지로 내려왔다. 그곳에는 풍습·언어·혈통에 있어서 프랑스인들과는 전혀 다른 민족이 살고 있었으니 - 이 평지는 당시에 정복된 곳이다 -, 이것이 나에게는 인상적이었다"라고 기록했다. 독일은 이러한 모욕을 받으면서도, 이에 대해 휴전을 맺었다.34)

루이 14세에게 아직도 무엇이 허용될 수 없는 것으로 남아 있었던가? 나는 그가 제노바(Genua)를 어떻게 학대했고,35) 자신의 대사로 하여금 교황에게 어떻게 무력으로 거역하면서 로마로 진입하도록(1687) 했는지에 관해36) 길게 설명하지 않겠다. 단지 우리는 어떻게 그가 자신의 친구들조차도 보호하지 않았던가를 상기해 보자. 그는 츠바이브뤼켄(Zweibrücken)37)이 자신의 오래된 동맹자인 스웨덴 국왕에게 속해 있음에도 불구하고 그곳을 점령했다. 그리고 그의 해군 제독은, 터키인들이 자신의 동맹자들이었는데

---

34) 이 협정은 1684년의 레겐스부르크(Regensburg) 정전협정을 의미한다. 이때 루이 14세는 1681년까지 진행되었던 모든 재합병의 점령지들을 20년 동안 보유한다고 선언했다. 랑케는 자신의 『프랑스사』에서 "당시에는 프랑스의 우세 때문에 어떤 거부도 불가능했다"라고 기술했다. [Ranke, S.W., 10, s.356] — 물락 주, s.151
35) 루이 14세는 1681년 9월에 프랑스 함대를 보내 며칠 동안 제노바(Genua)를 포격했다. 왜냐하면, 이 도시가 자주적인 정책을 통해 루이 14세를 모욕했기 때문에, 그는 이 도시를 순종하도록 만들고자 했던 것이다. — 물락 주, s.151f
36) 교황 이노첸시오 11세(Innocenz XI)는 로마의 외국 대사관들이 망명자들의 보호권을 포기한다는 조건 아래에서 새로 부임하는 대사들을 인정한다는 칙령을 발효했다. 그러나 루이 14세는 이 칙령을 무시하고 1687년에는 새로운 프랑스 대사가 군대를 대동하면서 로마로 들어가도록 했다. — 물락 주, s.152
37) 팔츠(Pfalz)·츠바이브뤼켄(Zweibrücken) 영주국은 상속권을 통해 스웨덴 국왕 칼 11세(Karl XI)의 소유였으나, 루이 14세의 재합병 조치로 1681년에 프랑스에 합병되었다. — 물락 주, s.152

도, 키오스(Chios)를 포격했다.38) 왜냐하면 트리폴리스(Tripolis)의 해적들이 그곳으로 달아났기 때문이었다. 그는 허드슨 해변(Hudsons bay)의 영국인 회사에 속했던 몇 개의 요새들을 최선의 협정이 진행되는 사이에 평화리에 점령했다.39) 루이 14세는 폴란드의 여왕40)에게 그녀의 명예를 위한 작은 보상도 허용하지 않았다. 그는 돈 또는 지원을 통해 친구들을 만든 후에는, 그들을 소홀히 하기를 잘했다. 이것은 그가 그들에게, 자기는 그들을 근본적으로는 필요로 하지 않는다는 것을 증명하기 위해서였거나, 또는 자신의 분노에 대한 두려움만이 그들을 의무 속에 묶어둔다는 확신에서였다. 그는 모든 협상들에서 자신의 이러한 우월함이 느껴지도록 만들고자 했다. 그는 스스로 자신의 한 외무대신에 관해 "나는 그를 멀리해야만 했다. 왜냐하면 그의 손을 거쳤던 모든 것에는 사람들이 불행하지 않는 프랑스 국왕의 명령들을 실행할 때 보여주어야만 하는 웅대함과 힘이 없기 때문이다"41) 라고 말한 바 있다.

우리는 이러한 성향이 그의 호전적 성격의 가장 중요한 추진력이었다고 보아도 될 것이다. 그에게 무절제한 영토 욕구는 거의 없었다. 자기 주위를 넘어 멀리까지 미치는 정복에 관해 그가 언급했던 일은 본시 없었

---

38) 루이 14세는 해적 국가들인 튀니스·알제리·트리폴리스에 대한 응징 조치로서 터키의 에게(Ägae) 섬들을 포격했다. 이것은 터키로 도망간 트리폴리스 해적선의 인도를 터키가 거부했기 때문이다.—물락 주, s.152
39) 앤더슨(Anderson), 『무역의 역사(Geschichte des Handels)』 6권, s.139.
40) 이 여왕은 폴란드의 루이제(Maria Casimira Louise)를 지칭한다. 루이 14세는 그녀의 재정 후원 요청을 거절하면서 냉대한 바 있었다.—쉬더 주, s.75(9)
41) 내가 알고 있기로는 볼테르(Voltaire)가 처음으로 『루이 14세 시대』 2권, p.99에서 이 문제를 기록했다. 플라상(Flassan)과 르몽테(Lemontey, 1762~1826, 프랑스의 저술가이자 역사가)는 이것을 반복해 전달했을 뿐, 볼테르를 언급하지 않았다. 그러나 볼테르의 보고가 진실한 것으로 보인다.

다. 원정들 자체가 단지 궁정의 업무들에 속해 있었다.—사람들은 군대를 규합해 이들을 부인들 앞에서 과시하도록 했다. 모든 것은 사전에 준비되었고, 공격이 성공하여 국왕은 정복된 도시에 입성했다가 곧바로 서둘러서 궁정으로 돌아온다.— 그러므로 그것은 주로 이와 같이 승리감에 도취하면서 귀환하는 호화로운 행사이며, 그가 빠져 있는 궁정에 대한 예찬이었다. 그에게는 정복이나 전쟁이, 이것들이 그에게 마련해 주는 영광보다 중요하지 않았다. 그는 하나의 자유로운, 위대한, 그리고 불멸의 명예를 추구하지는 않았다. 그에게 중요했던 것은 그의 주위가 그에게 충성을 맹세하는 일이었다. 이 주위가 그에게는 세계이고 후세(後世)이다.

그러나 그러한 까닭에 유럽의 상태가 덜 위태로워지지는 않았다. 하나의 최고 권력이 있어야만 했다면, 그것은 최소한 하나의 법적으로 정해진 것이어야만 했다. 실제로는 불법적인, 고요한 상태를 매 순간 자의(恣意)를 통해 교란시키는 이 최고 권력은 유럽의 질서와 그 발전의 기반을 해체시킬 것이다. 사람들은 이 질서가 세계사 속에 나타난 또 다른 질서들로부터는 자체의 법적인(rechtliche), 그러니까 법률적인(juridische) 성격을 통해 구분된다는 것을 항상 인식하지는 못한다. 세계운동들이 법의 체계를 다시금 파괴한다는 것은 사실이다. 그러나 저 운동들이 지나가 버린 다음에는, 이 체계는 새로이 구성되며, 모든 노력은 오직 그 방향으로 이 체계를 다시금 완성시키는 것을 목표로 삼는다.

그리고 이것은 여전히 단 한 번도 유일한 위험은 아니었다. 이것에 못지않게 중요한 또 다른 위험은 그렇게도 결정적으로 지배하고 있던 한 민족의 영향이 다른 민족들의 독자적인 발전을 어렵게 만들었다는 사실에 있다. 즉 이들의 발전이 더욱 보잘것없게 되었던 것은 저 지배적이었던 민족의 영향이 자신의 우세한 문학을 통해 지원을 받고 있었기 때문이다. 이탈리아 문학은 자체의 독창적인 과정에서 그 권역을 이미 완성시켰다. 영국 문학은 아직 일반적인 의미로까지 제고되지는 못했다. 독일 문학이란 당시에는 존재하지 않았다. 프랑스 문학은 경쾌하게, 뛰어나게, 그리고 생기 있게 완성적이면서 최상급으로 정돈되었으며, 모든 사람들에게 평이하면서도 전적으로 고유하게 유럽을 지배하기 시작했다. 예를 들면 언어를 규정하고 있던 『학술원 사전(Diktionär der Akademie)』[42]은 특히 수렵과 전쟁에 관한 표현들에 있어서, 마치 그것들이 궁정에서 사용되고 있었던 양, 풍부하다는 점을 고려해 볼 때, 거의 익살처럼 보인다. 그러나 부인될 수 없는 바는, 문학이 국가와 완전하게 일치했으며, 또한 국가가 자신의 패권을 확보하는 데 기여했다는 사실이다. 파리는 유럽의 수도가 되었으며, 다른 어떤 도시도 가지지 못했던 지배권을 행사했다. 언어와 예절에서, 바로 상류 세계와 영향력 있는 계급들에서 그러했다. 유럽의 공동체적 성격은 그 중심점을 이곳에서 발견했다. 그러면서 매우 특별한 것은 프랑스인들이 이미 그 당시에 자신들의 체제를 온 세계에 선전했다는 사실이다. 이 체제는 "프랑스가 자신들의 국왕 아래, 무엇보다도 세계를 자신의 용맹함과 오성에 의해 지배하면서 정당한 화합을 이룩하는 데 기여한 한 사람의 군주 아래 있으며, 이것은 보호를 잘 받고 있는 신민들의 행복한 상태"[43]를 의미하는 것이었다.

---

42) 프랑스 학술원은 1635년에 리슐리외(Richelieu)가 개인적 모임을 위해 세운 것으로서, 이것을 1671년에 콜베르(Colbert)가 국가 기구로 만들고 '프랑스 학술원(Akademie française)'이라는 명칭을 부여했다. 여기에서는 프랑스 언어와 문학을 육성하기 위해 작업했으며, 1679년에 『학술원 사전(Dictionaire de l'Akadémie)』을 출간하여 프랑스 언어의 모든 어휘들을 수록했다. —물락 주, s.153

43) 뤼(Chritian F. Rüh)는 1810년부터 베를린 대학의 교수로서, 그의 『독일과 독일인들에 대한 프랑스와 프랑스인들의 영향(Entwicklung des Einflusses Frankreichs und der Franzosen auf Deutschland und die Deutschen)』은 당시의 여러 가지 팸플릿들을 발췌하여 수록했다. 위에 언급된 바는 그러한 내용으로부터〔s.234〕

우리가 저 시기로, 당시 동시대인들의 의식 속으로 되돌아가 볼 때, 그것은 얼마나 음울한, 억압적인, 고통스러운 광경인가! 영국에서는 스튜어트 가문(Stuarts)의 잘못된 방향[44]이 우세를 유지했고, 영국의 정책이 모든 시기에 걸쳐 프랑스의 정책에 묶여 있었던 현상조차도 일어날 수 있었다. 님베겐(Nimwegen)의 평화[45]가 체결된 후에는 루이 14세 자신을, 또는 왕세자(Dauphin)[46]를 로마왕(der römische König)[47]으로 선출하려는 의도를 단념시키려는 협상들이 활발하게 추진되었다. 이것을 찬성하는 중요한 의견들이 확보되었다. "왜냐하면 가장 기독교적인 국왕만이 제국에 그 오래된 영광을 다시금 부여할 수 있다"는 것이며, 그리고 유리한 상황 아래에서 이러한 선출이 실제로 일어났던 것은 그렇게 불가능한 일이 아니었다. 그다음에는 바로 그렇게, 그때에 스페인의 군주제 역시 이 가문의 한 왕자에게로 넘어가지 않았던가?[48] 두 개의 방향들에, 즉 프로테스탄트 문학과 가톨릭 문학에 마찬가지로 능력이 있었던 프랑스 문학

인용된 것이다. ─ 물락 주, s.153f
44) 이 '잘못된 방향'이란 스튜어트(Stuart) 왕가의 찰스 2세(Charls II, 1660~1685)와 제임스 2세(James II, 1655~1688)의 정책들을 지칭한다. ─ 역자 주
45) 1672년부터 시작되었던 홀란드 전쟁을 종식시킨 1678/79년의 평화협정이다. ─ 역자 주
46) 도팽(Dauphin)은 1349~1830년 시기에 프랑스 왕세자에 대한 칭호로, 후계자라는 의미이다. ─ 역자 주
47) 1508년 이래로 신성로마제국 황제의 후계자를 황제의 생전에 선출하여, 그에게는 로마왕(der römische König)이라는 칭호가 부여되었다. 여기에서는 레오폴트 1세(Leopold I) 황제의 후계자 선출 문제이다. ─ 물락 주, s.154
48) 루이 14세가 스페인 국왕 필리프 4세(Philipp IV)의 딸인 마리아 테레지아(Maria Theresia)와 결혼할 당시, 그녀는 스페인 왕위에 대한 권리를 포기했음에도, 루이 14세는 처음부터 프랑스 왕세자(Dauphin)의 스페인 왕위계승권을 유효한 것으로 만들었다. ─ 물락 주, s.155

이 동시에 그 두 방향을 형성시켰다면, 프랑스인들의 국가와 정신은 저항할 수 없는 무력으로써 유럽을 휩쓸었을 것이다. 이미 언급되었듯이, 우리가 저 시기로 되돌아가 볼 때, 사건들의 그렇게도 불행한 전환이 저지될 수도 있었을 것이라는 점을 사람들은 무엇을 통해 믿었을 것인가?

권력이, 그리고 정치적 우세가 증가했던 현실에 대립해 약소 세력들은 상호 연합할 수 있었다. 그들은 동맹들을, 연합들을 체결했다. 그리하여 유럽의 세력균형이라는 개념이 형성되기까지 했으며, 이것은 많은 다른 나라들의 결합이 궤도를 벗어난, 사람들이 언급하고 있었던, 궁정의 월권들을 물리치는 데 기여해야만 한다는 것이었다. 홀란드(Holland)와 윌리엄 3세(Wilhelm III)[49] 주위에는 저항 세력들이 결집되었다. 공동의 노력으로 사람들은 공격들에 방어하면서 전쟁들[50]을 이끌었다. 그러나 만일 사람들이 그 속에 항상 구제(救濟)책이 있다고 설득하고자 했다면, 이것은 잘못된 생각이었을 뿐이다. 스페인·인도의 지배자인 한 부르봉 가문(Bourbons)의 국왕[51]은 하나의 유럽 동맹에, 하나의 성공적인 전쟁이라는 것에 대해 반항했다. 이 가문의 지배권은 사건들의 점차적인 전개 속에

---

49) 윌리엄 3세(Wilhelm III von Oranien, 1650~1702)는 1672년에 홀란드의 세습 총독이 되었으며, 루이 14세에 대립하는 유럽 저항 세력의 추진력이었다. 그는 영국의 명예혁명(1688) 후 1689년에 영국 국왕으로 추대되었다.—역자 주
50) 이 전쟁들이란 팔츠(Pfalz)의 계승전쟁(1688~1697)과 스페인 왕위계승전쟁(1701~1714)을 지칭한다. 이 두 전쟁들은 프랑스 지배권의 몰락으로, 또한 유럽의 강대 세력들이 주도하는 세력균형 체제의 건설로 나아갔다.—물락 주, s.155
51) '부르봉 가문의 한 국왕'은 앙주의 필리프(Philip von Anjou, 1683~1746)를 지칭한다. 그는 루이 14세의 손자로, 1700년에 전임자인 샤를 2세(Karl II)의 유언에 따라 스페인 군주권의 세계상속권을 상속받았고, 스페인 왕위계승전쟁 후에는 스페인과 그 해외 식민지들을 보유하게 되었다. 여기에서 '스페인·인도'란 스페인·아메리카, 즉 서인도 제도를 의미한다.—물락 주, s.155

이탈리아의 한 부분을 넘어서서 확대되었다.

거대한 위험들 속에서는 사람들은 창조적 정신에 위안을 받으면서 신뢰를 걸어볼 수 있다. 이 정신은 일방적이고 폭력적인 모든 방향의 지배 앞에서 유럽을 여전히 보호하며, 한쪽 편으로부터의 모든 압박에 대해서는 다른 한쪽 편으로부터의 저항을 여전히 대립시키며, 수십 년이 지나는 동안 더욱더 좁아져 버린 전체(全體)를 결합시키는 데 있어서는 일반적 자유와 그 선별(選別)을 성공적으로 구원해 왔다. 프랑스의 우세가 권력의 정도에, 국내의 강력함에 기반을 두고 있었으므로, 이 나라에 대해서는 다른 세력들도 역시 자신들의 국내의 통일, 독자적인 힘, 그리고 일반적인 중요성으로 되돌아가거나, 또는 새로이 그러한 모습으로 등장함으로써만 실제로 대립할 수 있었다. 우리는 이러한 경우가 어떻게 일어났는지를 외면적인 몇몇 특성들 속에서 개관해 보도록 하자.

영국 · 오스트리아 · 러시아

자신의 강력함에 대한 감정을 맨 처음 의식했던 나라는 영국이었다. 이 감정이 당시까지는 유보되어 왔고, 의욕을 갖지 못해왔다. 왜냐하면, 우리가 알고 있듯이, 루이 14세가 찰스 2세와 영국 의회를 동시에 관계했고, 때로는 다른 쪽을 자신의 목적을 위해 지원할 줄 알았기 때문이었다. 그러나 루이 14세는 찰스보다는 제임스 2세(James II)[52]와 매우 신뢰 있는 관계에 서 있었다. 다른 것이 없었다면, 이미 그들의 종교적 신조가, 공통적인 신앙심[53]이 그들을 결합시켰다. 제임스 2세가 가톨릭교에 매우 특별하게 우호적이었던 사실이 프로테스탄트를 무자비하게 박해했던 한 군주인 루이 14세[54]에게는 바람직한 일이었다. 제임스 2세가 결정적인 조치를 취하면서 주교들을 체포했을 때,[55] 루이 14세는 찬사를 쏟아부었고,

---

[52] 제임스 2세(1633~1701)는 1685~1689년의 기간에 재임한 영국 국왕이다. 그는 영국국교회를 무시하고 친가톨릭적 정책을 추구함으로써 명예혁명을 통해 물러나야만 했다. — 역자 주
[53] 이것은 루이 14세와 제임스 2세(James II)의 공통적인 가톨릭 신앙을 의미한다. — 역자 주
[54] 루이 14세는 앙리 4세(Henri IV)가 일정한 경계 내에서 신교도들에게 예배를 허용했던(1598) 낭트칙령(Edikt von Nantes)을 1685년에 폐지했다. — 물락 주, s.155
[55] 제임스 2세는 1688년에 비국교도들과 가톨릭교도에게 신앙의 자유와 자유시민권을 약속하는 조치를 선포했고 이를 국교회의 강단에서 낭독하도록 요구했으며, 이에 7명의 주교들이 국왕에게 보낸 청원서에서 복종을 거부하자, 그는 이들을

영국 공사는 자신이 생각해낼 수 있는 모든 후원을 진심으로 자청하고 나설 만큼 충분하게 말하지 않을 수 없었다. 그러나 바로 이 사실은, 영국 국교회가 공격을 당했기 때문에, 모든 대표 기관들[56]의, 그리고 귀족들의 무력조차도 자신들의 국왕과 프랑스인들에 대해 동시에 대항하도록 작용했다. 이것은 하나의 종교적·민족적인, 그리고 위협받은 유럽의 관심에서 취해진 운동[57]이었고, 여기에 스튜어트 가문(Stuarts)은 굴복하고야 말았다. 이 운동을 주도했던 인물은 당시까지 프랑스에 저항하는 모든 기도들의 영혼이었던 윌리엄 3세(Wilhelm Ⅲ)였다.

새로운 국왕[58]과 의회는 그때부터 하나의 유일한 정당을 형성했다. 그들 사이에는 논쟁들이, 심지어는 격렬한 논쟁들조차 있을 수 있었지만, 결국에는 양자가 중요 문제에 있어서는 다시금 분열되지 않을 수 있었다. 이것은 그들이 공동으로 경험했던 대립이 너무나 강력했기 때문에 더욱 그러했었다. 당파들[59]은 각자가 지극히 격렬하게 대립되었던 관점들로부터 출발하여 서로를 공격하기 위해 당시까지는 극단으로까지 나아갔지만, 기존 질서의 권역 속으로 넘겨졌고, 여기에서 그들은 자유로이 상호 논쟁을 벌이는 동시에 상호 타협을 이룩했으며, 또한 여기에서 그들의 충돌은 체제를 위한 새로운 살아 있는 요소가 되었다.

이러한 상태를 프랑스의 그것과 비교해 본다는 것은 흥미롭지 않을

런던탑에 투옥시켰다.—물락 주, s.156
56) 여기에서 대표 기관들이란 모든 지방들을 대표하는 하원과 고위 귀족 및 고위 성직자들이 차지하고 있었던 상원을 모두 지칭한다.—물락 주, s.156
57) 이 운동은 1688~1689년의 명예혁명을 지칭한다. 이 혁명을 통해 제임스 2세는 프랑스로 망명했고, 윌리엄 3세가 영국 국왕으로 즉위했다.—역자 주
58) 1688년의 명예혁명에서 영국 국왕으로 추대되었던 윌리엄 3세를 지칭한다.—역자 주
59) 여기에서는 영국 국왕파와 민권 의회파를 의미한다.—역자 주

수 없다. 양자는 역시 많은 것을 공통으로 갖고 있었다. 영국에서와 마찬가지로 프랑스에서는 귀족 가문들이 무력을 소유하고 있었다. 다 같이 그들은 모든 다른 집단들을 배제하는 권한을 향유하고 있었다. 그들은 이 권한을 자신들의 종교의 힘으로, 즉 한쪽〔프랑스〕은 자신들의 가톨릭주의를 통해, 다른 한쪽〔영국〕은 프로테스탄티즘을 통해 소유하고 있었다. 그러나 여기에 가장 큰 차이가 있었다. 프랑스에서는 모든 것이 최고의 교양을 갖춘, 도덕적으로는 타락한 궁정 체제의 획일성, 예속성, 의존성 속에 있었다. 영국에서는 거의 동일한 힘을 갖추고 있었던 두 개의 당파들 사이의 폭력적인 투쟁이, 정치적 경쟁이 하나의 특정한, 그 범위가 한정된 권역 속에 전개되고 있었다. 프랑스에서는 무력 없이는 정착될 수 없었던 신앙이 곧바로 공공연한 반대로 바뀌었을 뿐이었다.60) 영국에서는 어느 정도 제한된, 전체적으로는 남성적으로 각성된 종교적 신앙심이 형성되었다. 이 신앙심은 자체의 대립적인 문제들을 극복했다.61) 전자〔프랑스〕에서는 잘못된 명예심에서 나온 기도들에서 많은 출혈이 있었고, 후자〔영국〕에서는 젊은 힘이 넘치는 혈관들이 팽배해 있었다.

영국의 민족적인 힘의 흐름은 마치 당시까지는 산맥들 사이에서 깊고 충만하게, 그러나 좁게 자신의 자리를 찾아나가고 있다가, 이제 비로소 산맥들로부터 나와 평지로 들어온 것과 같았다. 마치 평지를 당당한 위엄 속에 지배하기 위해, 선박들이 운항하는 것을, 세계적인 도시들이 강의

---

60) 이것은 신앙 문제가 계몽철학의 반(反)교권주의와 무신론으로 나아갔다는 의미이다. —물라 주, s.156
61) 프랑스에서와는 달리 영국에서는 종교적 신앙의 절대적인 형식들로부터 계몽사상의 새로운 자유사상으로 전환이 중단 없이 이루어졌다. 이것이 가능했던 것은 영국에는 인내심 있는 종파적 다양성이 있었기 때문이며, 이 다양성은 종파적 사상을 상대화하는 데 유리했었다. —물라 주, s.156

기슭에 건설되는 것을 보기 위해서처럼 말이다. 당시까지 국왕과 의회 사이에서 일어난 대부분의 논쟁들의 대상이었던 재정 승인 권한이 이제는 오히려 양자에게서 서로 결합하기 시작했다. 찰스 2세는 25년 동안의 통치 기간에 전체적으로 4,300만 파운드(Pfund)를 받았고, 윌리엄 3세는 13년 동안에 7,200만 파운드를 받았다. 그러나 그 후로 이 보수들은 엄청나게 상승했다. 이것들이 상승했던 것은 이것들이 자발적이었고, 사람들이 그들의 수익은 소수 궁정 사람들의 사치가 아니라 일반적인 필요에 기여했다고 보았기 때문이다. 당시 영국 해군의 우세함은 오랫동안 의심할 바 없었다. 1678년에 국왕함대는 화공선(火攻船)을 포함하여 전함 83척과 1만 8,323명의 승무원을 갖춘 성숙된 상태로 나타났다. 1701년 12월 영국은 화공선들과 작은 배들을 제외하고도 제1급에서부터 제6급에까지 이르는 184척의 전함들, 그리고 5만 3,921명의 승무원들을 갖춘 함대를 소유하고 있었다.[62] 사람들이 믿고 있듯이 우편 체제의 수익이 국내 교통에 대한 하나의 기준을 제공한다면, 사람들은 이 수익도 역시 엄청나게 증가했다고 말해야만 할 것이다. 1660년에 우편은 1만 2,000파운드, 1699년에는 9만 504파운드의 수익을 올렸다.[63] 사람들은 그 당시에 곧바로 스페인 왕위계승전쟁[64]에 대한 본래의 민족적 동기는 프랑스와 스페인이 결속하

---

62) 하비(Harvey), 『영국 항해의 역사(Geschichte der englischen Schiffahrt)』, 3Bde. (Leipzig: 1779~1781), II, s.111.〔하비는 영국 역사가로서 이 저술에서 '무역과 해군력은 한 국가의 중요성·지속성·독립성 및 자유의 필수적인 기반'이며, 영국은 무역이 한 국가의 위대함에 끼치는 영향을 가장 분명하게 보여주는 국가라는 견해를 제시했다는 것이다.—물락 주, s.157〕
63) 앤더슨(Anderson), 『무역의 역사(Geschichte des Handels)』 6권, s.347.
64) 1700~1713년의 스페인 왕위계승전쟁은 스페인의 칼 2세(Karl II)가 아들이 없이 사망한 후 그의 유언에 따라 루이 14세의 손자 필리프(Philipp)가 스페인 국왕 칼 5세(Karl V)가 되었으며, 루이 14세의 세력은 스페인 본국뿐만 아니라

여 영국인들과 홀란드인들로부터 서인도 항로를 다시금 빼앗고자 한다는 우려였다는 것을 곧 알아차렸다.65) 사람들이 결국 체결했던 평화협정66)은 휘그파(Whigs)로부터 그렇게도 강렬한 비난을 받기도 했었지만, 그 평화는 역시 저 두려움을 제거했다. 부르봉 가문에 대한 영국인들의 우세를 그 어떤 사실보다 더 잘 표시했던 것은, 그들이 지브롤터(Gibraltar)를 확보했었던 사실이다. 그들은 자신들의 항로들이 엄청나게 확대됨으로써, 스페인 식민지들과의 가장 좋은 항로67)를 그때부터는 심지어 계약을 통해 마련했다. 캘커타(Calcuta) 앞에 있는 바타비아(Batavia)처럼 홀란드 해운업의 옛 영광은 그 후 영국의 수중으로 들어갔고, 이미 프리드리히(Friedrich) 대왕은, 홀란드가 선박에 딸린 보트(Boat)처럼 이웃 나라에 따르고 있다고 파악하기 시작했다. 영국의 하노버(Hannover) 합병68)은 유럽 대륙에 대한, 반(反)프랑스적인 관심에 못지않은 하나의 새로운 관심을 가져왔다.

해외 식민지로까지 확대되었다. 이에 영국·폴란드·독일 국가들이, 이것은 세력균형을 깨뜨리는 것이라는 핑계로 오스트리아 황제의 아들 칼(Karl)의 스페인 왕위계승권을 주장함으로써, 이 세 국가들은 프랑스·스페인을 상대로 전쟁을 선포했다. 그 후 칼은 오스트리아 황제가 됨으로써, 1713년 위트레흐트(Utrecht) 평화협정에서 프랑스와 스페인이 통합하지 않는다는 조건하에 필리프가 스페인 국왕으로 승인되었는가 하면, 영국은 스페인과 프랑스의 일부 해외 식민지들을 얻었다.―역자 주

65) 나는 이러한 보고를 한 베네치아 공사의 보고서에서 이미 발견한 바 있다.
66) 이 협정은 프랑스가 영국·홀란드·사부아·프로이센·포르투갈을 상대로 하여 1713년 4월에 체결한 위트레흐트 평화협정을 지칭한 것이다.―쉬더 주, s.76(13)
67) 이 가장 좋은 항로란 노예무역을 위한 항로를 의미한다.―물락 주, s.158
68) 영국의 왕위계승법에 따라 하노버(Hannover)의 선제후(選帝侯) 게오르크 1세(Georg I)가 1701년에 영국의 국왕으로 즉위했다. 이때부터 1837년까지 영국과 하노버 사이에는 인적 병합국(Personalunion: 한 군주 아래 두 개 이상의 독립국이 통치되는 체제) 관계가 지속되었다.―물락 주, s.158

이 거대한 운동에서는 영국 문학이 처음으로 유럽적인 의미로 제고되었으며, 프랑스 문학과 경쟁하기 시작했다. 자연 연구와 철학은 당시의 두 가지 방향들[69]에서 하나의 새로운, 독창적인 세계관을 불러 일으켰다. 여기에서는 세계를 전체적으로 통제하는 저 정신 자체가 파악되면서 반영되었다. 사람들이 영국인들의 이 시기의 시문학 또는 예술에서 좀 더 완성된, 사라지지 않는 기념물들의 형식을 갖춘 창작을 영국인들의 덕분이라고 본다면, 그러한 주장은 지나친 것일 수도 있겠지만, 그러나 그들은 당시에도 탁월한 천재들을 갖고 있었거니와, 오래전부터 적어도 한 사람의 위대한 시인을 가지고 있었다. 그의 작품들은―모든 시대에 이해될 수 있고 영향을 주고 있듯이― 당시에 비로소 유럽에 알려졌다. 그들은 얼마 동안은 프랑스의 형식들을 경멸해 오지는 않았듯이, 당시부터 그들은 가장 우수한 프랑스인들[70]에게서 이들의 정신과 학문의 영향을 인식하기 시작했다.

그리하여 루이 14세에게는 이 경쟁 국가가 자체의 정책을 통해, 또는 종교의 작용을 통해 지배자가 되고자 희망하면서 그 자체에 있어서 예상될 수 있었던 것보다 더 거대하고 위험한, 강력한 존재로 나타났다. 이로써 모든 해외 무역 관계들, 유럽 서부의 모든 관계들이 근본적으로 변화했다.

또한 바로 그 시기에 동유럽도 역시 변화를 겪었다.

나는, 독일의 오스트리아가 우리가 파악하고 있는 의미로 하나의 구세력으로서 지칭될 수 있다는 견해에 동의할 수 없다. 중세에는 오스트리아가 황제권 없이는 단지 가끔씩만 언급되었을 뿐이었다. 그다음으로 오

---

69) 이 두 가지 방향들은 아마도 버클리(Berkley)의 이상주의(Idealism)와 흄(Hume)의 회의주의(Skepticism)를 지칭하는 듯하다.―물락 주, s.159
70) 이들은 볼테르와 몽테스키외를 의미한다.―물락 주, s.159

스트리아는 스페인 군주제에 의해 똑같이 주도되었으며, 주목받지 못했다.71) 16세기 말에 오스트리아는 종교적 분열을 통해, 그리고 자체 내의 여러 지역에서 신분들의 상속권들 때문에 모든 대외적인 위신을 잃어버렸다. 30년전쟁 초기에는 독일 군대가 황제로부터 그의 세습 영지를 다시금 탈취했다. 발렌슈타인(Wallenstein)72)의 기도들이 페르디난트(Ferdinand)73)에게 안겨주었던 영광조차도 단지 일시적이었다. 그것들은 무력적인 후속 작용을 불러일으키지 못했다. 그 후로는 오스트리아 지방들의 중요 도시들이 스웨덴 군대로부터 번번이 위협을 받았다. 그런데도 오스트리아 왕가는 반대자들에 대한 섬멸, 지지자들의 봉기, 그리고 가톨릭교의 최종적인 확립 등을 통해 국내적으로 자신의 권력을 항구적으로 세우는 데 성공했다. 이것은 오스트리아가 근세 시기에 확보했던 명성을 위한 최초의 발걸음이었다. 그러나 오스트리아가 하나의 독자적인, 유럽의 중요한 세력이 되었던 것은 헝가리를 재점령함으로써 비로소 이루어졌다. 오펜(Ofen)이 터키의 수중에 있었으므로, 프랑스인들은 오스트리아를 위협할 수 있었으며, 디반(Diwan)에 대한 그들의 영향력을 행사하는 일이 매우 빈번히 일어날 정도로, 실로 오스트리아를 특별히 위태롭게 만들었

---

71) 스페인 군주제로부터 1516년에는 칼 5세(Karl V) 황제가 나왔으며, 그는 합스부르크 왕가가 단독으로 지배해 왔던 세계 제국을 1556년에 분할했으며, 그 분할은 오스트리아보다 스페인을 유리하게 만들었으므로, 그 후 오스트리아는 유럽 정치의 모든 문제들에서 스페인에 종속되었다.―물락 주, s.159
72) 발렌슈타인(1583~1634)은 30년전쟁 당시 보헤미아 출신의 용병대장으로서 가톨릭군을 지휘했으며, 프로테스탄트군을 이끌고 독일로 진격한 덴마크 국왕 크리스티앙 4세(Christian IV, 1588~1648)를 격파해 전세를 가톨릭에 유리하도록 만들기도 했으나, 신교 진영과 구교 진영을 중재하려던 협상 과정에서 암살당했다.―역자 주
73) 페르디난트(Ferdinand, 1578~1637)는 1619년부터 오스트리아의 황제로 즉위했으며, 30년전쟁은 그의 황제 재위 기간에 일어났다.―역자 주

다. 그들은 1683년 카라 무스타파(Kara Mustapha)[74]의 침공을 부추기지는 않았지만, 그 침공에 관해 알고는 있었다. 이 사건에서 그들의 의도는 독일 또는 기독교 세계를 망하게 하는 것이 아니었다. 그렇게까지 나아가지는 않았지만, 그들은 빈을 접수하고자 했고, 터키인들이 라인(Rhein) 강까지 침공하기를 원했다. 그다음에는 루이 14세가 기독교 세계의 유일한 보호자로서 등장하게 되었을 것이다. 이러한 운동이 가지고 올 수밖에 없었을 혼란 속에서 그에게는 독일의 왕권을 조정하고, 원한다면, 그 왕권 자체를 자신이 접수하겠다는 의도조차 있었을 것이다.

이 계획은 빈이 방어에 성공함으로써 실패했다. 그것은 터키인들의 마지막 거대한 도박이었다. 그만큼 그것은 그들 자신에게 손상을 주는 부정적인 역작용을 했다. 왜냐하면 그들은 자신들의 모든 힘들을 거기에 야만적으로 과도하게 남용했기 때문이다. 그 이후로는, 한 이탈리아인[75]이 말했듯이, "하나의 강력한, 돌파될 수 없는 성벽처럼" 밀고 나아갔던 독일의 전쟁집단 앞에서 터키의 정비되지 않은 무리들은 곳곳에서 퇴각했다. 이슬람의 최고 법률가(Mufti)[76]의 감정(鑑定: Fetwa)은, 오펜은 제국의 관문이고, 이곳을 방어하는 일은 신앙적 의무라고 선언했지만 헛된 일이었다. 즉 이곳은 함락되고 말았다(1686.11.). 헝가리 전체는 다시금 점령당했고, 세습 제국이 되었다.[77] 이에 불만을 품었던 사람들은 굴복했

---

74) 무스타파는 터키의 재상으로서 1683년에는 터키군을 이끌고 빈(Wien) 앞까지 밀고 들어왔다.-물락 주, s.159
75) 이 이탈리아인은 베네치아의 정치가이자 저술가였던 포스카리니(Foscarini)를 지칭한 것이다.〔주 21〕참조 - 역자 주
76) 이슬람의 최고 법률가로, 율법에 따라 절대적인 법적 효력은 그에게 속해 있다. 파트와(Fetwa)는 이 사람의 법률적 감정(鑑定)을 지칭한다.〔ein Fetwa des Mufti(이슬람 최고 법률가의 감정)〕-쉬더 주, s.76(15)
77) 헝가리의 라코치(Rakoczy)는 프랑스와의 협력으로 헝가리 귀족들의 선봉에 서서

다. 저지대 헝가리의 경계에는 라이체인들(Raize)[78]이 이 지역을 계속해서 터키인들로부터 방어하기 위해 밀고 들어왔다. 그 후 오스트리아는 이전과는 전적으로 다른 기반을 갖게 되었다. 그 외에도 헝가리에서의 모든 전쟁들은 독일 군대에 의해 주도되었으며, 사람들은, 그곳의 모든 강물들은 독일인들의 피로 물들었다고 말했다. 이제 헝가리인들은 독일에서의 전쟁들에서 오스트리아 군대의 핵심 세력으로 나타났다. 이제는 프랑스 외교에서 터키인들을 가벼운 동기로 군주권의 심장부로 끌어들이는 일이 더 이상은 불가능해졌다. 그 외교는 단지 불만을 품고 있었던 사람들에게서만 원조와 협력을 단 한 번 더 발견했을 뿐이며, 결국에는 모든 것이 잠잠해졌다. 황제는 당시까지 자신을 가장 위태롭게 해왔던 바로 그 지방들에서 권력의 기반을 세웠다.

사람들은, 이와 같이 터키인들을 억제하면서 두려움에 떨도록 만들었던, 안정적이고 풍요한, 잘 무장된 권력이 유럽 동부의 관계들에서 어떠한 변화를 가져올 수밖에 없었는지를 자연히 알게 되었다.

루이 14세는 최소한 또 다른 상황의 시작을 체험했다.

항상 자신의 한 당파를 쉽게 유지할 수 있었던 폴란드의 상태들, 그리고 가계(家系)와 오래된 동맹을 통해 일반적으로 자신과 결속되었던 스웨덴의 권력은 그에게 많은 노력 없이 북방에서의 결정적인 우세를 제공해 주었다. 스웨덴 국왕 칼 12세(Karl XII)는 여기에 아무런 변화를 만들지 않았다. 그가 자신의 총리에게 말했듯이 "프랑스와 단연코 동맹을 체결하고, 그 친구들에 속한다"라는 것은 그의 첫 결정들 중 하나였다.[79] 거의

합스부르크 왕가의 지배에 저항하는 봉기를 1703년에 일으켰으나, 1708/11년에 이르러 진압되었다.—물락 주, s.160

78) 오스만 터키가 1690년에 헝가리 지역을 점령하자, 이곳으로부터 오스트리아 국경 지대로 이주했던 세르비아인들을 의미한다.—물락 주, s.160

동시에 시작되었던 스페인 왕위계승전쟁과 북방전쟁80)에서는 결코 어떤 미리 숙고되었던, 협상들을 통해 중개되었던 연관성이 있지 않았으며, 이것은, 비록 사람들이 가끔 그러한 연관성을 추측하기도 했지만, 사실이다.81) 그러나 스웨덴식의 기도들이 프랑스인들에게는 그들 자신의 성공을 통해 실현되었다. 실제로 사건들은 동일한 경향성을 띠고 있었다. 스페인의 왕위 계승은 부르봉 가문이 유럽의 남부를 확보하는 데 기여했는가 하면, 이 가문의 오랜 동맹인 스웨덴은 북방에서의 지배권을 거의 완전하게 장악하기에 이르렀다.

칼 12세가 덴마크를 침공하여 평화협정을 강요한 후, 폴란드를 점령해 그곳에 새로운 국왕을 세운 후에는, 그리고 그가 동부에서보다 훨씬 더 잘 확립되지 못했던 서부에서 독일의 한가운데로 침투해 작센(Sachsen)을 얼마 동안 차지한 후에는, 그에게는 이미 한 번 격파했던 러시아 황제〔표트르 1세〕를 완전히 소탕하는 일 외에는 자신의 우세를 확립하기 위한 일이 더는 남아 있지 않았다.82) 게다가 그는 작센에서 새로이 정비된 자신의 군대를 거느리고 나타났다.

---

79) 플라상(Flassan),『프랑스 외교사』4권, p.170.〔주 17) 참조〕
80) 1700~1721년의 북방전쟁은 러시아의 표트르 1세(Peter I)가 부동항을 얻기 위해 남쪽으로는 터키로부터 흑해 연안의 아조브항을 확보했고, 서쪽으로는 발트해로 진출하기 위해 덴마크 및 폴란드와 조약을 맺음으로써 스웨덴과 북방전쟁을 치르게 되었다. 스웨덴의 칼 12세(Karl XII)는 전쟁에 유능해 덴마크·폴란드와 연합했던 러시아를 격파하고 폴란드까지 정복한 후 노르웨이를 침공하던 중 전사했다. 표트르 1세는 1721년의 평화협정을 통해 발트 해안 지방을 확보함으로써 서진(西進) 정책을 성공시켰다.—역자 주
81) 랑베르티(Lamberty),『회상들과 협상들(Mémoires et négociations)』4권, p.291.〔랑베르티(1660~1742)는 스위스의 외교관이자 저술가로 영국에서 활동한 바 있다—역자 주〕
82) 칼 12세는 이미 1700년 11월에 나르바(Narwa) 전투에서 1689년부터 러시아 황제로 통치하던 표트르 1세(1672~1725)를 한 번 격파했었다.—물락 주, s.161

러시아 황제는 그동안 엄청난 노력으로 무장을 해왔고, 1709년의 결정적인 전쟁83)을 맞이했다. 다시금 대결했던 이 두 사람의 북부 영웅들인 칼 12세와 표트르 1세(Peter I)는, 전자는 순수한 게르만 혈통인가 하면, 후자는 순수한 슬라브 혈통으로서 실로 주목할 만한 대립이었다. 이 게르만인은 거대한 포부를 지닌 단순한, 품행이 결백한, 온전한 한 사람의 영웅으로서 진실하게 말하고 대담하게 처신하는, 경건한 믿음의, 고집스럽게 완고한 확고한 인물이었다.84) 그리고 이 슬라브인은 친절하면서도 동시에 잔인한, 지극히 활발한, 아직도 반(半)야만인이고, 그러나 신선한 면학(勉學) 욕구의 본성에서 나오는 온갖 열정으로써 유럽 민족들의 연구들과 발전들을 수용하고자 했으며, 거대한 계획들을 기획하면서 이것들을 관철시키는 데 지칠 줄 몰랐던 인물이었다. 이러한 본성들의 투쟁을 알아본다는 것은 하나의 고상한 구경거리이다. 어떤 쪽이 좀 더 탁월했었다는 것을 사람들은 믿을 수 없을 것이다. 확실한 것은 좀 더 거대한 미래가 러시아 황제의 성공과 결합되었다는 사실이다. 칼 12세는 자기 민족의 진정한 관심을 위해서 별다른 의미를 보여주지 않았던가 하면, 표트르 1세는 자신이 몸소 준비했었고 시작했었던 자기 민족의 형성을 자기 자신과 결합시켰으며, 이것을 자신의 가장 고귀한 관심이 되도록 했다. 그는 여기에서 승리를 거두었다. 풀타바(Pultawa)의 전투(1709. 6.)에 관해 자신의 국민들에게 발표하도록 했던 보고에서, 그는 필사체로 "이로써 상트 페테르부르크(St. Petersburg)에서의 초석이 기초되었다"라고 첨부했다. 그

---

83) 1709년 6월의 풀타바(Pultawa) 전쟁을 의미한다. 이 전쟁에서는 표트르 1세가 승리했다.―물락 주, s.161
84) 랑베르티(Lamberty), 『회상들과 협상들』 4권, p.436. "스웨덴 국왕 칼 12세의 육체와 정신은 폴란드 귀족들에 의해 기술되었다." 나는 이 보고가 일목요연하고 교육적인 것이라고 본다.

것은 그의 국가의, 그의 정책의 전체 건물을 위한 초석이었다. 그때 이후로 러시아는 북방에 법령들을 부여하기 시작했다.

만일 사람들이, 그것을 위해서는 오랫동안의 발전이 필요했었을 것이라고 믿고자 한다면, 잘못일 것이다. 그것은 오히려 즉각적으로 일어났다. 자신의 형성을 유일하게, 오직 러시아인들의 무기들에 힘입었던 폴란드의 아우구스트 2세(August II)가 어떻게 그들의 영향으로부터 벗어날 수 있었겠는가? 그는 그 외에도 내부 분열에서, 자신의 귀족들과의 투쟁에서 러시아인들의 원조를 요구하지 않을 수 없었다. 이러한 사실을 통해 표트르 1세는 폴란드에서 좀 더 직접적으로 심판자가 되었고, 두 당파들에 대해 강력해졌다. 더욱더 폭력적으로 되었던 것은 그의 군대가 더욱더 증가하고 숙련되면서 가공스러워지는 동안에, 폴란드는 자체의 군대를 4분의 3이나 축소시켰기 때문이었다.[85] 러시아 황제는 그때부터 무제한적인 권위로써 자신의 마음대로 폴란드인들에게 법령들을 부여했다. 이 사실은, 폴란드인들에 대한 그 밖의 법령들을 접수했었던 한 베네치아인에 의해 1717년에 보고되었다.[86] 필연적으로 폴란드에서는 프랑스인들의 영향이 그때 이후 점점 더 중단되었다. 그들은 귀족들이 그들의 편으로 있었을 때조차도 자신들의 왕위 후보자들을 더는 후원할 수 없었다.

그동안 스웨덴은 바로 이러한 사건들을 통해 허약해지면서 추락했다. 루이 14세는 자신의 마지막 통치 시기에도 여전히 이 스웨덴 왕권에 그 자체의 모든 소유지들을 보장해 주었다. 그럼에도 불구하고 이 왕권은

---

[85] 륄리에르(Rulhiere)는 자신의 『폴란드 무정부 시기의 역사(Historie de l'anarchie de Polgne)』 I, p.120에서 이에 관해 8만 명에서 1만 8,000명으로 축소했다고 기록했다.〔륄리에르(1735~1791)는 프랑스의 저술가이다. - 역자 주〕

[86] 돌핀(Daniel Dolfin)의 보고서이다.〔돌핀(1654~1729)은 1715~1716년의 기간에 폴란드 주재 베네치아 대사였다. - 역자 주〕

자체의 중요한 한 부분을 마지막으로 상실하고 말았다.87) 프랑스인들이 스톡홀름(Stockholm)에 대한 자신들의 영향을 유지했던 것은 사실이다. 이곳에서 사람들은 1756년에, 스웨덴은 마치 프랑스의 한 지방처럼 파리에 의해 통치된다고 한탄했었다.88) 그러나 이미 언급했듯이 스웨덴은 전혀 무의미해져 버렸다. 이것은 사람들에게 영향을 주었던, 털모자들(Mütze)과 중산형(中山型) 모자들(Hüte)의 궁색한 내부 분열들 때문이었다.89) 사람들이 러시아에 대한 전쟁을 불러일으키기 위해 그들을 한두 번 활용했을 때,90) 그것은 오히려 하나의 손해였다. 사람들이 이 왕국에는 단지 자신들의 새로운 승리와 영토 확장들을 위한 기회만 제공했을 뿐이다.

---

87) 스웨덴은 1719/21의 평화협정에서 브레멘(Bremen)과 베르단(Verdan)을 하노버(Hannover)에, 폼메른(Pommern)의 동부 지역을 프로이센에, 그리고 발트 해의 영유권을 러시아에 양도했다.—물락 주, s.162

88) 셰리든(Sheridan), 『스웨덴의 국가 변혁의 역사(Geschichte der Staatsveränderung in Schweden)』, 1772, s.204. 〔그는 이 저술에서 1772년의 구스타프 3세(Gustav III)의 절대주의적 국가 개혁을 귀족들의 부패와 외국 감독으로부터의 해방이었다고 정당화했다. 랑케가 인용한 곳에서 보면, 셰리든은 7년전쟁 전후의 스웨덴 국왕 주변의 목소리를 소개하면서 "프랑스는 스웨덴의 모든 당파들을 자기편으로 만들었으므로, 스웨덴을 마치 프랑스의 한 속주처럼 쉽게 지배했다"라고 서술했다.—물락 주, s.163〕

89) 스웨덴인들이 즐겨 쓰는 모자들로, 랑케는 스웨덴이 독립을 추구했던 1718~1772년 시기의 스웨덴의 귀족 당원들을 이와 같이 표현했다.—역자 주〔셰리든에 의하면, 휘테(Hüte)파의 관심은 러시아에 양도되었던 지방들을 회복하는 것이므로 러시아와 관계를 끊으려 했는가 하면, 뮈체(Mütze)파는 평화와 국내 안녕을 추구하면서 러시아와의 관계를 유지하는 대신에 프랑스와의 연계를 회피하고자 했다.—물락 주, s.163〕

90) 이것은 프랑스의 조종을 받던 휘테(Hüte) 당파가 정권을 잡은 후 일어났던 스웨덴·러시아 전쟁(1741~1743)을 지칭한다. 이 전쟁에서 스웨덴은 참패했고, 핀란드의 일부를 러시아에 양도해야만 했다.—물락 주, s.163

그리하여 북방은 프랑스에 의한 간접적 지배와는 전혀 다른 지배 아래에 빠졌다. 하나의 거대한 민족이 그곳에서 하나의 새로운, 본래적인 유럽의 발전 속으로 등장했다. 동부에서는 프랑스의 영향이 사라지지는 않았지만, 그리고 비록 칼 6세(Karl VI) 지배하의 오스트리아가 매우 허약해져 버렸다 해도, 프랑스는 옛 의미를 더는 오랫동안 유지하지 못했다. 큰 호수는 경쟁 국가의 수중에 있었다. 프랑스는 카디즈(Cadiz: 스페인 항구 도시)에 관해 스페인령 아메리카와 함께 시작했던 유리한 연결을 자신의 편의에 따라 허용하거나, 중단시키기도 했다.

남부 유럽에서는 이와는 반대로 부르봉 가문의 궁정들이 당연한 동의를 통해, 잠깐 동안의 중단을 겪은 후로, 공동의 계획들[91]을 세웠고, 독일에서는 프랑스가 여전히 거창한 우세를 유지하고 있었다.

무엇보다도 독일에서 그러했다.

1736년의 유럽의 정치적 상태를 관찰한 보고는 우리에게 특히 오스트리아 왕위계승전쟁 직전의 독일 문제들의 상황을 풍부하고 설득력 있게 묘사해 주고 있다.[92] 그 저자[93]가, 황제 칼 6세(Karl VI)는 자신의 권력을 제국 내에서 확장하기 위해 헌법을 좀 더 군주제적으로 만들고자 노력했다는 것, 칼 6세는 심지어 자신이 포기한 것에 관한 몇 가지 조항들을 위반하면서 당시에 이미 라인 강변에 나타났던 러시아인들과의 연결을 통해 협상을 했다[94]는 사실을 보고했을 때, 저자는 이쪽 편에서 위험을

---

[91] 부르봉 가문의 궁정들이 1733년에 첫 번째로 동의했던 협약은 유럽에서 프랑스·스페인의 활동을 동등하게 유지하고, 스페인의 식민지 무역에서는 프랑스에 이익을 보장하는 것이었다. — 물락 주, s.163

[92] 「유럽의 현재 정치 체제에 대한 고려들(Considerations sur l'état présent du corps politique de l'Europe)」(1736), 『프리드리히 2세의 유작(Oeunres postumes)』 II.

[93] 여기에서 저자란 프리드리히 2세를 지칭한다. — 역자 주

[94] 신성로마제국 황제의 선출 조약은 1519년의 황제 선출 이래 일반적으로 지켜져

그렇게 크게 보지는 않았다. 저자는, 그 마지막 전쟁95)은 황제의 궁정이 허약했던 점을 드러냈다고 생각했다. 황제가 자신의 계획들을 관철시키고자 추구하면서 보여주었던 자만심과 무력 속에는 바로 저 허약함에 대한 치료제가 놓여 있었다는 것이다. 저자는, 우리는 오히려 그 반대로 비밀의 책략을 통해, 환심을 사는 수법들과 날조된 자산을 통해 우리를 노예 상태에 빠뜨리고자 시도하는 사람들을 경계하자고 부르짖었다. 저자는, 당시 프랑스의 총리인 추기경 플뢰리(Fleury)가 극도로 절제된 표정을 취했지만, 그럼에도 불구하고, 그것도 바로 그러한 겉모습 속에서 그가 리슐리외(Richelieu)와 마자랭(Mazarin)의 계획들을 추구했다는 것을 발견했다. 외관상의 관용을 통해 그는 자신의 이웃들을 잠재웠다는 것이다. 그는 말하자면 자기 궁정의 정책을 위해 자신의 부드럽고 조용한 특성을 빌려주었다는 것이다. 그는 매우 영리하게, 주목과 소동을 일으킴 없이, 로트링겐(Lothringen)을 프랑스에 병합시킬 줄 알았다. 그는 희망했던 라인 강 경계를 점령하기 위해서는―이를 위해서는 많은 것이 결여되어 있지도 않았다―, 단지 황제[칼 6세]의 죽음이 그 자체로서 가져올 혼란만을 기대하고 있었을 뿐이었다는 것이다.96)

 1740년에 칼 6세는 사망했다. 추기경 플뢰리는 사람들이 그에게 기대

 왔다. 칼 6세(Karl Ⅵ)가 서약했던 이 선출 조약의 제6항은 외국 세력들의 지원군을 제국 안으로 불러들이는 것을 금지했다. 칼 6세는 자신이 이 조약에 서명했으면서도, 스스로 이 조항을 범했던 것이다.―물락 주, s.164
95) 이 마지막 전쟁은 폴란드 왕위계승전쟁을 의미한다.―물락 주, s.165
96) 황제 칼 6세(Karl Ⅵ)는 남자 상속자를 갖고 있지 않았으므로 1731년에 오스트리아 지역들을 분할할 수 없다는 것과 여자 상속자도 가능하다 것을 국정으로서 발표했으나, 그가 1740년에 사망했을 때는 실제로 독일과 유럽에서 논란이 일어났었다. 프랑스의 추기경 플뢰리는 이러한 혼란을 미리 예상하고 황제의 사망만을 기다리고 있었던 것이다.―물락 주, s.165

해 왔던 것보다 더 대담한 발걸음을 재촉하기까지 했다. 그는 곧바로 자신은, 마리아 테레지아(Maria Theresia)의 남편이 프랑스에 호의를 갖고 있지 않으므로, 그를 그녀 아버지의 후계자로 원하지 않는다고 공언했다.97) 그는 무엇보다도 바이에른(Baiern)의 칼 7세(Karl VII)98)에게 독일 왕관을 마련해 주려는 생각이었다. 그가 독일에서의 이 계획을 실현하는 데 있어서는 거의 동일한 세력을 지닌 4개의 국가들을 나란히 대립시키는 방식을 세웠다. 오스트리아 왕가를 헝가리에 알맞게 제한시키고, 뵈멘(Böhmen)을 그 반대로 바이에른에, 메렌(Mähren)과 상부 슐레지엔(Oberschlesien)을 작센에 결합시키며, 프로이센은 하부 슐레지엔(Niederschlesien)으로써 만족하도록 하는 것이었다. 이것은 본성적으로 결코 서로 이해해 오지 못했던 이 4개의 국가들에 대해 프랑스가 얼마나 쉽게 영속적인 통치권을 세우려고 했던 것인지를 보여준다.99)

---

97) 이것은 당시 베네치아 대사가 보고한 내용이다. 마리아 테레지아와 결혼한 프란츠 스테판(Franz Stephan, 1708~1765)은 로트링겐의 대공(大公, 1729~1735)이었다가, 결혼 후로는 토스카나(Toscana)의 대공이 되었다.
98) 알브레히트(Karl Albrecht, 1697~1745)는 1726년 이래로 바이에른(Baiern)의 선제후로 있다가, 1742년에는 칼 7세(Karl VII)로서 신성로마제국의 황제로 선출되었다.—물락 주, s.165
99) 프리드리히 대왕(Friedrich der Große), 『우리 시대의 역사(Histoire de mon temps)』 1권 4장, p.197.

프로이센

당시 독일 조국(Das deutsche Vaterland)은 절박한, 진실로 위험한 순간에 처해있었다. 이 조국은 주변 국가들의 우세에 대립할 수 있는 강력한 영주국가들도, 탁월한 활동가들도, 그 어떤 특별하게 확고한 민족 감정도, 문학도, 예술도, 고유한 교양도 지니고 있지 않았다. 바로 그러한 순간에 프리드리히 2세(Friedrich II)가 등장했고, 프로이센이 일어섰다.

여기에서 이 군주에 관해, 그가 발견했고 세웠던 국가에 관해 설명할 수는 없겠다. 또한 우리는 여러 가지 근원적인 힘과 이것을 전개시켰던 풍부한 현실적 내용을 설명해 보고자 그렇게 가볍게 시도할 수도 없겠다. 우리는 다만 그들의 세계적 위치만을 지금 현재화해 보도록 하자.

다음으로 우리는 물론 프리드리히 2세의 첫 번째 활동이 칼 4세(Karl IV)의 사망 후에 프랑스가 취했던 정책 방향으로부터 지원을 받았다는 것을 인정해야만 한다. 그는 오로지 그 정책에 계속 관계해야만 했던가? 그는 왕세자로서, 그리고 아직은 본래적인 업무들로부터 멀리 떨어져 있었으면서도, 나에게 하나의 생각을 불러일으키게 했던 주목할 만한 점들을 스스로 보여주었다. 그것들은 사람들이 알고 있듯이 전적으로 프랑스의 정책을 거역하는 것들이다. 그는 프랑스의 정책이 독일에 불러일으켰던 위험을 매우 명확하게 보았고, 가능할 수 있었던 만큼으로 그렇게 생생하게 감지했다. 그러나 바로 그러했기 때문에 그는 자신의 전쟁[100])을 전적으로 자신의 힘으로 기도했었다. 그는 자신의 군사적 성과가 프랑스인들에게 자극적인 것이 되기를 결코 원하지 않았다. 프랑스 사신에게 그는 진지하게, 자신은 독일의 한 군주이고, 당신들의 군대를 독일 땅에서 계약들이 명시하고 있는 것보다 더 오래 인내하지는 않을 것이라고 선언했다.101) 1741년이 저물고 있을 즈음에 오스트리아를 완전하게 몰락시키는 것이 그렇게 불가능해 보이지는 않았을 것이다. 뵈멘(Böhmen)과 오스트리아는 슐레지엔(Schelesien)에 못지않게 적의 수중에 있었다.

빈은 프라하(Prag)와 같이 그렇게 쉽게 위협을 받고 있었다. 사람들이 이 공격을 집중적인 힘으로써 진척시켰다면, 그것이 무엇 때문에 일어날 수 있었다는 것을 누가 말할 것인가? 나는 프리드리히 2세가 이 마지막 조치를 회피했던 사실을 그의 아량으로 평가하지는 않겠다. 그는 프랑스를 그들의 오래된 적으로부터 벗어나게 하는 것이 자신에게 유리하지는 않을 것이라는 점을 가장 잘 알고 있었다. 그는 헝가리 여왕이 몰락의 경지에 처해 있는 것을 보았을 때 그녀가 숨을 쉴 수 있도록 만들어주고자 했다. 그는 스스로 그렇게 말하고 있었다.102) 그는 의식적으로 보류했

---

100) 이 전쟁은 프리드리히가 1740년 12월에 슐레지엔으로 프로이센 군대를 진격시켰던 전쟁을 지칭한다. – 역자 주
101) 발로아(Valori), 『프로이센 궁정에서 맺은 협상들에 대한 회고록(Mémoires sur mes négociations à la Cour de Prusse)』 1권, p.153. 〔발로아(Henri Valori)는 1739~1949년 기간에 프리드리히 대왕의 궁정에 머물렀던 프랑스 공사이다 – 역자 주〕
102) "여기에 다음 사실을 추가로 소개해야겠다. 만약 국왕이 큰 열성으로써 프랑스 군대의 작전을 지원했다면, 과도한 재물이 그를 매료시켰을 것이다. 그는 동맹을 맺었으나 신하가 되었을 것이며, 자신이 가늠할 수 있는 시야 너머로 이끌려갔을 것이다. 그리하여 그는 저항할 여지도 없이, 또는 이러한 예속 관계로부터 빠져나오도록 그를 도와줄 수 있는 동맹 세력을 발견할 수도 없는 상황에서 프랑스의 의지에 전적으로 동의할 수밖에 없는 처지에 빠졌을 것이다. 따라서 국왕은 신중을 기해 합스부르크 왕가와 부르봉 왕가 사이에서 균형을 취하도록 미온적인

으며 침묵했다. 그의 생각은 프랑스에뿐만 아니라 오스트리아에도 의존되지 않는 것이었다. 그는 완전하게 자유를 느끼고자 했으며, 그들 사이에서 독립적인, 자신의 힘에 기반을 둔 입장을 세우고자 했다. 이러한 명백한 기도는 슐레지엔(Schlesien) 전쟁 기간[103]의 그의 정책을 해명해 준다. 이 전쟁에서 그가 획득한 것만큼 그렇게 열성스러운 경각심 속에 이루어진 것은 없다. 그는 친구들조차도 적들 못지않게 불신했으며, 항상 무장해 있으면서 공격할 준비가 되어 있었다. 그는 불리하다고 생각할 때, 위험이 아직은 멀리서 오고 있을 뿐이라고 파악할 때 무기를 잡았으며, 자신이 유리할 때, 승리를 쟁취했을 때는 평화를 제안했다. 자신이 어떤 생소한 문제에 관심을 쏟을 수 없다는 것이 자명할 때는, 그는 그래도 자신의 관심을 과도함이 없이, 자기 현혹 없이 추구했다. 그의 요구들은 결코 과도하지 않았으며, 가장 가까운 것만을 목표로 삼았다. 그러나 그러한 경우에 그는 극도로 집중했다.

그사이에 대담하고도 반항적인 위치를 확보한, 예상 외로 잘 이룩한 이 독자성은 다름 아닌 불쾌감을, 이웃 국가들의 적대감을 불러일으킬 수밖에 없었다.

사람들이 이러한 사실을 파악한 것은 마리아 테레지아가 한 부유한 지역을 상실하고서 그 분통을 곧바로 삭힐 수 없었을 때, 그리고 그렇게도 성공적이고 노련한 경쟁자가 제국 내에서 등장하는 것을 불쾌하게 주

태도를 택해야만 했다. 헝가리 여왕은 위기에 처해 있었으나, 휴전은 그녀에게 숨을 돌릴 기회를 주었다."〔콕스(Coxe), 『오스트리아 왕가의 역사(History of the House of Austria)』, 4권, p.443〕 나를 놀라게 하는 것은 프리드리히 2세의 생애에 관한 최근의 저술가들이 콕스의 중요한 설명들에 대해 아무런 고려도 하지 않고 있다는 사실이다.

103) 1차 슐레지엔(Schlesien) 전쟁은 1740~1742년, 2차 전쟁은 1744~1745년의 기간에 전개되었다.—역자 주

시행을 때였다. 그러나 프로이센의 명성은 북방의 체제 속으로도 의미 있게 관계했다. 즉 프로이센이 북방에서 스웨덴 및 프랑스와 함께 세력 균형을 유지하기 위해 추가로 하나의 매우 순수한 조약을 성립시켰을 때,[104] 프로이센에서는 북방에서 자신들의 주권이 위협받았다고 생각했던 몇몇 러시아 대신들에 대해 증오가 일어났다. 당연히 국왕은 더욱더 많이 프랑스에서 지원을 찾아야만 했을 것이다. 그러나 그가 스웨덴처럼 지배당할 수는 없었고, 대담하게 자유로운 독자적인 정책을 지키고자 했으므로, 그는 베르사유 궁정의 분노를 사게 되었다. 이 궁정은 비록 자신이 무엇을 떠안고 있다는 것을 잘 알고 있었지만, 자신의 전체 체제를 변경하면서 이때부터는 오스트리아와 결속하기로 결심했다. 여론은 프랑스에서 매우 고유한 모습인 즉각적인 흥분 속에 저 조약[105]에 기꺼이 찬성했다.[106] 그리하여 여황제 마리아 테레지아에게는 대륙의 두 개의 거대한 세력들[107]을 자신과 결속시키는 일이 달성되었다. 그들보다 약한 세력들인 작센과 폼메른(Pommern) 등 이웃 나라들은 그들과 한패가 되었다. 그것은 칼 4세(Karl IV)의 사망 후에 오스트리아에 대립하여 결속되었던 것과 크게 다르지 않게 진행되었던 하나의 동맹이었으며, 러시아의 참여를 통해 더욱 강력해졌다. 프로이센 국가들의 분할에 관해서는 이전의 오스트리아 국가들의 분할에 관해서보다 적지 않게 언급되었다. 프리

---

104) 『7년 전쟁사(Histoire de la querre de sept ans)』 1권, p.44.
105) 프랑스는 1756년 5월에 오스트리아와 중립 및 방어 협정을 맺었고, 이 협정은 1757년 5월에는 공격협정으로 발전했다.—물락 주, s.168
106) 뒤클로(Duclos), 『회고록(Mémoires secrets)』 2권, p.461. 「1756년 전쟁의 원인들에 관한 역사」, 뒤클로는 여기에서 "그는 강대 세력들 사이에서 짓눌리게 되는 상황을 볼 것에 대해 마땅히 두려워했을 것이다"라고 서술하면서, 프리드리히와 영국과의 조약을 인정했다.
107) 이들은 프랑스와 러시아를 지칭한다.—역자 주

드리히 2세는 해외에서만 동맹자를 발견했다.108) 그들은 당시에 오스트리아와 함께 동맹을 유지했었던 세력들이다.

프리드리히 2세가 새로이 확보한 것이지만, 바로 이 동맹과 비교해서 중요하지도 않은, 겨우 그저 그러한 정도에 불과한 권력만을 소유한 상태에서, 그가 이 동맹과의 투쟁을 감행하기만이라도 했다면, 그는 과연 싸울 능력이 있었겠는가?

그는 알려진 바대로, 빈 궁정에게 이 동맹의 무장에 관해 무조건적으로 선언할 것을 요청했었다. 이 선언이 단지 어느 정도만이라 해도 만족을 주는 결과가 될 때는, 진격을 하지 말자고 그는 자신의 한 각료에게 말했다. 마침내 기다렸던 전령이 도착했다. 대답은 만족스러울 정도에 미치지 못했다. "주사위는 던져졌다. 내일 우리는 진격한다"라고 그는 말했다.109)

그는 그렇게 용감하게 위험 속으로 돌진했다. 그는 그 위험을 찾아갔던 것이다. 그는 그 위험을 불러냈다. 그러나 그 한가운데에서 비로소 그는 그 위험을 완전하게 알게 되었다.

언젠가 한 사건이 한 사람의 위대한 개성을 근거로 했었던 경우가 있었다면, 그것은 7년전쟁110)이라는 사건이다.

---

108) 이 동맹자는 영국을 지칭한다. 영국은 오스트리아 왕위계승전쟁 시기에는 오스트리아 편에 섰지만, 그 후에는 오스트리아가 프랑스와 동맹을 맺었으므로 이제 영국은 프로이센과 동맹해야만 했고, 1758년 4월에 실제로 조약을 맺었다.―물락 주, s.169
109) 나는 여기에 대해 믿을 수 있는 보증인을 강조하면서 언급할 수 있다. 그는 발로아(Valori)[『회고록』 1권, p.308]이다.
110) 7년전쟁에서 프로이센에 슐레지엔을 상실한 마리아 테레지아는 이를 회복하기 위한 노력으로 프랑스와 동맹을 맺고서, 여기에 프리드리히 2세를 중오하는 러시아의 예카테리나 1세까지 합류시켰다. 대륙의 강대국들에 의해 포위당한 채 압박을 받게 된 프리드리히는 오히려 선제공격을 감행했으나, 동맹국인 영국이 해외

우리 시대의 전쟁들은 흔히는 몇 번 되지 않는 결정적인 타격들을 통해 끝나버린다. 이전의 전쟁들은 좀 더 오랫동안 계속되었다. 그러나 사람들은 실재하는 바의 합계(Summe der Existenz)에 관해서, 국가들 자체의 존립과 비존립에 관해서보다는 요구들과 청구권들에 관해 더 많이 다툰다. 7년전쟁은 그렇게 오랫동안 계속되면서 프로이센의 존립이 매순간 위태로웠다는 점에서 다른 전쟁들과 구분된다. 사건들과 전반적인 적대 행위의 상태에 있어서 그러한 작용을 불러일으키기 위해서는 오직 단 하루의 불행만이 필요했었을 뿐이었다. 이것을 프리드리히 2세 자신은 완전하게 느끼고 있었다. 콜린(Collin)에서의 패배[111] 후에 그는 부르짖었다. "그것은 우리의 풀타바(Pultawa)이다!"라고. 그리고 이 말이 그에게 다행스러운 방식으로 실현되지 못했을 때, 그때 이후로 그가 매 순간 몰락의 위협을 받고 있다는 것을 알고 있었다는 것은 사실이다.

나는, 어떠한 지원 기반들이 그렇게도 절망적인 상황 속에 있는 그에게 그의 군사적 천재성을, 그의 군대의 용맹성을, 그의 신하들의 충성을, 또는 우연적인 상황들을 제공했는지에 관해서는 언급하지 않겠다. 중요한 것은 그가 자신을 도덕적으로 올바르게 유지했다는 사실이다.

단지 너무 가벼운 정신적 습관들이, 너무 무상한 시문학이, 너무 이론적인 연구들이 그를 프랑스 철학으로 이끌었다. 생을 향유하기 위한 세월이 그렇게 오랫동안 계속되기도 전에, 그 철학은 그를 그렇게 무력적인

식민지 전쟁에 여념이 없었으므로, 베를린을 함락될 곤경에 빠뜨리면서도 강력한 의지로써 홀로 7년 동안이나 전쟁을 이끌었다. 마침 러시아의 예카테리나 1세가 죽고 즉위한 표트르 3세(Peter III)가 연합군에서 탈퇴하고, 자신의 군대를 오히려 프리드리히 휘하에 제공함으로써 프로이센이 승리하는 데 결정적으로 기여하게 되었다. 1763년의 평화협정에서는 프로이센의 슐레지엔 병합이 재확인되었다.―역자 주

111) 1757년 6월 콜린의 전투에서는 오스트리아가 승리했다.―물락 주, s.170

긴장들로 인도했던 것으로 보인다. 그러나 우리는, 진정한 천재 자신은 잘못된 이론으로부터 상처받지 않은 채 살아남는다고 말할 수 있겠다. 그는 스스로 자신의 고유한 규칙이다. 그는 자신의 고유한 진실을 근거로 한다. 이것은 오직, 이 진실이 그에게 의식되었다는 사실을 의미한다. 다음으로는 생(生)이, 하나의 위대한 기획을 위한 긴장이 그것을 위해 진력한다.

프리드리히 2세는 이미 오래전부터 한 사람의 위대한 장군이었다. 그가 감수했던 재난들은 그를 영웅으로 만들었다. 그가 실행했던 저항은 단지 군사적인 것만이 아니었다. 그것은 동시에 좀 더 내면적인·도덕적인·정신적인 것이었다. 이 국왕은 저 전쟁을 사실들의 궁극적인 이유들을 숙고하면서, 지상의 모든 존재의 무상함을 거대하게 관조하면서 계속 이끌어나갔다.

나는 그의 시들(Gedichte)이 문학적인 힘을 지닌 탁월한 작품들이라고 찬양하지는 않겠다. 그러한 면에서 그것들은 부족한 점들을 많이 지니고 있다. 그러나 저 전쟁의 부침(浮沈) 과정에서 나왔던 시들은 최소한 간명한 사상들의 웅대한 비약을 지니고 있다. 그것들은 우리에게 곤경과 투쟁과 위험 속에 있는 남성다운 영혼의 활동들을 드러내준다. 그는 "난폭한 바다 한가운데에서" 바라보면서 "번개는 폭풍우 속으로 번쩍이며, 천둥은 나의 머리 위에서 폭발한다"·"나는 절벽들에 에워싸여 있고, 뱃사공들의 가슴은 경직되었다. 행복의 원천은 메말라 버렸고, 종려나무들은 사라져 버렸으며, 월계수는 시들어져 버렸다"라고 말하고 있었다. 때때로 그는 브루달루(Bourdaloue)[112]의 설교문들 속에서 하나의 근거를, 보강을 찾

---

112) 부르달루(Louis Bourdaloue, 1632~1704)는 1669년 이래로 루이 14세의 '왕을 위한 설교'를 맡았던 프랑스 예수회파의 설교가였다. 그는 자신의 설교에서 수사학적·변증법적 명료함을 윤리적·현실적 신조와 결합시켰다.—쉬더 주, s.77(24)

앉을 수 있을 것이며,113) 흔히는 옛 사람들의 철학에 도움을 청했다. 그러나 그가 그렇게 자주 읽었던 루크레티우스(Lucrez)의 제3권은 그에게, 해악은 필연적이며, 그것에 대한 어떠한 치료제도 가능하지 않다는 것만을 가르쳤다.114)

그는 이러한 가혹하고도 절망에 가득 찬 이론으로부터조차도 고귀한 사상이 나오도록 하는 인물이었다. 그는 자주 자신의 죽음이 전장에서 발견되기를 바랐으며, 이와 같이 그것을 또 다른 하나의 방식으로 두려움 없이 바라보았다. 그가 적들을 기꺼이 고대의 삼두정치(三頭政治)와 비교했듯이,115) 그는 카토(Cato)와 브루투스(Brutus)의 넋116)을 불러냈으며, 그들의 모범을 따르기로 결심했다. 그렇지만 그는 완벽하게 그러한 로마인들의 경우에 있지는 않았다. 그들은 보편적인 세계운명의 진행 속에 그들의 인격을, 그들이 투쟁했던 이념을 의미하는 어떤 다른 지지점도 없이

---

113) 레초(Retzow), 『7년전쟁에서 가장 중요한 사건들의 특징(Charakteristik der wichtigsten Ereignisse des siebengärigen Krieges)』 1권(Berlin: 1802), s.363.
114) 루크레티우스(Titus Lucretius, ca. 97~55 B.C.)는 로마 시인으로서 그의 『사물의 본성에 관하여(De rerum natura)』는 죽음의 공포, 신들의 불안, 미신들에 대한 인간의 자기주장을 선언하는 에피쿠로스학파의 철학을 보여준다. 따라서 프리드리히는 루크레티우스(Lucretius)의 제3권으로부터 인간의 필멸성에 태연하게 임하는 자세를 터득했던 것으로 보인다. —물락 주, s.171
115) 로마의 삼두정치는, 1차는 카이사르(Cäsar)·폼페이우스(Pompeius)·크라수스(Crasus)에 의해, 2차는 안토니우스(Antoniu)·옥타비아누스(Octavianus)·레피두스(Lepidus)에 의해 이루어졌던바, 프리드리히는 1756년부터 자신이 대치해 있었던 오스트리아·러시아·프랑스의 3국동맹을 저 로마의 체제와 비교했던 것이다. —물락 주, s.171
116) 카토(Cato, 95~46 B.C.)와 브루투스(Brutus, 85~42 B.C.)는 로마의 공화주의적 자유를 위한 투쟁의 상징적인 인물이므로, 프리드리히는 이들의 혼을 상기했던 것이다. —물락 주, s.171

짜여 있었다.-로마는 세계였다.117) 그러나 그는 자신의 조국을 대변해야만, 방어해야만 했다. 그 어떤 하나의 특별한 사상이 그에게 작용했었다면 우리는, 그 사상은 그의 나라에, 그의 조국에 있는 것이라고 말할 수 있겠다. 누가 쿠너스도르프(Kunersdorf)의 전투118)를 치른 후의 그를 우리에게 묘사해 줄 것인가? 어떻게 그가 자신의 불운의 범위와 자신이 처한 상태의 절망적인 경지를 알아냈으며, 어떻게 그가 적들의 증오와 행운에 즈음하여 모든 것을 잃어버렸다고 간주했으며, 어떻게 그가 그다음으로 자신의 군대와 나라를 위해 오직 하나의 탈출구만을 보면서 그것을 움켜잡기로, 희생적으로 헌신하기로 결심했으며,119) 그리하여 그에게 새로운 저항의 가능성이 점차적으로 나타났고, 그가 거의 희망도 없는 이 의무에 새로이 헌신하게 되었는지를 말이다. 그는 자신의 나라를, 그렇게 오랫동안 바라보아야만 했던 그대로 방치할 수는 없었다. 그는 "적들에 의해 휩쓸리고 자신의 명예를 박탈당하고, 지원 기반들도 없이, 순전한 위험 속에서", 조국을 향해 "당신에게 나는 나의 치유될 수 없는 생(生)의 나머지를 바칠 것이다"라고 말했다. "나는 성과 없는 염려로 병들지는 않겠다. 나는 다시금 위험한 들판으로 나아가겠다." 그리고 그는 자신의 군대에게, 우리는 운명에 맞서도록 하자, 상호 공모한, 자만과 오만불손에 빠진 그렇게도 많은 적들에 대해 다시금 용감하게 맞서자,120) 라고 외쳤다.

---

117) *Oἰκουμένης δῆμος*.
118) 프로이센 군대가 오스트리아·러시아 군대에 의해 패배했던 1759년 8월의 전투이다.-몰락 주, s.171
119) 프로이스(Johann David Erdmann Preuß, 1785~1868), 『프리드리히 대왕의 생애기(Lebensgeschichte Friedrichs des Großen)』, 4Bde.(1832~1834), 2권, s.215.
120) 「아르랑 후작에게 보낸 서한(Epitre au Marquis d'Argens)」(1761.11.8)., 「친형제들에게 보낸 짧은 시(Ode aux Germains)」(1760.5.29), 『유고(Oeuvres postumes)』 7권.

그렇게 그는 버텨냈다. 마침내 그는 평화협정의 날을 맞이했다. 그는 이 전쟁을 치렀던 자신의 역사의 마지막에, 위대한 사업들에서 위험으로부터 구원될 수 있는 것은 오직 의연함이라고 말했다. 그는 자신의 나라를 축소되지 않은 채 유지했고, 자신이 다시금 나라의 지배자임을 깨달았던 순간에는, 전쟁이 이 나라에게 가져다준 상처들을 치유하는 것이 자신의 가장 고귀한, 자신의 유일한 염려가 되도록 했다.

하나의 강대 세력이란 모든 다른 세력들에 대립하여 자신을 전체적으로 유지할 수 있어야만 한다는 것이 강대 세력의 개념으로서 세워질 수 있다면, 프리드리히 2세는 프로이센을 바로 그러한 등급으로 상승시켰다. 작센 가문의 황제들과 사자왕 하인리히(Heinrich der Löwe) 시대 이후 처음으로 사람들은 북부 독일에서 하나의 독자적이고, 어떤 동맹도 필요로 하지 않는, 자기 자신을 근거로 하는 세력을 보았다.

그 결과 프랑스는 그때부터 독일의 문제들에 별로, 또는 아무것도 관여하지 못하게 되었다. 오스트리아 왕위계승전쟁[121])에서 독일 문제를 자

---

121) 1740~1748년의 오스트리아 왕위계승전쟁: 오스트리아 황제 칼 4세(Karl IV)는 아들이 없으므로, 여자 상속의 헌장을 미리 제정하여 딸인 마리아 테지아가 합스부르크(Habsburg) 왕가를 계승할 수 있도록 해두고서 죽었다. 이에 바이에른이 프랑스의 후원을 얻어 황제계승권을 주장하자, 폴란드와 스페인은 이의를 제기했으며, 이틈을 타서 프리드리히 2세는 재빨리 오스트리아의 슐레지엔을 점령함으로써, 왕위계승전쟁이 발발했다. 이때 영국은 오스트리아를 후원함으로써, 영국과 오스트리아가 프랑스·프로이센·바이에른과 대결하는 양상이 되었다. 이 전쟁은 해외 식민지들에로까지 확산되었으나, 결정적인 승리는 없었고, 1748년의 아헨(Achen) 평화협정에서 마리아 테지아의 상속권이 인정되었고, 프로이센은 슐레지엔을 제외한 다른 점령 지역을 오스트리아에 반환하기로 합의했다. 이 전쟁의 결과로 유럽에서는 외교혁명이 일어났다. 즉 영국은 전쟁 기간에는 오스트리아를 지원했으나, 이제는 독일 내의 하노버를 유지하기 위해 프로이센과 동맹을 맺게 되자, 오스트리아는 200년 동안 숙적 관계에 있었던 프랑스와 동맹을 맺음으로써, 프랑스

극하기도 또는 유리하게도 했듯이, 단 한 번의 반대가 있었지만, 그 후로는 완전히 사라졌다. 프로이센이 독립했을 때 바이에른과 작센은 다시금 오스트리아에 결속했다.

이러한 관계에 어떤 새로운 갱신이 일어난다는 것은 당장은 생각할 수 없었다. 프랑스 자신은 오스트리아와의 긴밀하고도 정확한 동맹[122])으로 나아갔고, 이것이 7년전쟁을 가져왔으므로, 새로운 갱신은 저지되었다. 프랑스인들은 적어도 과장이 없지는 않지만, 이 연합에 모든 다른 결과들의 책임을 전가시키고 있다. 나는 이 연합이 얼마나 그러한 결과들을 가져왔는지를 설명하지는 않겠다. 그러나 확실한 것은 이로써 프랑스가 독일의 반대파를 유리하게 만들었던 자신의 당시까지의 입장을 스스로 포기했다는 사실이며, 또한 그들이 스스로 말하듯이 "이 순간부터는 프로이센 국왕이 대륙에서 프랑스의 종주권에 불리하게, 독일인들의 자유를 위한 보호자가 되었다"[123])라는 사실이다. 사람들은 오스트리아가 프랑스인들에게 그들의 옛 영향력을 허용했다고는 믿지 않는다. 여전히 공동 지배자(Koregent)로서, 그리고 처음부터 요제프 2세(Joseph II)는 "자신은 황제관(冠)의 권리들을 신성한 것으로 간주한다. 자신은 사람들이 자신과 좋은 관계를 원한다면, 자신에게서 그것에 관해 언급하지 말기를

는 오랫동안의 반합스부르크 가문 정책을 포기했고, 루이 16세는 오스트리아의 마리 앙투아네트와 결혼하게 되었다. 이러한 관계들 속에서 프로이센과 오스트리아의 대립은 깊어갔고, 결국 7년전쟁(1756~1763)으로 나아갔다. — 역자 주
122) 1756년 1월에 영국과 프로이센이 베스트민스터(Westminster) 조약을 맺은 후, 프랑스는 1756년 5월에 오스트리아와 당시까지의 유럽 체제를 전복시키려는 방어 동맹을 맺었고, 이것이 1757년 5월에는 하나의 공격적인 동맹으로 확대되었다. — 쉬더 주, s.78(5)
123) 술라비(Soulavie), 『루이 16세 통치의 회상록(Mémoires du règne de Louis XVI)』 3권, p.289, '유럽의 정치 지도'.

요청한다"라고 선포하도록 했다. 그러니까 독일의 정치적 독립성을 위한 진정한 후원은 이 두 세력들이 외국에 대립하여 자유롭고 철저하게 통합하는 데 있었다는 사실이 당시에 이미 인식될 수 있었다.124)

    그러나 이 거대한 변화는 독일 민족이 프랑스의 범례들과 자체의 잘못된 모방으로부터 동시에 내면적으로 해방되었을 때 비로소 그 완전한 의미를 얻었다. 나는 우리 민족이 지금까지도 정신적인 독립성을 일정한 정도로 향유하지 못해왔다고 말하지는 않겠다. 그 독립성은 모든 위인들을 감동시켰던, 그 중심 문제에 있어서 근원적으로 독일적인 것이었던 신학적 체계의 완성125) 속에 가장 많이 있었다. 그러나 한때는 이 체계가 자신이 속해 있었던 민족의 한 부분에 불과했었다. 그다음으로 여기에서는 종교의 순수한, 이상적인 내면적 인식이 기묘한 스콜라적 형식 속에 속박된 채로 발견되었다. 사람들은 많은 다른 학문들에서 이루어졌던 활동과 부분적인 성과를 오인할 수 없다. 그러나 그 학문들은 모두 다 동일한 형식에 굴복당해야만 했다. 그것들은 복잡하게 얽힌 이론 체계 속에 강좌(講座)의 전승을 위해, 그러나 본래의 정신적 이해를 위해서는 거의 적합하지 않은 채 확산되었다. 대학들은 일반교양을 지배했다. 제한적·강제적으로 그러할수록 사회의 상층 계급들이 점차 그러한 체계와 조금 덜 접촉하는 일이 훨씬 더 가볍게 일어났고, 상상되었던 바대로 프랑스적인 방향들에 의해 매혹당해 버렸다.

    그러나 18세기 중엽 이래로는 민족적 정신이 새로이 발전하기 시작했

---

124) 세귀르(Ségur), 『유럽 각국 내각의 정치(Politique de tous les cabinets de l'Europe)』 1권, p.252. "이때부터 제국에 비해 이미 부차적인 세력이 된 프랑스는 독일 문제들에 대해 전적으로 낯설고 무관한 존재가 될 것이다."
125) 신학적 체계란 16세기 이래로 독일에서 형성되어 온 루터 신학의 교육적·정통과적 체계를 의미한다.─물락 주, s.174

다. 우리는 이 발전이, 비록 저 관점과는 일정한 대립 속에 있었지만, 바로 그 관점으로부터 출발했다는 것을 망각해서는 안 될 것이다. 교의(敎義, Dogma)적인 체계에 만족하지 못한 채 비록 여전히 그것에 매여 있었지만, 그러나 더는 그것에 그렇게 제한되지는 않으면서 독일 정신은 저 관점을 시문학적으로 보완하는 경지로 상승했다.126) 종교는 마침내 다시금, 그것도 모든 것이 근거하고 있는 바로서, 열광에 빠지지 않은 채 자체의 인간적인 관계들 속에서 정서와 가까워졌다. 대담한 시도들 속에서 철학은 모든 인식의 최고 근거에 대해 새로 논의하기로 용기를 냈다. 상호 나란히, 동일한 장소에서, 본질적으로는 서로 다른, 그러나 매우 친근한 독일 철학의 두 방향들이 등장했으며,127) 그때 이후 하나는 좀 더 관조적이고, 다른 하나는 좀 더 탐구적이면서 양자는 나란히 그리고 함께 형성되었으며, 상호 이끌고 떠밀린 채로 그러나 오직 함께 많은 창조적 의식을 표현해 왔다. 비판과 고전학(Altertumskunde)128)이 다량의 지식들을 깨뜨렸고,

---

126) 18세기 말의 독일 낭만주의는 상상·감각·감정이 중요시되었던 시문학을 주관주의적·개체주의적으로 개혁하고자 했던 본래의 시도로부터 더 나아가서 종교와 신학을 포함하는 하나의 보편적인 세계관으로 확대시켰다. 랑케는 특히 슐라이어마허(Schleiermacher)가 『종교에 관하여(Reden über die Religion)』(1799)에서 종교적 감정에서의 자주성을 확인하고서 그 위에 자신의 신앙론을 세웠던 점을 상기했던 것이다.-물락 주, s.174

127) 여기에서 '독일 철학의 두 방향'들은 셸링(Schelling)과 피히테(Fichte)가 각각 대표자로서 세웠던 방향들을 지칭한다. 양자는 다 같이 칸트(Kant)의 선험 철학을 근거로 하면서도 전자는 관조와 직관의 방법으로, 후자는 개념적·논리적 구성의 방법으로 인식 문제에 관한 논의를 전개시켰다.-물락 주, s.174f

128) 비판과 고전학: 빙켈만(Winckelmann)으로부터 울프(Wolf)를 거쳐 뵈크(Boeckh)에 이르기까지 고전 문헌학은 고대의 원전들에 대한 역사적·비판적 연구로부터 그리스·로마인들의 생활 자체를 역사학적으로 현재화하는 연구로 전환을 이룩했다.-물락 주, s.175

현존하는 견해에 이르기까지 밀치고 들어왔다. 그다음으로는 민족에 관한 정신이 단번에 각성되어 자체의 철저함과 성숙으로부터 지원을 받으면서 독자적으로, 그리고 자유로이 하나의 시문학적 문학[129]을 시도하면서 발전했다. 이것을 통해 저 정신은 하나의 포괄적이고 새로운, 비록 당시까지는 많은 내면적 갈등 속에 있었지만, 그러나 전체적으로는 일치하는 세계관을 형성시켰고, 이것을 자신에게 대립시켰다. 이 문학은 다음으로 어마어마한 고유성을 갖게 되었으므로, 더는 민족의 한 부분 위에만 제한된 채 머무르지는 않았고 오히려 민족을 전체적으로 포괄했으며, 실로 자체의 통일성을 처음으로 다시금 본래적으로 의식하도록 만들었다. 위대한 시인들의 새로운 세대들이 이전 세대들을 항상 따르지는 않는다 해도, 사람들은 그것에 대해 그렇게 놀라지 않아도 된다. 위대한 시도들이 세워졌고 달성되었다. 사람들은 말해야만 했던 것을 근본적으로 말했으며, 진정한 정신은 경험한 바 있는, 편안한 길들 위로 나아가는 것을 경멸했다. 그러나 독일의 창조적 정신의 작품은 여전히 오랫동안 완성되지 못했다. 이 정신은 실증적(positive) 학문을 뚫고 나아가고 부활시키는 데 진력을 다했다. 물론 여기에서 이 정신은 자신의 형성 과정으로부터, 또는 자신의 오래된 반대자들로부터 일어난 많은 장애물들[130]과 투쟁해

---

[129] 하나의 시문학적 문학이란 민족의 의미를 새로이 각성했던 근대 독일 시문학을 의미한다. 이 문학의 의미를 랑케는 『역사·정치 잡지』에 기고한 「독일의 분리와 통일에 관하여(Über die Trennung und die Einheit von Deutschland)」(1832), S.W. 49/50, s.160에서 "그것은 우리의 통일의 본질적인 계기들 중 하나이다. 우리는 그 속에서 처음으로 우리를 다시금 본래적으로 의식하게 된다"라고 표명한 바 있다.―물락 주, s.175

[130] 이 장애물들이란 독일 정신 자체로부터, 또는 실증주의 및 경험주의로부터 형성되어 온 역사와 철학 사이의, 역사와 신학 사이의, 역사 서술과 역사 연구 사이의 대립된 이론들과 견해들을 의미한다. 이 대립된 문제들은 역사주의가

야만 했다. 그러나 우리는 이 정신이 철저하게 자신의 고유한 이해에 도달하고, 그리고 나서는 끊임없는 새로운 창조를 위해 유능해질 것이라는 점을 기대할 수 있을 것이다.

이에 관해서는 그만 언급하고, 이제 정치에 관해 알아보기로 하겠다. 비록 이것들은 다함께 지극히 세밀하게 연관되어 있지만, 진정한 정치는 오직 하나의 거대한 민족적 현실에 의해서만 수행될 수 있다. 그렇게도 분명한 사실은 위인들의 이러한 비약에 동반되었던 자기감정에서는 어떤 다른 현상도 프리드리히 2세의 생(生)과 명예만큼 그렇게 많이 기여한 것은 없다는 점이다. 그것은 한 민족이 자유로이 발전해야만 할 때, 자신을 독자적이라고 느낀다는 사실이다. 그리고 하나의 문학은 역사 서술(Historie)의 위대한 계기들을 통해 준비되어 오지 않고서는 결코 꽃핀 일이 없다. 그러나 프리드리히 2세 자신은 그것에 관해 아무것도 몰랐고, 그 어떤 것도 예견하지 않았다는 것은 특이한 일이었다. 그는 민족의 해방에 몰두했다. 독일 문학은 그와 함께 있었다. 그러나 그는 자신과 결합되어 있는 것들을 인식하지 못했다. 그것들은 물론 그를 알고 있었다.[131]

18세기로부터 19세기로 전환하는 과정에서 보여주었다. — 역자 주

131) 프리드리히는 17세기와 18세기의 프랑스의 고전적인 저술가들을 근거로 하여 교육을 받았으므로, 그 후로 프랑스의 모델에 대립하여 일어난 독일 문학을 무시하거나 경멸했다. 그러나 괴테(Goethe)는 「시와 진실」 속에서 "최초의 진정한, 보다 더 높은 고유한 생(生)의 내용은 프리드리히 대왕과 7년전쟁의 활동을 통해 독일시 속에 나타났다. 모든 민족시는 인간적·일차적인 것 위에, 민족과 그 목자(牧者)들의 사건들 위에 서 있지 않을 때는 공허하며, 그렇게 될 수밖에 없다"라고 말했다. 랑케도 역시 한 비망록에서 "사람들은 프리드리히 대왕이 독일 문학을 경멸했다고 비판한다. 그러나 사람들은 그의 그러한 경멸에도 불구하고 그가 독일 문학을 무한히 활용했다고 말할 수 있다. 독일은 분열되어 있었다. 역사적으로 분명한 것은 분열 속에 조화가 없는 곳에서는 어떠한 자유로운 생(生)도 없다는 점이다. 위인들은 상호 불을 지피기 위해 하나의 중심점으로 집중해야 한다. 이 중심점이

한 사람의 영웅이 자신들로부터 등장했다는 사실은 독일인들을 자랑스럽고 대담하게 만들었다.

우리가 보아왔듯이 17세기에 필요했던 것은 프랑스를 제한하는 일이었다. 이 필요성이 이제는 모든 기대를 넘어서는 방식으로 일어났다. 근본적으로 사람들은, 인위적으로 뒤얽힌 하나의 정치 체제가 여기에 부가적으로 형성되어 왔다고 말할 수는 없다. 사람들이 지칭하고 있는 바는 형식들이었다. 본질은, 거대한 국가들이 자신들의 힘으로 등장해 왔고, 새로운 민족적 독자성들이 근원적인 권력 속에서 세계의 무대를 차지해 왔다는 사실에 있다. 오스트리아는 가톨릭적·독일적인, 근시적·안정적인, 자체적으로 신선함이 충만한, 고갈되지 않는 생활력을 지닌, 부유한, 자체적으로 완결된 세계이다. 러시아가 일찍이 세계사 속으로 등장했을 때, 이 나라에서는 그리스적·슬라브적 원리가 강력하게 나타났다. 러시아가 채택했던 유럽적 형식들은 이 근원적인 요소를 진압하기에는 너무 멀리 떨어져 있었다. 그것들은 이 요소를 오히려 밀치고 들어왔고, 생기 있게 만들었으며, 그 자체의 힘을 처음으로 불러일으켰다. 그다음으로 영국에서는 게르만적·해양적(海洋的) 관심들이 모든 바다를 지배했던 거대한 세계 세력으로 발전하여 이전의 해군력들에 대한 모든 기억들을 밀쳐내 버렸을 때 독일적·프로테스탄트적 관심들은 자신들이 오랫동안 찾았던 지지점을, 자신들의 묘사와 표현을 프로이센에서 발견했다. 한 시인은 "비록 사람들이 그 비밀을 알았다 해도, 누가 그것을 표현할 용기를 가졌겠는가"라고 말한 바 있다.[132] 나는 이 국가들의 성격을 말로 파악하는 잘

지난 세기 중엽에는 프리드리히 대왕이었다. 그는 독일 민족에게 엄청난 감탄을 심어주었다. 독일 문학은 그에 의해 진보를 했다"라고 말했다.—물락 주, s.176f
[132] 여기에서 '한 시인'이란 루크레티우스(Lukretius, ca. 97~55 B.C.), 또는 다른 어떤 고대의 시인을 생각할 수도 있겠다. 루크레티우스는 다음과 같이 말한 바

못을 범하지는 않겠다. 그렇지만 우리가 분명하게 아는 것은, 그들은 이전 세기들의 각기 다른 거대한 발전들로부터 등장했었던 원리들 위에 세워졌다는 것, 그들은 근원적인 다양성들에 있어서 유사한, 그리고 상이한 체제들을 형성시켰다는 것, 그들은 사물들의 본성으로부터 현재 살아 있는 혈통들이 발생했다는 거대한 주장들과 일치했다는 것 등의 사실들이다. 그들의 등장과 형성에서는 이미 이해되고 있듯이 내면적 관계들의 변형이 일어날 수 있었고, 여기에는 프랑스혁명이 발발하기 이전에 전개되었던 100년이라는 거대한 사건이 놓여 있다.

있다. "누가 이 대단한 발견들의 위대함에 걸맞은 노래를 강하고 담대하게 지을 수 있을까?(Quis potis est dignum pollenti pectore carmen condere pro rerum maiestata hisque repertis?)"[『사물의 본성에 관하여(De rerum natura)』, v 1~2. 참조.]—물락 주, s.178

프랑스혁명

그러나 저 사건이 그 자체로 그렇게도 의심할 바 없이 가치 있는 의미를 지니고 있다 해도, 역시 부인될 수 없는 바는 프랑스가 제약되었던 것은 저 사건을 통해서였으며, 이 나라는 다른 나라들의 성공을 자신의 손실로 간주했다는 사실이다. 이것 역시 그들에게서 항상 생생하게 일어났었다. 실로 이 나라는 이전에는, 오스트리아가 헝가리에서 이룩하는 발전과 터키에 대한 대립을 빈번히 저지하고자 했고, 그리하여 오스트리아는 전체의 가장 훌륭한 연대들을 터키인들에 대치해 있었던 도나우(Donau)로부터 라인 강변으로, 또한 프랑스인들에 대처하기 위해 빈번히 소환했었다. 러시아는 프랑스의 정책으로부터 벗어나서 북방에서 자신의 영향력을 확보했다. 베르사유(Versaillies)의 내각이, 프로이센은 세계에서 어떠한 지위를 확보했고, 이를 유지하고자 시도했는지를 알게 되었을 때, 이 내각은 아메리카에 대한 자신들의 관심[133]을 잊어버렸다. 이것은, 내 생각으로는, 프로이센 권력을 끌어내리기 위해서가 아니라 거리낌 없이 파멸시키기 위해서였다. 실로 프랑스인들은 그렇게 자주 제임스 2세의 지지자들(Jakobiten)[134]을 비호하고자 스튜어트 가문(Stuarts)의 한 인물을 영국으로

---

133) 프랑스는 캐나다(Kanada)와 루이지애나(Louisiana)를 소유하고 있었으며, 두 지역들 사이의 간격을 좁히고자 했다. 이로써 프랑스는 동쪽 해안에 자리 잡고 있는 영국인들이 서부로 향하는 길을 차단하려고 했다. —물락 주, s.180

134) 명예혁명(1688)에 의해 영국으로부터 추방당한 스튜어트(Stuart) 가문의 국왕

보내버리기 위해 오래된 관계들을 다시금 세우려고 기도했었다. 이것을 위해 그들은 프로이센과 협력해 오스트리아에, 또는 오스트리아와 협력해 프로이센에 대립하면서 언제나 영국을 적으로 삼았다. 그들은 바다에서의 손실을 감수하면서 대륙에서의 전쟁을 주도했다. 그들은 7년전쟁 기간에는, 샤탱(Chatam)이 말했듯이, 독일에서 아메리카를 상실했다.[135]

물론 프랑스는 더는 이전 100년 동안처럼 유럽 세계의 중심으로서 그렇게 결정적으로 존립할 수는 없었다. 이 나라는 폴란드의 분할[136]이 눈앞에서 진행되는 것을, 이에 대한 문의를 받지도 못한 채, 바라볼 수밖에 없었다. 또한 이 나라는, 심각하게 받아들였던 사건으로서, 1772년에는 영국의 프리키트함(Fregatte)이 이전에 약정된 바 있는 프랑스 함대들의 무장 해제[137]에 관해 감시하고자 툴롱(Toulon)의 정박소에 나타났던 일도

제임스 2세(James II)와 그의 아들 및 손자는 프랑스에서 생활하고 있었으며, 스코틀랜드·아일랜드·영국 내에는 이들의 지지자들이 있었다. 프랑스는 이들과 연계해 제임스 2세(James II)를 영국으로 보내고자 계속 시도했으나, 성공하지는 못했다. 그 마지막 시도는 오스트리아 왕위계승전쟁 시기인 1745~1746년에 있었다.-물락 주, s.180

135) 1756~1761년의 기간에 영국 외무성의 차관으로 활동했던 윌리엄 피트(William Pitt der Ältere, 老피트)는 영국 정치의 실제적인 주도자로서 7년전쟁 기간에는 프랑스에 적대적으로 프리드리히 2세를 지원했다. 이 정책은 그가 북아메리카의 식민지들과의 전쟁에서 식민지를 후원했던 프랑스를 견제하기 위해서였다. 결과적으로 프랑스는 이 기간에 독일 문제에 관심을 기울이는 사이에, 북아메리카에서 자신들의 영향력을 상실했다.-쉬더 주, s.78(25)

136) 제1차 폴란드 분할은 1772년에 러시아·오스트리아·프로이센 사이에 이루어졌다.-역자 주

137) 7년전쟁이 끝날 때(1763), 프랑스는 파리협정에서 영국에, 프랑스는 앞으로 해군력을 일정한 수준 이상으로 증대시키지 않는다는 것을 비밀에 추가로 약속한 바 있다.-물락 주, s.181

허용해야만 했다. 포르투갈·스위스 같은 좀 더 작은 독립적인 국가들조차도 또 다른 작용들을 하게 되었다.

그 불운이 흔히 사람들이 생각해 왔던 것처럼 그렇게 심하지는 않았으며, 이 사실은 곧바로 파악될 수 있다. 즉, 프랑스는 그런데도 터키에 대한 자신의 오래된 영향력을 유지했고, 가문들 사이의 계약[138]을 통해 스페인을 자신의 정책에 결속시켰으며, 스페인 함대들과 스페인 식민지들의 재력을 활용했으며, 토리노(Turin: 이탈리아의 도시)도 함께 포함되는 그 외의 부르봉 가문의 궁정들 역시 프랑스에 결속되었다. 스웨덴에서는 결국 프랑스 당파가 승리했다.[139] 그러나 이것이 일반적인 우세를 다른 모든 나라들보다 더 많이 상실해 버린 이 민족에게는 오랫동안 만족스럽지 못했다. 이 민족은 자신의 권리들이라고 간주했었던 요구들을 상실했다는 사실만을 체감했으며, 자신이 유지했던 것은 고사하고, 다른 민족이 점령한 것만을 주목했다. 이 민족은 자신이 능가할 수 없었던 그렇게도 무력적인, 강력한, 잘 조직된 세력들이 자신에게 대치해 있다는 것을 분노 속에 바라보았다.

---

[138] 1761년 8월에 프랑스의 부르봉 가문과 스페인의 부르봉 가문은 상호 우호 및 지원을 위한 협정을 맺었다. 비밀리에 추가된 협정에서 스페인은 1762년까지 영국과의 전쟁에서 프랑스를 지원하기로 합의했다. 이것은 1733년의 제1차 부르봉 가문들의 협정을 갱신한 것이다.―쉬더 주, s.78(29)

[139] 스웨덴의 구스타프 3세(Gustav III)는 프랑스의 후원으로 1772년에 쿠데타를 통해 귀족 지배와 러시아의 영향을 종식시켰고, 프랑스와는 새로운 동맹 관계로 나아갔다. 이것은 스웨덴이 1741/43년에 러시아와의 전쟁에서 겪었던 패배를 만회한 것이었다. 겐츠(Fr. Gentz)는 자신의 저서 『프랑스혁명 전후의 정치적 상태에 관하여』, 2Bde.(1801)에서 프랑스의 과장된 불만들을 매우 슬기롭게 기피했다. 그러나 나에게는 그가 당시 상태들의 실제적이고 부인될 수 없는 몰락을 충분하게 고려하지 못했던 것으로 보인다.

사람들은 혁명의 원인들에 관해 그렇게도 많이 언급해 왔고, 그것들을 더는 발견될 수 없는 곳에서도 찾아보았다. 가장 중요한 원인들 중 하나는, 내 생각에는, 대외적 관계들의 이러한 변화 속에 있었으며, 이것이 그 정부를 깊은 악평 속으로 빠뜨렸던 것이다. 그 정부가 국가를 올바르게 통치할 줄 몰랐으며, 전쟁을 적합하게 수행하지도 못했다는 것은 사실이다. 그 정부는 가장 위험한 악습들이 유행하는 것을 방치했다. 그리고 이것 때문에 유럽에서 그 정부의 위신은 가장 많이 몰락했다. 그러나 프랑스인들은, 변화된 세계정세의 한 작품일 뿐인 모든 것을 자신들의 정부의 책임으로 전가시켰다. 그들은 루이 14세의 황금시대에 대한 기억 속에 살고 있었고, 다른 국가들이 신선한 힘들을 통해 일어남으로써 야기되었던, 사람들이 이전에 행사했었던 것과 같은 영향을 더는 좋아하지 않도록 만들었던 모든 작용들을 정부의 대외 정책의 무능에다가, 그리고 국내 상태들의 부인될 수 없는 몰락에다가 책임을 돌렸다.

따라서 프랑스에서는 그 운동들이, 한편으로는 하나의 개혁적인 성격[140]이 있었다 해도, 곧바로 하나의 혁명적인 성격으로 전환되었으며, 역시 맨 처음부터 외국에 대립하는 방향을 취하고 있었던 현상이 일어났던 것이다.

아메리카의 전쟁[141]도 비슷하게 이러한 이중성을 발전시켰다. 이것을 사람들이 몰랐다면, 세귀르(Ségur)[142]의 회고록으로부터 알 수 있게 될 것

---

140) 18세기 중엽 이래로 나타났고, 정부도 역시 회피할 수 없었던 국내 개혁들을 위한 노력들을 의미한다. —물락 주, s.183

141) 미국의 독립전쟁(1775~1783)을 지칭한다. 당시 이 전쟁은 오래된 13개의 영국 식민지들이 모국으로부터의 독립을 주장하면서 일어났고, 프랑스·스페인·홀란드의 지원을 받았으며, 그 외의 유럽 국가들은 중립을 지켰는가 하면, 영국은 완전히 고립되었다. —물락 주, s.183

142) 세귀르(Louis Philipp Ségur, 1753~1830)는 프랑스 정치가이자 역사가로서 북아

이다. 여기에서 보면 호전적 욕구와 이른바 철학이 기묘하게 혼합되어서 젊은이들은 품위 있는 프랑스 귀족의 주도하에 참여했다는 것이다. 세귀르는 "자유가 우리들에게서는 명성에 대한 매력과 함께 나타났다. 나이가 든 성인들은 자신들의 기본 원칙들을 유효하게 만들 수 있는, 그리고 자의적인 무력을 제한할 수 있는 기회를 알았지만, 우리들 젊은이들은 단지 그것 때문에 철학의 깃발 아래 전쟁을 수행하기 위해, 우리들 자신을 부각시키기 위해, 명예로운 지위를 얻기 위해 참여했다. 기사다운 신조에서 우리는 철학자들이 되었다"[143])라고 기록했다. 이 젊은이들은 그러나 점차 매우 진지하게 그렇게 되었다. 즉 기묘한 혼합으로 말이다. 그들이 영국을 공격하면서, 이 나라를 허약하게 만들고, 그 식민지들을 빼앗는 것을 자신들의 공명심으로 삼았을 때, 그것은 그러나 영국의 한 상류 귀족의 독자성에 불과할 뿐이다. 민의원(Haus der Gemeinen)의 한 의원의 품위 있는 지위가 그들이 획득하고자 원했던 것이었다.

이 아메리카 전쟁은 이제 결정적인 것이 되었다. 그것은 일반적인 권력 관계들의 변화를 통해서가 아니었다.―왜냐하면 사람들이 영국의 식민지들을 모국으로부터 분리시켰을 때, 이 모국은 그것을 너무 민감하게 받아들이지 않을 만큼 자체적으로 잘 기초되어 있는 나라라는 사실이 곧 나타났기 때문이다. 사람들이 프랑스 해군을 다시금 일정한 정도의 명성으로까지 제고시켰을 때에도, 영국은 역시 결정적인 전투들에서 승리를 거두었고, 연합했던 이웃 나라들에 대해 우세를 유지했다.―그러므로 이 전쟁의 결정적인 의미는 이 전쟁이 가져왔던 간접적인 작용 속에 있는 것이다.

메리카의 독립전쟁에 참여했으며, 페테르부르크(Petersburg)와 베를린의 프랑스 공사로서, 1789년부터는 의원으로서 활동했다. 그는 『회상 혹은 기억과 일화들 (Mémoires ou souvenirs et anecdotes)』, 3Bde.(1825/26)을 남겼다.―역자 주
143) 『기억과 회상(Mémoires et souvenirs)』 1권, p.137.

나는 공화주의적 경향성[144])의 등장만을 생각하지는 않는다. 또 하나의 좀 더 직접적인 결과가 있었다.

매우 진지하게 튀르고(Türgot)는 이 전쟁을 반대했었다. 오직 평화 속에서만 그는 이미 당시에 적자를 압박했던 재정을 긴축 예산으로써 복구하고자, 그리고 동시에 필요한 개혁들을 관철시키고자 희망했었다.[145]) 그러나 그는 젊은이들을 사로잡았던 열광의 흐름 앞에서 물러서야만 했다. 전쟁은 선포되었고, 과도한 비용으로써 주도되었다. 네케르(Necker)[146])는 자신이 지니고 있었던 매우 높은 수준의, 은행가의 모든 재능으로써 새로운 차관(借款)들을 마련할 줄 알았다. 그러나 차관들이 증가할수록, 그것들은 적자를 더 많이 증가시킬 수밖에 없었다. 이미 1780년에 베르젠(Vergennes)[147]) 백작은 국왕에게, 재정 상태가 실제로 불안정하다고, 이 상태는 하나의 즉각적인 평화협정을 필요로 한다고 설명했다.[148]) 그사이

---

144) 랑케는 여기에서 왕권을 제한, 또는 박탈하려는 모든 노력들을 공화주의적 경향성이라고 표현했다.—물락 주, s.184

145) 리슐리외(Richelieu)는, "튀르고(Türgot)는 영국에 매수되지 않았다. 그는 돈 때문에 매수되지 않았다"라고 말한 바 있다.—물락 주, s.184〔튀르고(1727~1781)는 정치가이자 국민경제학자이다. 그는 1774년에 루이 16세의 재무대신으로서 사법·재정에 대한 포괄적인 개혁 계획을 세웠으나, 모든 신분들의 반대에 부딪혔으며, 개혁을 실천하기도 전에, 이미 1776년에 흉년으로 물가가 폭등했을 때 해임되었다—역자 주〕

146) 네케르(Jacques Necker, 1732~1804)는 정치가이자 은행가이다. 그는 1777~1781년의 기간에 튀르고의 후임으로서 프랑스 재정을 안정시키고자 노력했으나 실패하고, 1790년부터는 스위스로 가서 저술에 몰두했다.—물락 주, s.184

147) 베르젠(Comte de Vergennes, 1717~1787)은 콘스탄티노플과 스톡홀름의 프랑스 공사로서, 1774년부터 루이 16세의 외무대신으로 활동했다.—물락 주, s.185

148) 플라싱(Flassen), 『프랑스 외교(Diplomatie française)』 7권, p.364, 「평화, 그리고 가장 긴급한 평화(La paix et la paix la plus prompte)」.

에 평화협정은 여전히 지연되었고, 협정 체결149) 후에야 비로소 사람들은 혼란을 제대로 의식했다. 사람들은 여기에서도 역시 하나의 특이한 대립을 인식했다. 상당히 지친 상태에서 채무를 짊어진 채로 영국은 아메리카 전쟁을 끝마쳤다. 그러나 소(小)피트(Pitt)가 영국에서 그 재난의 근원을 논박하면서, 거대한 대책150)을 통해 신뢰를 회복시키는 동안에 프랑스의 재정은 빈약한 방법들에 의해 더욱더 빈약한, 시도되어 보지도 않았던, 동시에 무모한 수단들 속으로 빠져들었고, 그리하여 재난은 날이 갈수록 증가했고 정부는 고질적으로 위협을 받았으며, 자체의 모든 위신을 상실하게 되었다.

이것은 대외 관계들에 어떻게 작용했는가! 사람들은 어떠한 선택도 더는 갖고 있지 못했다. 모든 대가를 치르면서 사람들은 전쟁을 피해야만 했다. 차라리 사람들은, 예를 들면 오스트리아가 홀란드에 대해 제기했던 요구들151)을 일정한 합계의 금액으로써 변상했다. 이것을 위해 사람들은 자신들이 당시에 처해 있었던 나쁜 상황들에도 불구하고 스스로 자발적으로 그 금액의 반(半)을 기여했다. 재난이 프랑스에만 일어났었다면, 황제는 바이에른(Baiern)에 대한 자신의 의도들152)을 관철시키는 일에서 방

---

149) 1783년 9월의 평화협정을 의미한다.—물락 주, s.185
150) 소(小)피트는 새로운 관세들과 부과금으로써 재정 적자를 해소시켰고, 다음으로는 신용 대부에 항상 확실한 근저를 담보하도록 하는 강력한 조치를 취했다. 이것은 이자 지불과 국가 부채의 상각(償却)을 위한 상환액의 설정이라는 조치였다.—물락 주, s.185
151) 홀란드에 제기했던 오스트리아의 요구를 의미한다. 오스트리아 황제는 1784년 8월에 네덜란드에 서면으로, 남부 네덜란드가 바다로 자유로이 통과할 수 있도록 쉘데(Schelde) 지역을 개방할 것과 그곳에서 이루어지는 수입 및 수출에 대한 관세를 규제하는 권리를 요구했다.—쉬더 주, s.79(32)
152) 바이에른에 대한 황제의 시도: 오스트리아 황제 요제프 2세(Joseph II)는 바이에

해를 받지 않았을 것이다. 프랑스 정부는 홀란드의 이른바 애국자들[153]과 밀접하게 제휴해 왔었지만, 이들은 조용히 프로이센에 의해 가려지고 극복되지 않을 수 없었다. 프랑스 정부는, 내 생각으로는, 그것에 대해서 결코 심각하게 비난받을 수는 없다. 이 정부는 1787년 6월 홀란드에 대한 프로이센의 선전포고가 나왔을 때, 이 선포의 실행을 저지하고자 시도했다. 당시에 고등법원은 국가 행정을 수행하는데 더는 없어서는 안 될 새로운 세금 부과의 등재(登載)를 거부했고,[154] 곧이어 8월 15일의 저 유명한 대(大)통합회의(die Grand'-Chamber)를 개방되도록 했으며, 그리고 소집된 의원들의 다수가 국왕은 앞으로 모든 신분 대표들이 소집되기 전에는 어떠한 세금 부과도 제기할 수 없다고 선언했다. 당시까지 국내의 상태가 회의적으로 되었던 바로 그 순간에, 사람들은 외국에 대한 영향력을 거의

른을 오스트리아에 합병하려는 계획을 1774년과 1784년, 두 번에 걸쳐 시도했다. 이것은 바이에른의 선제후가 병합의 보상으로 오스트리아 지배의 네덜란드를 확보하도록 하는 방안이었다. 첫 번째 시도는 바이에른의 계승 전쟁 때문에, 그리고 두 번째 시도는 독일 영주 동맹의 반대로 실패했다. 양차의 시도를 반대하는 데 주도했던 인물은 프리드리히 대왕이었다. 프랑스는 두 적대자들 사이에서 중립을 지켰다.—물락 주, s.186

153) 홀란드의 애국자들이란 지방과 도시의 신분적이면서도 시민계급적인 민주적·공화주의적 당파로서, 이들은 세습 총독의 군주제적 성향에 대립하여, 그 투쟁이 1785년 이래로는 내란으로까지 상승했다. 이때 이들은 프랑스의 후원을 받았으나, 프로이센이 세습 총독에게 유리하게 간섭함으로써 저 봉기는 진압되었고, 프랑스는 자존심에 상처를 입었다.—물락 주, s.186

154) 파리의 고등법원은 국왕의 훈령들을 기록하고 등록함으로써 그 효력이 발휘하도록 하는 권한을 갖고 있었다. 이 고등법원이 1787년 7월 6일, 7월 16일, 8월 2일에 두 개의 새로운 세금들, 즉 인지세(印紙稅)와 모든 신분으로부터 납부받는 토지세(土地稅)의 등재를 거부했으며, 8월 6일에 국왕의 임석하에 강요되었던 기록을 다음날 무효로 선언했다.—물락 주, s.186f

행사할 수 없었다. 그러나 이것은 매우 의미 있는 시점이었다. 바로 그 당시에 두 황제 궁정들155)은 터키에 대한 공격을 결정했다.156) 프랑스인들은 자신들의 오랜 동맹자들을 원조할 만한 상태에 있지 않았다. 그리고 이들은 패배당하지 않으려면, 영국과 프로이센에 원조를 청원하지 않을 수 없었다.

물론 이것은 프랑스의 외교 정책에서 의미도 없는 것, 무가치한 것이었고, 이 나라의 자연적인 요구들에 적합하지도 않은 것이자, 유럽의 관심들 일반과도 일치하지 않는 것이었다. 이 부질없는 사건이 부인될 수 없는 바대로 국내의 혼란으로부터 왔듯이, 혼란은 다시금 이 사건을 통해 특별하게 증가했다. 브리엔(Brienne) 대주교157)의 정책은 가장 격렬한, 가장 광범위한 비난을 겪었다. 그는 비겁하다는, 심지어는 불충(不忠)하다는 비난을 받았다. 왜냐하면 그가 홀란드를 지원하지 않았고, 육지에서 프랑스인들의 군사적 명성을 재건하는 기회를 잡지 못했다는 것이다. 사람들은 프랑스인들의 명예가 이로써 일정한 방식으로 모욕당하는 것을 보았다. 그 명예는 오직 유혈을 통해서만 다시금 깨끗이 씻길 수 있는 것으로 보였다.158)

아무리 그것이 이제 와서는 과도하게 들린다 해도, 사람들은 저 불만

---

155) 두 황제 궁정들은 러시아와 오스트리아를 지칭한다. 전자는 1787년 여름에 선전포고를 했고, 후자는 1787/88년 겨울에 러시아를 뒤따랐다. – 역자 주
156) 「요제프 2세(Joseph II)가 카니우츠(Kaunitz)에게 보낸 편지」(1787.6.), 『요셉 2세 서한집(Briefen Joseph II)』, s.106.
157) 브리엔(Loménie de Brienne, 1727~1794)은 1763년 이래로 대주교로 성직 생활을 하다가 1787~1788년의 기간에는 루이 16세의 재무대신으로서 튀르고의 개혁 계획을 다시금 채택했으나 1789년에 네케르와 교체되었다. – 쉬더 주, s.79(33)
158) 나는 레비(Levis)의 『인물들(Portraits)』, s.109로부터 인용했다. 우리는 여기에서 레비가 대주교와 나누었던 대화를 읽을 수 있다.

의 밑바닥에 놓여 있었던 감정을 비난할 수만은 없다. 한 거대한 민족의 민족적 의식은 유럽 속에서 하나의 적합한 지위를 요구한다. 대외적 관계들은 하나의 편의적인 제국이 아니라, 오히려 본질적인 권력의 제국을 세운다. 그리고 한 국가의 명성은 그 나라의 국내 힘들의 발전이 근거하는 정도에 항상 일치한다. 이것을 모든 민족은 각자가 자신이 자신에게 상응되는 지위에 있지 않다는 것을 알아차릴 때 느낀다. 특별하게 위대한 민족이고자 하는 별난 요구를 그렇게도 빈번히 제기했던 프랑스인들은 더욱더 그러했다.

    나는 프랑스혁명을 가공스러운 발전으로 나아가게 했던 원인들의 다면성(多面性)에 관해 상세하게 언급하지는 않겠다. 나에게 매우 확실한 것으로 보이는 것은 대외 관계들의 몰락이 큰 몫을 차지하고 있다는 점이다. 사람들은 단지 다음 사실들만을 기억해 보면 될 것이다. 즉, 이 민족이 오랫동안 오스트리아 왕가에 쏟아 부었던 모든 증오를 한 몸에 받고 있었던 불행한 왕비인 오스트리아의 한 공주159)가 여기에서 어떠한 역할을 했으며, 한 오스트리아 위원회160)에 관한 망상이 어떤 불행한 상황을 야기했는지를 말이다. 프랑스인들은 자신들이 이웃 나라에 대한 오래된 영향력을 상실했음을 보았을 뿐만 아니라, 그들은 심지어 외국이 은밀하고 강력한 영향력을 자신들의 국가에 행사한다는 이야기까지 들었다. 국내

---

159) 마리 앙투아네트(Marie Antoinette, 1755~1793)는 오스트리아 여제 마리아 테레지아의 딸로서 1770년에 프랑스 왕세자와 결혼해, 그가 1774년부터 루이 16세로 프랑스 국왕이 됨으로써 왕비가 되었지만, 결국 혁명의 희생물이 되었다. 랑케에 의하면 "오스트리아 제국에 대한 반감이 그녀 자체를 반대했다"는 것이다. ― 물락 주
160) 1790~1791년 시기에 파리에서는 왕권을 공개리에 배척하는 반왕당파의 팸플릿들이 등장했다. 데뮬랭(Camille Desmoulins)은 1790년에 처음으로, 튈르리(Tuileri) 궁에는 오스트리아와 비밀리에 협상을 진행하고 있는 오스트리아 위원회가 있다는 팸플릿을 퍼뜨렸다. ― 쉬더 주, s.79(33)

행정의 모든 대책들에서 그들은 그러한 영향을 인지하고 있다고 믿었다. 바로 이것이 다음으로는 전반적인 격분, 대중의 소요와 분노를 불타오르게 했던 것이다.

우리가 대외 관계들에 대한 이러한 관점에 집착할 때는, 우리는 혁명에 관해서 다음의 견해를 파악할 수 있다.

사람들은 하나의 보다 더 큰 권력을 형성하기 위해 곳곳에서 민족적 힘들을 비상한 방식으로 규합했고, 이를 위해 사람들은 국내 관계들 속에 있었던 많은 장애물들을 소탕해야만 했으며, 그리고 때로는 오래된 권리들을 침해했다. 이러한 일이 여러 나라들에서 때로는 좀 더 많은, 때로는 좀 더 적은 심사숙고 속에 일어났고, 일정한 성과를 거두었다.[161] 사람들이 이러한 일들은 곳곳에서 시도되었고, 다소간의 성과를 이룩했으며, 어디로 나아갔는지를 서술할 줄 알았다면, 매우 교훈적이고 생생한 책이 나왔을 것이다. 마지막으로 프랑스에서도 그러한 일이 시도되었다. 이전의 프랑스 국왕들이 행사했던 절대적인 무력에 대해서 많은 비난들이 있어왔다. 그 권력이 비록 여전히 어느 만큼 자의적으로 표현되었지만, 주요한 문제에서는 그 반대로 엄청나게 몰락해 버렸다는 것은 사실이다. 정부가 저 작업을 시도했을 때, 정부는 이미 그것을 관철시키기에는 너무 허약해졌다. 정부도 역시 불안정한 수단들로써 시도했다. 특권 신분들의 저항을 정부는 진압할 수 없었다. 게다가 정부는 제3신분을 소집했다. —

---

161) 랑케는 이러한 진행을 18세기 후반 유럽의 '곳곳에서' 일어났던 현상들과 연관시켰으며, 오늘날 말하는, 이른바 '계몽된 절대주의(der aufgeklärte Absolutismus)'의 개혁을 염두에 둔 듯하다. 이 개혁들은 지방에 따라 서로 다른 장점들과 범위를 갖고 있었지만, '구특권들', 즉 상층 신분들의 세금 특혜를 폐지하고, 이로써 국민들의 동등화를 사회적으로 완수함으로써, 결국에는 군주의 권력을 국가와 사회의 근대화를 통해 안정시키려는 노력이었다. —물락 주, s.189

그러니까 정부는 이미 여론을 장악하기 시작했던 민주적 이념들의 무력에다가 구원을 요청했던 것이다. 그러나 이 동맹자가 정부에게는 훨씬 더 강력한 존재였다. 정부는 동요했고, 이 동맹자의 힘들이 정부가 제안한 궤도로부터 이탈하는 것을 인지하고서는, 자신이 공격하고자 했던 집단에게로 되돌아왔다. 정부는 자신이 구원을 요청한 바로 이 모독당했던 집단에게 모든 정치적 열정들을 발휘하도록 사주했으며, 그 세기의 신념들과 방향으로써, 실로 자신의 고유한 경향성으로써 투쟁에 돌입했다. 이로써 정부는 제3신분의 요소가, 또는 더 많이는 이들 속에서 이들을 둘러싸고 발전된 분노의 요소가 거대하게 진보하면서 특권 신분들과 귀족정치뿐만 아니라 국왕과 왕권조차도 붕괴시켰던, 그리고 오래된 국가 정치를 파괴했던 운동을 불러일으키게 되었다.162)

    이 기도는, 비록 모든 정부들은 아니지만, 그러나 역시 몇몇 정부들을 강화하거나 견고하게 만들었으며, 이와 같이 그것이 취했던 발전을 통해, 그것이 거두었던 결과들을 통해 프랑스 정부를 파멸시켰다.

    단지 사람들이 여기저기에서, 프랑스의 권력과 대외적 의미가 이러한 거대한 폐허 속에서 완전히 몰락할 수밖에 없었다고 믿는다면, 이것은

---

162) 프랑스혁명에서의 이러한 과정을 랑케는 『혁명전쟁의 기원과 시작』에서 간략하게 기술한 바 있다. 튀르고의 개혁에서부터 혁명 발발 과정까지에 관한 그의 묘사는 다음과 같다. 귀족들과 성직자들에게도 세금을 부과하고자 했던 정부의 시도는 고등법원의 저항에 부딪혀 좌초했다. 법원의 압력으로 삼부회(Generalstände)가 소집되었고, 정부는 상위 신분들인 성직자들과 귀족을 대변하는 제1부와 제2부의 대표 수를 제3신분을 대변하는 제3부의 대표 수와 균형이 되도록 제3부의 대표 수를 배가시켰다. 이것은 정부가 제3신분의 요구에 양보한 것이었다. 삼부회가 개최된 후의 상황에서는 귀족과 성직 신분들이 연합했으나 열세였다. 결국 국가와 사회는 마찬가지로 다함께 혁명화되었다.〔Ranke, S.W. 45, s.22ff.〕— 물락 주, s.189f

잘못된 생각이다. 구권력을 재건하기 위한 경향들은 너무 강력했으므로, 그것들 자체는 그렇게 무서운 상황들 아래에서도 자기들 자신을 망각해 버리지 않았을 뿐만 아니라, 결코 존재해 보지도 않았던 방식으로 다른 국가들의 유사성을 훨씬 넘어서 지속되었다. 기존하는 중간의 무력들163) 이 다른 곳에서는 자신들의 독립성을 제한당하면서, 좀 더 큰 몫으로 일반적인 노력을 강요당했던가 하면, 그것들이 여기에서는 곧바로 파괴되었다. 귀족과 성직자들은 자신들의 특권뿐만 아니라, 재산마저도 사건들의 전개 속에서 박탈당했다. 그것은 가장 거대한 규모로, 가장 엄청난 범위로 진행되었던 몰수였다. 유럽이 축복을 가져다주는, 인간다운, 해방적인 것으로서 환영했던 이념들이 어떻게 유럽의 눈앞에서 갑자기 황폐의 전율 속으로 방향을 바꾸었는지 말이다! 사람들이 토양에 영양을 공급하는, 생명의 활기를 넣어주는 가열(加熱)을 기대했었던 화산의 불은 무서운 폭발 속에 바로 그 토양 위로 범람했다. 그러나 이러한 붕괴의 한가운데에서 프랑스인들은 통일성의 원리를 한 번도 포기하지 않았다. 혁명 시기의 바로 그 혼란 속에서 프랑스는 유럽 국가들에 대립하여 이전보다 훨씬 더 강력하게 나타났다. 사람들은 모든 힘들의 무력적인 폭발이 외부를 향해 계속되었다고 말할 수 있을 것이다.164) 옛 프랑스와 새로운 프랑스 사이의 관계는 활발하고 본래 용감한, 그러나 궁정 생활에 익숙한, 흔히는 사소한 명예욕에 집착하는, 정교하고 관능적인, 옛 국가를 주도했던 귀족주의와, 그리고 야생적이며 폭력적인, 사상에 의해서는 별로 감격하지 않는, 새로운 국가를 지배했던 피에 물든 자코뱅주의자들(Jakobiner)

---

163) 기존하는 중간의 무력들이란 군주와 다수의 피지배자들 사이에 위치하고 있던 특권 신분들을 의미한다.―물락 주, s.190
164) 이 모습은 랑케의 『1791~92의 혁명전쟁들의 기원과 시작』에서 주된 주제였다. ―물락 주, s.190

사이의 관계와 같다. 당시까지의 사건들의 진행 결과로 비록 전자와 완전하게는 아니지만, 그러나 비슷한 귀족주의가 여타 국가들의 상부에 위치하고 있었으므로, 자코뱅주의자들이 저 야생적인 모든 힘들을 기울여 우세를 확보했던 것은 놀라운 일이 아니었다. 혁명적인 열광을 일깨우기 위해서는 예기하지 않았던 상황과의 결합을 통해 이루어진 첫 승리[165]만이 필요했을 뿐이었다. 그때부터 이 열광주의는 민족을 장악했고, 얼마 동안은 이 민족의 생활 원리가 되었다.

이제 사람들은, 프랑스가 그렇게 하여 그 자체에 있어서 다른 강대 세력들을 모두 합친 것보다, 또는 단지 가장 가까운 이웃 세력들이 연합된 것보다 더 강력해졌다고 말할 수는 없다. 사람들은 그렇게도 험악한 결과를 가져왔던 정치와 전쟁의 오류들을 충분히 알고 있다. 그 오류들은 당시까지 자신들의 경쟁심으로부터 곧바로 벗어날 수 없었다. 1799년의 일방적인 동맹[166]은 이탈리아를 해방시켰으며, 불행한 불화[167]가 그들을 분리시켰을 때까지는 매우 무력적인 군사적 위치를 차지할 줄 알았다. 그러나 부인될 수 없는 바는 프랑스 국가는 유럽과 투쟁을 하고 있던

---

[165] 이 첫 승리란 1792년 9월에 프랑스 포병이 프로이센 포병과 포격을 교환하면서 승리를 거두었던 저 유명한 발미(Valmy) 전투를 지칭한다. 이 전투가 앞으로의 전쟁 전개에 어떠한 영향을 줄 것인지에 관해 랑케는 "프랑스인들에게서는 자신들의 원리들과 자신들의 군대의 진격을 통해 유럽에서 주인이 된다는 희망이 일어났다"라고 서술했다.〔Ranke, S.W. 45, s.235ff〕—물락 주, s.190

[166] 1799년의 동맹은 러시아·영국·오스트리아·포르투갈·나폴리·터키가 연합해 성립되었고, 이때 프로이센의 프리드리히 빌헬름 1세(Friedrich Wilhelm I)는 중립을 지키면서 참여하지 않았으므로 '일방적인 동맹'이 되었다.—물락 주, s.190

[167] 대(對)프랑스 제1차 동맹 내에서는 러시아와 오스트리아 사이에, 때로는 러시아와 영국 사이에서도 정치적·군사적 경쟁심이 작용하여 1800년에는 러시아가 동맹에서 탈퇴했다. 이것을 랑케는 '불행한 불화'라고 표현했다.—물락 주, s.190f

한가운데에 자신을 세웠고, 그 전쟁을 겨냥했으며, 자신이 가능하게 만들었던 모든 힘들을 집중시켜서 개별적인 대륙 세력들을 능가하게 되었다는 사실이다. 프랑스는 항상 자유를 추구한다는 명성을 갖고 있었으므로, 사람들은 혁명으로부터 혁명을 향해 단계적으로 나아가서 군사적 전제주의에 도달했으며, 이것은 당시까지의 군사적 체제의 완성을, 그것이 아무리 거대했다 해도, 훨씬 더 능가했다. 운이 좋았던 장군은 스스로 자기의 머리에 황제관을 씌웠다.[168] 그는 민족의 모든 활용될 수 있는 힘들을 매 순간 전장으로 투입할 만한 권한을 갖고 있었다. 이러한 방식으로 프랑스는 곧 자신의 우세를 회복했다. 그는 영국을 대륙으로부터 배제[169]하는데, 또한 계속된 전쟁들 속에서 오스트리아로부터 독일과 이탈리아에 있는 그들의 옛 지방들을 빼앗는 데도 성공했다.[170] 그는 프리드리히 2세의 군대와 군주권을 굴복시키고,[171] 러시아에게조차도 복종을 강요했으며, 마침내는 이 나라의 옛 수도에 이르기까지 국내 지방들로 밀고 들어갔다.[172] 그에게 이러한 세력들과의 투쟁이 필요했던 것은 독일의 한 거

---

[168] 이 운이 좋았던 장군은 연전연승을 거두었던 나폴레옹(Napoleon)을 의미하며, 그가 황제 체제를 세우고서 로마 교황을 초치하여 베르사유 궁정에서 황제대관식을 치를 때는 교황이 새로운 황제에게 황제관을 씌워주는 전례를 무시하고, 스스로 황제관을 자신의 머리 위에 씌웠다.—역자 주

[169] 프랑스의 이 정책이 절정을 보여주었던 것은 1806년의 대륙봉쇄령 선언이었다. 랑케에 의하면 이 선언으로써 영국에 대한 프랑스의 상업상의 적대 관계는 대륙 전체로 확대되었다는 것이다.〔Ranke, S.W. 48, s.33〕—물락 주, s.191

[170] 오스트리아는 1792~1805년 사이에 전개되었던 전투들에서 밀라노(Mailand)·바덴(Baden)·뷔르템베르크(Württemberg)·티롤(Tirol)을 상실했다.—물락 주, s.191

[171] 프로이센은 1806~1807년 전투에서 나폴레옹에 굴복했다.—역자 주

[172] 나폴레옹은 당시까지 프로이센과 결속하고 있던 러시아에 스웨덴과 터키에 대한 점령을 허용함으로써 1807년부터는 러시아의 순종을 받아냈다. 이것은 이 두 강대 세력들이 유럽을 함께 지배한다는 정책이었다. 그러나 러시아가 1809년부

대한 부분을 제외시키지 않고서, 남부 유럽과 중부 유럽을 동시에 포괄하여 하나의 직접적인 지배권을 세우기 위해서였다. 이것은 루이 14세 시대에 일어났던 모든 것을 훨씬 넘어서는 것이었다. 이로써 유럽의 옛 자유는 깊이 굴복당하고 말았다. 유럽은 프랑스 속으로 몰락하기를 원하는 것처럼 보였다. 사람들이 단지 멀리 있는 위험으로만 보았던 저 보편군주제(Universalmonarchie)가 거의 실현되었던 것이다!

터는 대륙 봉쇄 체제에서 벗어나기 시작하면서 나폴레옹은 러시아 내륙으로 진격했고, 1812년에는 모스크바(Moskau)까지 점령했다. 그에게는 모든 저항 세력을 굴복시키려는 성향이 있었다. ─물락 주, s.191f

재 건

그러나 강대 세력들에게서 나타났던 활기찬 무력들은 단번에 압도당하고 파괴될 수밖에 없었던가?

전쟁은, 헤라클리토스(Heraklit)[173]가 말하기로는, 사건들의 아버지이다. 대립된 힘들의 충돌로부터 위험—불행·봉기·구원—의 거대한 순간들 속에서 새로운 발전들이 가장 결정적으로 출현한다.[174]

---

173) 헤라클리토스(ca. 504/500 B.C.)는 그리스 철학자로서, 여기에 인용된 문구는 세계를 역동적으로 파악하는 그의 사고를 대변하는 가장 유명한 증거이다. "전쟁은 모든 사건들의 아버지이고, 모든 사건들의 왕이다. 전쟁은 인간들을 신들로서 보여주는가 하면, 또 한편으로는 인간들로서 보여준다. 전쟁은 인간들을 노예들로 만드는가 하면, 또 한편으로는 자유인들로 만든다."〔Fragment 53, in, Hermann Diels, *Die Fragment der Vorsokratiker*(Hamburg: 1957), s.27〕—물락 주, s.192

174) 랑케의 이러한 사상은 헤라클리토스로부터 영향을 받았던 것으로 보인다. 헤라클리토스는 민주제를 반대하면서 대립과 투쟁의 원리를 제시했던 철학자였다. 그에게 "만물은 유전(流轉)할 뿐 정지된 것은 없다." 그러면서도 그는 유전하는 현상 속에서 통일적인 법칙을 발견하고자 함으로써 다원성(多元性) 속에 통일성이, 통일성 속에 다원성이 있다는 사고를 보여주었다. 그에게 세계 전체는 이념들 사이의, 계급들 사이의, 민족들 사이의 투쟁을 통해 조화를 이루면서 형성된다. 그러므로 그는 "전쟁은 모든 사건들의 아버지이다"라고 주장했던 것이다. 대립과 투쟁 및 그 상호 작용을 이와 같이 사고했던 그는 헤겔(Hegel)의 변증법적 사고의, 마르크스(Marx)의 계급투쟁 이론의 선구적 사상이라고 볼 수 있으며, 특히 다양성들의 대립 속에 조화가 보증된다고 사고했던 랑케에게서도 그의 영향이 발견된다.—

프랑스는 자신의 야생적인 운동의 한가운데에서 민족에 대한 공동 감정을 이전보다 더 왕성하게 유지하고, 민족적 힘들을 그렇게 엄청나게 확대시키면서 전쟁의 유일한 목적을 위해 집중시킬 줄 알았으므로, 이로써 자신의 우세를 확보했다.

사람들이 프랑스에 대적하고자, 또는 그 우세를 다시 한 번 깨뜨리는 희망을 잡고자 원했다 해도, 수단들에 있어서, 당시까지 만족했던 것으로써는 충분하지 못했다. 군사 체제의 개선조차도 그것만으로써는 여전히 도움이 되지 못했던 듯하다. 사람들이 소유할 수 있었던 모든 힘들을 모두 다 종합하는 것이 바로 좀 더 근본적인 혁신이었다. 사람들은 당시까지 생활을 주로 무의식적으로 운반해 왔던 저 잠들어 있던 민족적 위인들이 자기의식적인 활동을 하도록 각성시키기로 결심하지 않을 수 없었다.

민족적 정신의 갱신을 유럽 민족들과 국가들의 전체 범위 속에서 추적해 보는 일은 하나의 장엄한 작업일 것임이 틀림없다. 그 정신을 다시금 일깨웠던 사건들을, 그 정신의 첫 번째 상승을 알렸던 표시들을, 그 정신이 곳곳에서 표명되었던 운동들과 제도들의 다양성을, 끝으로는 그 정신이 압도적으로 승리하면서 등장했던 행위들을 인식하는 작업 말이다. 그러나 이것은 매우 광범위하게 보이는 기도이므로, 이것을 우리는 여기에서 한 번에 설명할 수는 없겠다.

확실한 것은 사람들이 1809년에 비로소 성공을 어느 정도 전망하면서 투쟁하기 시작했다는 사실이다.[175] 이때에 사람들은 세계 운명의 요구에 만족할 만한 것을 수행하기 시작했다. 잘 정돈된 제국들의 주민들 모두가

역자 주
175) 1809년에 오스트리아에서 나폴레옹의 지배를 거부하는 봉기가 일어났을 때, 민족적 힘들과 대중의 힘들이 함께 작용했다. 여기에는 오스트리아에서 1809년에 진행되었던 국내 개혁들이 자극을 주었다. — 쉬더 주, s.79(37)

오랫동안 살아오던, 자신들의 종교조차도 결합시켰던 주거지들을 떠나고, 이것들을 화염 속으로 포기했을 때176) —예전부터 평화적으로 시민생활에 적응되었던 거대한 주민들의 많은 남자들이 무기를 잡았을 때177)—, 또한 동시에 사람들이 상속받았던 불화를 마침내 실제로 잊어버리고 진지하게 통합했을 때178)—, 그때 비로소 적을 격파하고, 옛 자유를 재건하고, 프랑스를 그 자체의 국경 안으로 봉쇄시키고, 범람했던 물결을 자체의 물길 안으로 되돌리는 일이 드디어 달성되었다.

프랑스혁명 이전의 마지막 100년의 사건은 거대한 국가들이 유럽의 독립성을 옹호하기 위해 등장했다는 사실이라면, 그 이후로 흘러간 시기의 사건은 민족성들이 스스로 갱신되고 신선해졌으며, 또한 새로이 발전했다는 사실이다. 그것들은 국가 속으로 의식적으로 들어왔고, 그것들 없이 국가는 존속할 수 없게 될 것이다.

사람들은 거의 일반적으로 다음과 같은 견해를 지니고 있다. 즉 우리 시대는 단지 해체의 힘이라는 경향성만 있다는 것이다. 우리 시대의 의미는 오직 중세 시대로부터 남아 있는, 함께 결속시키면서 구속하는 제도들을 종식시키는 데 있다고, 그 방향으로 우리 시대는 우리에게 심어진 추진력을 확신하면서 나아간다고, 이것은 모든 거대한 사건들의, 발견들의, 전체 문화의 결과라는 것이다. 바로 그렇기 때문에 우리 시대를 민주적인 이념들과 제도들로 발전시키는 거역할 수 없는 성향도 일어났다고, 그리

---

176) 이것은 스페인(1808)·티롤(Tirol, 1809)·러시아(1812)에서 반프랑스 봉기를 일으켰던 국민들 모두를 지칭한다.—물락 주, s.192
177) 이것은 프로이센의 해방전쟁에서 국민 일반의 병역 의무 표시로 모든 남자들이 무장했던 사실을 지칭한다.—물락 주, s.192
178) 이것은 나폴레옹 전쟁이 끝날 때(1814/1815)까지 오스트리아·러시아·프로이센·스웨덴·영국이 계속 동맹을 지켰고, 여기에는 작은 나라들도 결속해 있었던 사실을 지칭한다.—물락 주, s.192

고 다음으로는 이 성향이 우리가 그 증인들인 거대한 변화들을 필연적으로 불러일으킨다고, 다른 나라들에 앞서서 프랑스에서 일어난 것은 하나의 일반적인 운동이라는 것이다. 물론 이러한 견해는 말할 것도 없이 단지 가장 슬픈 전망들로 나아갈 수밖에 없는 견해이다.179) 우리는 그럼에도 불구하고, 우리 시대가 사실들의 진실에 거역하면서 유지될 수는 없을 것이라고 생각한다.

우리의 세기는 단순히 부정하는 일들에만 빠지지는 않으면서, 가장 긍정적인 성과들을 가져왔다. 즉 이 세기는 거대한 해방을 수행했으며, 그러나 해체라는 의미에서 그렇게 철저했던 것은 아니었다. 이 해방은 오히려 이 해체로 하여금 구성하고 유지하는 데 더 많이 기여했다. 이 세기는 우선 강대 세력들을 첫 번째로 살려냈고, 또한 모든 국가들의 종교와 법의 원리를, 그리고 특히 각 개인들의 원리를 생생하게 갱신시켰다.

바로 여기에 오늘날의 가장 특징적인 것이 놓여 있다.

세계사의 대부분의 시대들에서는 민족들을 함께 유지시켜 왔던 것이

---

179) 이러한 견해는 프랑스 국왕의 전직 장관의 저서인 『혁명정신의 기원과 전개에 관하여(De l'origine et des Progès de l'esprit révolutionnaire)』(La Haye, 1833)에서 다시금 표명되었다. "그럼에도 불구하고 자원은 유지할 수 있을 것이다. 프랑스는 점점 더 많은 인구와 여러 가지 활동들로 넘쳐날 것이다. 전투의 빗장을 다시 열어젖힐 것이고, 호전적인 국민은 익숙한 열의로 그것에로 돌진할 것이다. 무기와 전염병으로 모든 것을 뒤엎은 후, 자신의 처참한 활동의 폐허가 보여주는 장관이 프랑스를 완벽하게 치유할 수 있을 것이다. 고귀하게도 프랑스는 다른 민중들과 서둘러서 소통할 것이며,… 세기의 급류 속에서 우리의 노쇠한 유럽은 추억과 폐허만이 남아 있을 아프리카와 아시아의 가장 유명한 국민들의 운명을 감내해야 하는 지경에 이르지 않도록 말이다."

이것은 실로 하나의 슬픈 전망이다! 그러나 이 견해는 프랑스의 상황을 다른 국가들의 상태들과 혼동함으로써 일어난 것이다. 문제는 대립하고 있었던 정치적 당파들의 근본 오류이다.

종교적 결합들이었다. 그러나 때때로는 우리의 시대와 먼저 비교될 수 있는 또 다른 시대들도 있어왔다. 그러한 시대들에서는 하나의 정치적 체제를 통해 결속된, 좀 더 거대한 왕국들과 자유로운 국가들이 공존하고 있었다. 나는 다만 알렉산더(Alexander) 이후의 마케도니아·그리스 왕국들의 시대만을 언급해 보겠다. 이 시대는 우리의 시대와 많은 유사성을 제공해 준다. 매우 광범위하게 번영했던 공동체적 문화, 군사적 형성, 복잡한 대외 관계들의 작용과 반작용, 교역에 대한 관심과 재정의 거대한 중요성, 산업에서의 경쟁, 수학과 연관되어 있는 정밀 학문들의 번영 등에 있어서 그러하다. 그러나 그 국가들은 한 정복자의 기도와 그 후계자들의 분열로부터 등장하여, 그들 현존재에 관한 어떠한 특별한 원리들을 갖고 있지도 않았고, 형성시킬 만한 능력도 없었다. 그들은 군대와 돈을 기반으로 하고 있었다. 바로 그러했기 때문에 그들은 역시 곧바로 해체되었고, 결국에는 완전히 사라졌다. 사람들은 흔히, 어떻게 로마가 그들을 그렇게 신속하게, 그렇게 완벽하게 제압할 수 있었느냐라는 질문을 해왔다. 그렇게 할 수 있었던 것은 로마가 그렇게 오랫동안 중요한 적들을 갖고 있었던 한, 경탄스러우리만큼 엄격하게 자신의 원리를 견지하고 있었기 때문이다. 우리들에게도 역시 소유지들의 범위, 군대의 힘, 귀중품의 크기, 그리고 보편적 문화에 대한 일정한 몫 등이 마치 국가를 위해 더욱더 가치 있는 것처럼 보인다. 만일 이러한 오류를 깨뜨리기에 적합한 사건들이 있어 왔다면, 그것들은 우리 시대의 사건들이었다. 이 사건들은 국가를 위한 도덕적 힘과 민족성이 국가를 위해 지니고 있는 의미를 마침내 다시 한 번 관조하도록 일반적 의식 속으로 가져왔다. 우리의 국가들이 자신들을 세웠던 민족적 원리로부터 새로운 삶을 수용하지 않았다면, 우리의 국가들로부터는 무엇이 형성되었겠는가![180] 어떤 누구도, 국가가 이 원리 없이도 존속할 수 있을 것이라고 설득하지는 못할 것이다.

그리고 사람들은, 곳곳에서 일어났던 저 변화들을 통해 모든 국가들이 다소간으로 상호 동일하게 되었다고, 그들은 프랑스의 그것과 동일한 단계 위에 있다고, 결국 프랑스가 경험했던 바가 모든 국가들을 위협한다고 말하지는 않을 것이다. 내가 잘못 생각하지 않는 한, 분명한 것은 프랑스가 자신이 유발했던 모방을 통해서보다는 자신이 불러일으킨 대립을 통해 훨씬 더 많은 작용을 했다는 점이다. 어떻게 사람들은 프랑스에서의 변혁과 다른 국가들에서의 변화들 사이에 있는 차이를 오인할 것인가? 그곳에서는 폭동이 승리를 쟁취한 후에 스스로 지배자가 되었다. 그러므로 그 국가는 결코 건실해질 수 없었다. 왜냐하면 이 원리가 그 국가의 근원에 첨부되어 버렸기 때문이다. 그러나 이제는 혁명의 결과들이 자체의 본질에 있어서 왕정복고에 의해 결코 훼손되지는 않았으며, 오히려 비호를 받으면서 그 국가를 공고하게 만들었고, 정통적인 왕조와는 계속적인 모순 속에 유지되었다. 그러나 다른 나라들에서는 최정상의 무력이 자신이 보장하고 있는 더욱더 큰 자유들과 동맹 관계 속에 있다. 그리하

---

180) 랑케는 19세기가 많은 오류를 지니고 있으면서도, 그 사건들이 국가의 도덕적 힘과 민족성 원리의 중요성을 각성시켜 주었고, 이로써 새로운 삶이 가능해졌다고 보면서, 이 점을 부각시키기 위해 그는 알렉산더(Alexander) 이후의 마케도니아·그리스 국가들이 돈과 권력에 기반을 두었을 뿐, 국가의 원리를 세우지 못하고 있었고, 따라서 해체될 수밖에 없었다는 사실을 비교적으로 제시했다. 랑케의 이러한 사고는 고대 로마의 역사가 살루스티우스(Sallustus, ca. 86~34 B.C.)의 그것과 연결된다. 즉 살루스티우스는 로마 공화정이 외부의 적들을 제압한 후에는, 권력욕과 소유욕이 고대 로마의 덕성(德性, Virtus)을 무너뜨리고 로마를 위기로 몰고 갔다고 비판했던 역사가였다. 주목할 바는 살루스티우스는 로마 공화정의 부패와 무원칙을 비판했는가 하면, 랑케는 그 이전의, 즉 로마에 의해 제압되었던 마케도니아·그리스 국가들의 무원칙을 사례로 들었다는 것이다. 즉 랑케는 로마에 대한 비판을 회피한 셈이다. 그는 자신의 『근세사의 여러 시기들에 관하여』에서 로마가 법과 무력과 종교를 통해 이룩한 업적을 세계사적인 기여라고 해석했다. — 역자 주

여 이 무력의 지위 자체는 좀 더 독립적이고 좀 더 강력해졌다.

그러나 사람들은 그렇게 빈번히 다시금 등장하는 피상적인 모습을 통해 현혹되지는 말아야 한다. 18세기 중엽에는 유럽의 군주들이 프랑스 철학과 동맹관계 속에 있었던 것으로 보인다. 이것은 많은 다른 이유들이 있었고, 또한 이것이 자연스러운 것이었던 이유는 저 방향이 유럽에서의 우세를 항상 요구하고 있었던 정부에 대립하는 야당을 만들고 있었기 때문이다. 프리드리히 2세는 프랑스 철학자들을 주위에 불러서 보호했고, 그들의 견해들에 공감했다. 그러나 그에게서는 자신의 국가도 그들의 이론들에 따라서 세우려는 생각이 일어나지는 않았다. 그는 그들의 실천적인 경향성들을 항상 활발하게 논박했다.[181] 혁명적으로 된 국가에서는 그 반대로 신문들(Gazette und Quottidienn)[182]의 이론들, 그리고 이것들이 옹호했던 관심들이 야당을 형성한다. 이것들이 유럽의 다른 지역들에서 공감을 발견한다는 것은 매우 자연스러운 일이다. 그러나 국가들이 이러한 견해들에 따라 세워지면서 변혁되어야만 한다는 것은 기대될 수 없다. 사람들은 물론 구프랑스 세습 귀족정치의 안정성에 좀 더 큰 자유로운 운동이 가능했던 것으로 보았는가 하면, 근대의 끊임없는 야생적인 운동은 하나의 좀 더 큰 안정성에 대립된다고 보았다. 그러나 그럼에도 불구하고 국가들의 발전은 자신들의 고유한 과정으로 나아가고, 자신들의 고유한 원리에 따른다.

---

[181] 프리드리히의 이러한 모습을 두고서 사람들은 흔히, 그의 말과 행동은 모순된다고 말했다. 이에 대해 랑케는 그의 말과 통치 양식을 다음과 같이 관찰하면서 그 모순을 상대화했다. "프리드리히는 부왕(父王)이 세운 엄격한 국가 질서를 자신이 타고난 문화 노력들과 결합시켰으며, 이로써 그의 군인다운 본질과 그 시대의 경향성들과의 모순이 중재되었다."〔Ranke, S.W. 29, s.30.〕―물락 주, s.194f

[182] *La Gazette der France*와 *La Quottidienne*는 왕당파적·정통주의적 신문들이었다.―물락 주, s.195

이제 1830년에 프랑스에서 그렇게 갑자기 다시금 일어났던 혁명적 정신이 자기 주위의 모든 방면으로 나아갔고, 자신과 유사한 모든 것들을 전반적인 전복의 시기에 세웠던 바와 같이, 다시금 새로이 살아나게 하고 자신에게로 끌어모았으며, 그리고 유럽을 혁명화하는 수많은 시도들을 하면서 나타났지만, 그 운동이 다시 한 번 더 전반적인 전환을 가져올 수 있을 것이라고 두려워할 만한 경지는 될 수 없다.

물론 세계를 통치하려는, 박멸될 수 없는 프랑스의 오만에게는 혁명 정신이 경멸할 만한 동맹자가 아닐 것이다. 혁명 정신은 과거에 프랑스가 우세를 유지하고 있었던 모든 시점들에서 무력적으로 일어났고, 지금의 세계정세에도 중요한 영향력을 갖게 되었다. 그러나 이 정신은 필연적인 방식으로 자기 자신 속에서 다시 한 번 자신의 저항을 발견한다. 그러나 혁명적 정신과는 어떤 국가도 함께 살 수 없으며, 이 정신의 근원은 국가도 역시 원하고자 하는 것이지만, 국가는 자신의 머리 위로 이 정신이 성장하는 것을 허용하지 않는다. 그러나 우리는 그다음으로는 단지 어떠한 작용이 혁명 정신의 첫 번째 공격들로부터 일어났는지만을 관찰해 볼 필요가 있다. 이 정신은 사람들이 그 현존재를 거의 믿지 않았던 민족성을 각성시키고, 여기에 생기를 불어넣어 주는 데 다시금 기여해야만 하지 않았던가? 홀란드는 프랑스혁명 이전에 겪었던 습격에 완전하게 굴복당했고, 그 후로 제국에서 별로 중요하지도 않은 지방이 되었지만, 지금은 자신의 옛 명성을, 자신의 결코 박멸될 수 없는 개념을 감정적으로 그렇게도 대담하게, 그렇게도 용감하게 유지하고 있다.

물론 이것은 정부의 특별한 단호함과 민족의 위대한 자유 사상적인 헌신 없이는, 정부와 민족의 양쪽 편 관심들의 융합이 없이는 일어나지 않는다. 그러나 바로 이것은 저항을 수행하기 위한 것이다. 이것은 부정(否定)함으로써 이루어지지는 않았다. 사람들은 힘을 힘에 대치시켜야만 한다.

세계사는 첫눈에 잘 나타나는 바와 같은, 국가들과 민족들의 이와 같은 우연적인 혼란스러운 공격들, 중첩적인 기습들, 계기적인 연속을 제시하지는 않는다. 흔히 그렇게 회의스러운 문화의 촉진도 역시 세계사의 유일한 내용은 아니다.183) 그것들은 힘들이며, 그것도 정신적인, 생명을 불러일으키는 창조적인 힘들(schöpferische Kräfte), 생 그 자체이며, 우리가 그 힘들의 발전 속에서 알아보는 도덕적 에너지들(moralische Energien)이다.184) 이 도덕적 에너지들은 정의(定義)될 수 없고, 추상적 개념들로 정리될 수 없다. 그러나 사람들은 이 힘들을 관조(anschauen)할 수 있고, 인지(wahrnehmen)할 수 있다. 사람들은 이 힘들의 현존재(Dasein)에 대한 공감(Mitgefühl)을 만들어낼 수 있다.185) 이 도덕적 힘들은 꽃을 피우고 세계를 수용하여, 가장 다양한 표현으로 나타나며, 상호 부정하고 제약하며 극복한다. 이것들의 상호 작용과 연속 속에, 이것들의 생과 소멸 속에, 그다음으로는 항상 보다 더 큰 내용과 보다 더 높은 의미와 좀 더 넓은 범위를 자체 내에

---

183) 랑케의 이러한 사상은 세계사를 인류의 진보하는 문명화, 또는 문화화의 과정으로 파악하는 계몽사상의 보편사와 역사철학으로부터 그가 전환하고 있었음을 보여준다.—물락 주, s.195
184) 인간의 창조적인 힘들을 강조하는 이 문장은 역사 속에 있는 인간의 자기결정권에 관한 랑케의 사상이 표현된 것이다. 국가들의, 민족들의 연속에서는 인간의 자기결정권이 작용한다고 보는 랑케는 세계사를 세계이성의 작품으로 보는 역사철학을 거부한다.—물락 주, s.195
185) 랑케의 이 문장들은 역사 이론적 사고로서, 그의 역사 연구 방법론으로서 사람들에 의해 수없이 인용되고 있다. 역사 사실들은 결코 정의될 수 없고, 추상화될 수 없다는, 그것은 관조될 수 있고 인지될 수 있을 뿐이라는 그의 주장은 구체적 사실들에 입각한 연구를 강조하는 랑케를 실증주의적이라고 보는 것이 오해라는 점을 명확하게 증명해 준다. 즉 그는 사실 연구를 강조하지만, 사실들이 그에게서는 어디까지나 이해를 통해, 공감을 통해 파악되는 것이며, 그것도 일반화를 통해서가 아니라 개별화를 통해서이다. 이러한 점은 랑케의 방법론의 핵심이다.—역자 주

내포하는 소생(蘇生) 속에 세계사의 비밀이 놓여 있다.

우리가 지금 하나의 정신적인 무력으로부터 공격을 받는다면, 우리는 정신적인 힘들을 그것에 대치시켜야만 한다. 다른 민족이 우리들을 확보하고자 위협하는 우세함에 대해 우리는 오직 우리의 고유한 민족성의 발전을 통해서만 대처할 수 있다. 나는 하나의 고안해 낸 키메라(Chimär)적인 것186)이 아니라 오히려 본질적인, 현존하는, 국가 속에 표현된 민족성을 의미하고 있다.

사람들은 나에게, 그러나 세계는 어떻게 하나의 지속적으로 긴밀한 공동체를 완성시키지 않고 있는가라는 이의를 제기할 것이다. 세계를 수용해 온 이 방향은 민족들과 민속적인 것들의, 국가들 및 그 원리들의 대립을 통해 저지 및 축소될 것이 아닌가라고 말이다.

내가 착각하고 있지 않다면, 그것은 문학에서의 관계와 같다. 당시에, 즉 프랑스 문학이 유럽을 지배하고 있을 때 사람들은 세계 문학에 관해서는 이야기하지 않았다. 유럽의 대부분의 중요한 민족들이 자신들의 고유한 문학을 독립적으로, 그리고 흔히는 상호간의 대립 속에서 충분하게 발전시킨 이후에야 비로소 세계 문학에 관한 이념이 파악되었고, 표명되었으며, 확산되었다.187) 나에게 하나의 작은 관계를 거대한 관계들과 비

---

186) 랑케는 이 '키메라적(Chimärische)'이라는 단어를 자주 사용했거니와, 그 뜻은 혁명운동을 불러일으킨, 그 운동 속에 항상 주창되어 온 자유주의적·민족주의적, 또는 공화주의적 경향성을 의미한다. 따라서 이 문장에서 지칭된 키메라적 민족성이란 역시 그러한 성격의 민족성이라고 할 수 있다.—물락 주, s.196

187) 이 이념을 처음으로 '파악했었고, 표명했으며, 확산시켰던' 인물은 말년의 괴테였다. 즉 그는 세계 문학 속에서 민족 문학들의 왕래 및 교류가 촉진될 수 있다고 이해했다. "우리가 강조하는 바는 민족들은 일치하여 사고해야만 한다고 말할 수는 없으며, 오히려 그들은 오직 각각으로 의식되고 파악되어야만 한다. 그리고 그들이 상호 사랑할 수 없을 때는, 각자가 적어도 인내할 줄 알아야 한다"[Fritz

교해 보는 일이 허락된다면, 나는 한 사람이 말을 주도하고, 대화를 이끌어 나아가는 사회는 향유와 촉진을 보장해 주지 못하며, 그곳에서는 모든 사람들이 동일한 관계 위에 또는 사람들이 원한다면, 동일한 평균 정도 속에서 항상 동일한 것만을 말하고 있다는 것을 상기시키고 싶다. 그런가 하면 사람들은, 다양한 고유성들이 자체적으로 순수하게 형성되어 하나의 좀 더 높은 공통적인 것 속에서 서로 만나는, 실로 그것들이 상호 왕성하게 접촉하고 보완하면서 이 공통적인 것을 순간적으로 불러일으키는 사회에서 비로소 행복을 느낀다. 서로 다른 문학들이 자신들의 고유성을 혼합시키면서 융합시켜야 한다면, 그것은 단지 하나의 불쾌한 권태만을 제공할 것이다. 그렇게 해서는 안 된다! 모든 문학들의 연결은 각 문학의 독자성을 근거로 한다. 그것들은 가장 왕성하게, 계속해서 상호 접촉할 수 있다. 한 문학이 다른 문학을 능가하지 않으면서, 그리고 그 본질 속으로 침해하지 않으면서 말이다.

국가들의, 민족들의 경우에도 그 관계는 다르지 않다. 하나의 유일한 국가의 결정적인 적극적 지배는 다른 존재들에게 비운이 될 것이다. 모든 국가들을 하나로 혼합시키는 것은 각자의 본질을 파괴할 것이다. 분리와 순수한 완성으로부터 진정한 조화가 나올 것이다.[188]

Strich, *Goethe und die Weltliteratur*(Bern, 1946), s.399]—물락 주, s.196
188) 여기에서 랑케는 혁명운동과 나폴레옹 체제에서처럼 하나의 이념, 하나의 현실 체제가 유럽 전체를 지배하는 보편주의는 물론, 혁명 이전의 체제를 다시금 유럽 전체에 강요하고 있는 왕정복고의 보편주의를 모두 다 부정적으로 본다. 왜냐하면 그것들은 각 국가들의, 민족들의 고유성을 질식시키는 것이기 때문이다. 그러므로 여기에서 그는 각 민족들의 다양한 고유성들이 존중되고 각각으로 완성될 수 있도록 '분리와 완성'을 제시하면서, 그 속에서 진정한 조화가 일어날 수 있다고 보았던 것이다. 이것이 그가 거부하는 혁명과 왕정복고에서의 보편주의에 대립되는, 그 자신의 보편주의 사상이다. —역자 주

랑케의 「정치 대담」

Politisches Gespräch

●쉼터●

프리드리히(Friedrich): 당신은 국가 제복을 입고, 외국 훈장까지 차고서 매우 화려한 모습으로 나에게 나타나는구나!

칼(Carl): 나는 당신이 한 번도 마차들이 지나가는 것을 듣지 않았다고 장담한다. 당신이 그러나 나와 함께 두어 걸음만 나아간다면, 나는 당신에게 내가 방금 나온, 거리 전체를 밝게 비추고 있는 창문들을 보여주겠다.

프리드리히: 그리고 당신은 그 모든 장관(壯觀)으로부터 벗어나서 이 고독한 공부방 속으로 몰래 들어오는가?

칼: 나의 베네딕트 교단의 형제[1])에게 저녁 인사를 하기 위해서이다. 사람들은 세계를 본 후에는, 또한 한 인간을 만나러 간다. 사람들은 대화(Konversation)를 나눈 후에는, 또한 대담(Gespräch)을 즐기고자 한다.

프리드리히: 나는 당신이 만드는 구분[2])을 확실하게 수용할 수 있다. 나에게

---

1) 여기에서는 프리드리히(Friedrich)가 랑케 자신을 대변하는 인물로 설정되어 있고, 베네딕트 교단의 한 수도승으로 비교되었다. 이 교단은 전통적으로 학문의 육성에 전념하고 있었으며, 17세기 이래 문헌학적·역사학적 박학파의 양성소였다. 그리고 이 대담에서 주로 질문을 제기하고 있는 칼(Carl)은 당시 역사 법학파의 주도적 인물이었던 자비니(Friedrich Karl von Savigny)를 대변하는 인물로 설정되었다. ─ 역자 주

2) 칼(Carl)은 먼저 Konversation와 Gespräch가 진행되는 관계를 순차적으로 설정했고, 이로써 두 개의 의사 교환 방식들은 각기 그 내용과 수준에 있어서 차이가 있다는 것을 암시한 셈이다. 프리드리히(Friedrich)는 칼의 그러한 구분을 수용하고 있다. 이 글에서 보면, Konversation은 인간사에 관한 표면적인 견해를 나누는 것인가 하면, Gespräch는 사건들의 본질과 그 진행 논리에 관해 심도 있게 파악하면서 의견을 교환하는 형식의 의미로 활용되었다고 이해될 수 있을 것이다. 따라서 역자는 전자를 '대화'로, 후자는 '대담'으로 번역했다. ─ 역자 주

는 더더욱 진심으로 바람직하다.

칼: 물론 당신은 그렇지 않아도, 내가 모든 면에서 나를 통제하는 것에 대해, 살롱(Salon)에서 지배하는 여러 가지 견해들 및 보고들을 나의 견해에서의 미세한 차이들과 혼합시키는 것에 대해 만족할 수 있을 것이라고 믿지는 않는다.

프리드리히: 당신은 대부분의 현세주의자들(現世主義者들, Weltkinder)이 말하고 있듯이, 바이런(Byron)에 관한 이야기에서 시작하고 있다.[3] 당신은 피로와 긴장을 느끼고 있는 것으로 보인다.

칼: 세상 사람들과 그들의 대화(Konversation)는 그러나 일반적인 요소 속에 있는, 정신의 표면에 접촉해 있는 것만을 제공할 뿐이다. 사람들은 환경의 은혜를, 또는 인간의 출생을 사회의 수준으로 제고시켰던 인간들을 알고 있다. 사람들은 순간적으로 주목받았던 사건들에 관해 듣고 있다. 그러한 것은 가장 덧없는 성격을 띠고 있을 뿐이며, 그 공통점은 그것이 끊임없이 변하지만, 해가 지나면서 항상 동일하게 남아 있다는 점이다. 나에게는 이와 같이 교대하면서 나타나는 불변성이 고통을 주고 있다.

프리드리히: 그럼에도 불구하고 당신은 그것을 완전히 배제하기를 원하지는 않을 것이다. 고귀한 사회에서는 아무리 그것이 단지 덧없는 것이고, 당신이 말하듯이 표면적인 것이라 해도, 세계를 실제로 운동하도록 하는 세계의 관심들이 등장하게 마련이다. 그 관심이 나타나고,

---

3) 랑케는 영국 시인 바이런(Byron)이 아테네(Athene)의 폐허 위에 앉아서 생각에 잠긴 채, 자신의 여행시, '차일드 헤럴드(Child Harold)'를 위해 무엇인가 쓰고 있는 모습을 연상했다.－역자 주

더욱더 강력해지고, 지배적 위치에 이르고, 다시금 사라지는 것을 본다는 것은 당신에게 흥미로울 것이 틀림없다. 요즈음에는 사람들이 주로 무엇에 관해 말하고 있는가?

칼: 오, 세상에! 신문은 각자가 그 관심들을 어떻게 파악하고 있는지를 반복해서 보도하고 있다. 영국과 러시아 사이의 긴장,[4] 비밀 정치 문건들(Portfolio),[5] 실리스트라(Silistria)[6]의 반환, 프랑스 왕자들의 여행,[7]

---

[4] '영국과 러시아 사이의 긴장'은 1828~1829의 러시아-터키 전쟁 이래로 진행되고 있었으며, 때로는 전면전(全面戰)으로 나아갈 위험마저 보여주었다. 이 대립은 터키에 대한 양국의 영향력을 두고서 일어났다. 1833년에 러시아는 터키와 맺은 조약에 따라 오스만(Osman) 제국의 보호자가 되었고, 흑해에서 자신의 안전을 강화시켰을 뿐 아니라, 콘스탄티노플(Konstantinopel)의 보호를 위해 간섭할 수 있는 권한을 확보했다. 영국과 프랑스는 이 조약이 주로 자신들을 겨냥한 것이라고 생각했고, 영국은 다다넬스 해협(Dadanellen)을 확보하기 위해 1834년에 자국의 함대를 파견하기도 했다.〔물락(Muhlack)의 편집본(역자 서문, p.21, 주 7), s.197(이하 '물락 주'로 표기함)〕

[5] 영국의 정치기고자이자 외교관인 데이비드 어쿼트(David Urquhart)가 1835~1837년의 기간에 영국에서 발간했던 정치 잡지이다. 이 잡지의 의도는 유럽 국가들이 관계된, 당시까지 비밀로 되어 있던 러시아 출처의 문서들을 대중에게 제공하여 러시아 외교 정책의 팽창주의적·반(反)평화적인 목표를 폭로함으로써 중부 유럽 세력들의 단합을 저지하는 한편, 서부 유럽 세력들에게 조직적 지원을 제공하는 것이었다. 이 문서들의 일부는 그 출처가 명확하지 않았으나, 그 내용은 독자들에게 엄청난 작용을 했으며, 영국과 러시아 사이의, 나아가서는 세계로 확대되는 전쟁을 예고했다.—물락 주, s.198

[6] 도나우(Donau) 강변의 터키 요새로, 러시아는 이 요새를 1829년에 접수하여 1836년까지 점령하고 있었다. 이 요새의 반환 시기를 놓고 영국과 러시아 사이에 분쟁이 계속되었다.—물락 주, s.198

[7] 루이 필리프(Louis Philippe) 국왕의 두 아들인 프레디낭 필리프(Fredinand Philippe)와 루이 샤를(Louis Charles)은 1836년에 베를린과 빈을 여행했다. 프랑스 정부는

알리보(Alibaud).8) 요즈음의 의회 협상들9)에 대해 사람들이 갖고 있는 사소한 관심, 철도, 격발총〔뇌관발화식 소총〕, 전쟁과 평화, 한마디로 말해서 당신이 원하는 모든 것이다.

프리드리히: 그러나 어떤 관점들이, 어떤 견해들이 지배했던가?

칼: 입장들에 따라서 서로 다르다. 젊은 장교들의 눈길은 전쟁에 대한 단순한 생각들에 머무르고 있다. 그들은 그것이 누구와 맞서는 것인지에 대해 많은 질문을 제기해야만 할 것임에도, 그렇지 않다. 그들은 비밀 문건들(Portfolio)에 있는 적대 행위들에서 충격을 받는다. 그들은 사람들이 영국에서는 그것을 진지하게 깨뜨리고자 한다고 믿고 있다. 그들은 그 불길이 다음으로는 지체 없이 유럽의 다른 지역을, 그리고 세계를 휩쓸 것이라는 점을 의심하지 않는다.

프리드리히: 전쟁이 일어나지 않기를 마음으로부터 바라는 군대가 있다면, 그들에게는 무엇이 중요한 것일까? 업무·명망·승진이란 말인가? 나는 그것을 누구에게서도 나쁘게 생각하지 않는다.

칼: 지금보다 더 무력적으로, 더 일반적으로 무장되어 있었던 때가, 지금보다 더 긴 평화를 가졌던 때가 없었다는 것은 이상한 일이다.

유럽에서의 자유로운 활동을 위해 동부 세력들에게 정치적·왕조적으로, 접근하고자 했던 것이다.—물락 주, s.198

8) 알리보(Louis Alibaud, 1810~1836)는 1830년 7월혁명 때 거리에서 투쟁을 했던 군인으로서 1834년에 군 복무를 마친 후, 1836년 6월에는 루이 필리프에 대한 암살을 시도했으나, 실패하여 7월에 처형당했다.—물락 주, s.198

9) 의회 협상들이란 1831년까지 세습적 종신직이던 파리 의회 의원직을 선출직으로 개정하기 위해 진행되었던 협상들을 지칭한다.—물락 주, s.199

프리드리히: 물론 지금은 그것이 한계에 이르렀다. 전쟁은 그 외에도 과잉된 힘들로써, 불필요했던 인적 자원들로써, 귀중한 소유물에서 발견되었거나 또는 지나치게 거대한 노력들 없이도 조달될 수 있었던 돈으로써 수행되었다. 이제는 민족들이 무장된 채, 모든 힘으로써 거의 모든 남자들을 괴롭힌다. 일차적인 무장화(武裝化)에 드는 비용들은 이미 막대하다. 삶과 죽음을 건 투쟁을 사람들은 각오해야만 할 것이다. 사람들이 얼마간 자각하게 되는 것은 결코 놀라운 일이 아니다. 그러나 당신은 여전히 또 다른 견해에 관해 말하려고 한다.

칼: 당국은 그 반대로 긴 평화가 오고 있는 것을 만족스럽게 보고 있다. 절대적 군주제와 입헌적 군주제의 대립[10]은 모든 세월에 대한 전망을 어둡게 만들었고, 그렇게도 위험스럽게 보였지만, 이제 사람들은 그 대립에 대해 두려워하지 않는다. 그렇게 오랫동안 조용히 유지되어야만 했던 중용(中庸: Justemilieu)[11]이 다시금 숨을 쉬기 시작한다. 모든 사람들은, 극단적으로 통치하는 것이 불가능하다는 것을 이해하게 될 것을 희망한다.

프리드리히: 내 생각으로는 당신도 역시 그러한 견해를 유지하고자 하는 것으로 보인다.

---

10) 이 대립은 1830년 7월혁명 후의 동부 유럽과 서부 유럽 사이의 대립을 의미한다.―역자 주

11) 여기에서 이 중용이란 1830년 7월혁명을 통해 이른바 '시민의 국왕'으로 선출되었던 루이 필리프가 시민계급의 관심을 근거로 추구했던 정책에 대해 사용되었던 정치 용어로, 그 방향은 정통주의적 왕당파와 공화적 혁명파 사이에서 '올바른 중심점(die rechte Mitte)'의 노선을 유지하는 것이며, 우파와 좌파 사이에서의 신중한 정책을 의미했다. 이러한 정책은 당시 프로이센 정부가 취하고 있던 노선이기도 했다.〔쉬더의 편집본(역자 서문, p.21 주 6), s.80(46)(이하 '쉬더 주'로 표기함)〕

칼: 어떻게 내가 다르게 생각할 수 있겠는가? 정치가 대중적인 원리들의 끊임없는 운동이나 귀족주의적 경향성들의 정체적(停滯的)인 원리들에 굴복해도 되는가? 그리고 사람들이 이 원리들의 투쟁에서 이것들에 봉사하는 존재가 되지 않기 위해서는, 또한 이것들의 충돌을 통해서 사람들이 원하지 않는 바를 겨냥함으로써 원하는 바로부터 마음을 빼앗기게 되지 않도록 하기 위해서는 이들 사이에서 하나의 입장을 취해야만 하지 않겠는가?

프리드리히: 매우 현명한 일이다.

칼: 그리고 매우 필요한 일이다. 이러한 타개책을 취할 필요성을 깨닫지 못하는 국가가 어디에 있을까? 사람들은 최근의 프랑스혁명 이후로 운동과 자유주의가 억제될 수 없는 우세함을 혁명으로부터 얻고 있다는 점을 믿었어야만 했을 것이다. 그러나 기존 체제의 전복으로부터 출현한 정부는 자신이 저항에 부딪히는 압박을 받고 있음을 곧바로 깨달았다.12) 그리고 이것이 어떠한 반작용을 전체 유럽에는 물론, 특히 우리의 입헌적인 독일에도 끼쳤었는지는 명백하다.13) 휘그파(die

---

12) 1830년 7월 27일에 시작된 혁명이 공화파의 승리로 나아가는 것으로 보였을 때, 중도파에 의해 추대된 루이 필리프는 반대 방향으로 나아갔다. 즉 그는 8월 3일에 의회의 양원(兩院)으로 하여금 헌법을 수정하도록 하여, 8월 8일에는 프랑스 국왕으로 추대되었다.—물락 주, s.177〔그러나 혁명 기운은 계속되었고, 결국 1851년에는 나폴레옹 3세가 등장하게 되었다.—역자 주〕

13) 당시 독일에서는 바이에른(Bayern)·뷔르템베르크(Württemberg)·바덴(Baden)·헤센-다름슈타트(Hessen-Darmstadt)가 1818~1820년 이래로 근대 국민대의제의 성문 헌법을 갖고 있었고, 1830년 7월혁명의 영향으로 헤센-카셀(Hessen-Kassel)·브라운슈바이크(Braunschweig)·하노버(Hanover)·작센(Sachsen)도 입헌국가가 되었다.—물락 주, s.177

Whigs)14)는 과격주의와 보수적 원리 사이로 나아가고 있다. 그들은 전자를 여전히 더욱 비호하는 것으로 보이지만, 후자를 포기하지는 않았다.

프리드리히: 당신은 사실상 그러한 방식으로 통치될 수 있다고 믿는가?

칼: 당신은 그러한 견해가 아니었던가?

프리드리히: 나는 특수한 경우에 처해 있다. 즉 당신에게 전적으로 동의하면서도, 또한 동시에 반대하지 않을 수 없다.

칼: 그러나 당신은 무엇을 반대할 수 있는가? 당신의 견해를 설명해 보라!

프리드리히: 당신은 개명된 사회의 출신이니까 매우 심각한 문제에 관해 참을성 있게 논의할 수 있는 성향도 갖고 있겠지? 왜냐하면 우리는 당신이 생각하는 것보다 더 깊게 계속 논의하게 될 것이니까 말이다.

칼: 내가 왜 그렇게 하지 않겠는가? 우리는 이러한 방식으로 대화(Konversation)로부터 대담(Gespräch)에, 정리된 것으로부터 탐색과 발견에 도달한다.

프리드리히: 우선 나의 질문에 대답해 보라. 당신은 과연 이전부터 그렇게도 빈번히 언급되는 바인, 진실은 한가운데에 놓여 있다는 점이 입증되었던 것을 발견했던가?

---

14) 영국의 자유주의 당파로, 이들은 1832년에 선거법 개정을 시도했다. 즉 그들은 경제적으로 번영하고 있는 중간층을 당시까지 귀족을 중심으로 구성되어 있던 의회 체제 내로 수용하고자 했던바, 이것은 7월혁명과의 관계에서 혁명적 운동을 저지하기 위한 것이기도 했다. 여기에서 이 휘그파는 1830년대 유럽에서 일반적인 의미의 자유주의자들을 지칭하고 있다. — 역자 주

칼: 나는 적어도 진실은 극단들 속에서 찾아낼 수 없다는 점을 항상 깨달아왔다.

프리드리히: 당신은 극단들로부터 진실을 끌어낼 수는 없을 것이다. 진실은 도대체 오류의 영역 밖에 놓여 있다. 당신은 오류의 모든 모습들을 종합한다 해도, 이것으로부터 진실을 추론해 낼 수는 없을 것이다. 진실은 그 자체에 있어서, 그것 자체의 권역 속에서 관조될 때 발견될 것이다. 세계의 모든 이교들(異敎, Ketzerei)로부터 당신은 무엇이 기독교인지를 추론해 낼 수 없다. 당신은 복음서(Evangelium)를 알기 위해서는 그것을 읽어야만 한다. 실로 우리는 세계의 모든 찬양과 비난으로부터는 그 어떤 건전한 판단도 아직은 세워질 수 없다고 주장할 수 있을 것이다. 그러니까 역시 당신은 성실하게 양 극단 사이의 한가운데를 찾아내고자 할 수 있다.

칼: 나는 당신의 정리(定理)를 제일차적인 것으로서 중요하게 평가하고자 한다. 그것은 그러나 중용(Justemilieu)을 통해 무엇을 수행해야만 하는가?

프리드리히: 국가에서도 역시 당신은 견해의 극단들을 인지한다. 나는 당신에게, 그것들이 정당한 면을 내포할 수 없다는 것을 인정한다. 그러나 누가 당신에게 이러한 견해는 한가운데 있는 것이라고 말하고 있는가?

칼: 국가는 그 어떤 하나의 교의(敎義: Doktrin)가 아니다. 당파들은 단순히 견해들만을 변호하지는 않는다. 그것들 자체는 힘들이며, 상호 대치하는, 상호 투쟁하는, 자신들의 입장을 추구하는 무력들이다. 실로 우리는 이러한 모습을 매일 인지하고 있다.

프리드리히: 그리고 당신은, 정부가 이제는 이들 사이에서 균형을 유지해야

한다고 생각하는가?

칼: 물론이다. 통치한다는 것은 지도한다는 것, 조종한다는 것이다.

프리드리히: 그러나 내가 당신에게 묻고자 하는 것은, 정부는 그것을 어떻게 수행할 수 있으며, 그것을 위한 힘을 어디에서 가져오느냐 하는 문제이다.

칼: 우리 시대에는 정부에, 또한 제한된 정부에도, 권력의 한 중요한 척도를 인정하는 그 어떤 하나의 헌법이 없다.

프리드리히: 양해하기를 바란다! 권력 그 자체는 그것을 하지 않는다. 권력은 하나의 도구이며, 여기에서 중요한 것은 사람들이 무엇을 위해 이 도구를 사용하며, 사람들이 이 도구 자체를 사용하는 것을 이해하고 있느냐이다. 당신의 정부는 그 자체에 있어서는 그 어떤 의미가 없을 수도 있다.

칼: 어째서 그러한가? 투쟁을 방지하고 보편적인 선(善)을 촉진시키는 일이 그 어떤 의미도 갖고 있지 않다는 말인가? 내 말에 귀를 기울여보라! 우리가 국가와 사회를 어떻게 정의(定義)하든 간에 정부 당국과 신하들 사이에는, 지배하고 있는 소수와 지배당하고 있는 다수(Masse) 사이에는 항상 대립이 존재한다. 사물들은 지금 원하는 바대로 있지만, 결국에는 거대한 다수의 관심이 우세해지고, 지배하는 사람들이 그 어떤 방식으로든 종속되는 상태가 언젠가는 발견될 것이다. 그러나 대중 속에서는 항상 분열들이, 서로 다른 당파들이 일어나게 된다. 이것을 우리는 항상 와해로 간주할 수는 없다. 이것은 흔히 생(生)의 한 형식일 뿐이다. 여기에서도 물론 일반적 복리가 당연히 훌륭하게

번영한다. 이때 정부는 어느 한쪽 당파의 우세를, 또는 양자의 위험한 충돌을 방지하는 것 외에 무엇을 더 좋은 것으로서 수행할 수 있겠는가?

프리드리히: 당신은 그렇게 한다 해도 나로부터 벗어나지는 못한다. 그러한 방식으로는 세계가 당파들에 속하게 된다. 생활은 이들 속에 있게 되며, 정부는 단지 무관심한 기구가 될 것이다. 바로 이 점을 나는 당신에게서 인정할 수 없다.

칼: 어째서 못하는가?

프리드리히: 당신은 나를 인정하게 될 것이다. 그리고 당신이 말하는 당파들은 정신적 힘들을 대변하며, 단지 권력의 일정한 척도만은 아니라는 점이 당신의 말 속에 들어 있다.

칼: 의심할 바 없이 힘들과 경향성들이다.

프리드리히: 정부가 이 힘들을 극복하고 억제하기 위해 스스로 하나의 좀 더 강력한 정신적 힘이 되어서는 안 된다는 말인가? 당신은 행위를 이 힘의 탓으로 전가한다. 원동력은, 작용을 일으키는 것은 무엇인가? 당신은 매개의 단순한 선의(善意)로써만 그것을 달성할 수는 없을 것이다. 하나의 실체를, 하나의 자아(自我)를 당신은 가지고 있어야만 한다.

칼: 그렇다 해도 정부가 당파들 사이에서 한가운데(Mitte)를 유지해야만 할 것이라는 점은 항상 진실로 남는다.

프리드리히: 바로 여기에 우리의 일치점이자 다른 점이 놓여 있다. 나에게 분명한 것은 중용(Justemilieu)에는 하나의 이중적인 관념이 있다는 점이다. 그 하나에 따른다면 중용은 본시 소극적(negativ)인 성격을 띠고

있다. 여기에서는 당파들이 국가를 형성한다. 지배하고 있는 무력은 단지 어떠한 불법과도 관계하지 않고자, 그들 사이에서 자신을 유지하고자 애쓸 뿐이다. 이것이 나에게는 당신의 생각으로 보인다. 그러나 다른 하나에 따른다면 중용은 적극적(positiv)인 성격을 띠고 있다. 그것은 물론 자신으로부터 당파들을, 극단들을 밀어내 버린다. 그러나 이것은 오로지, 중용이 자신의 고유한 적극적인 내용을, 자신이 무엇보다도 관철시켜야만 하는 자연적인 고유한 경향이 있기 때문이다.15)

칼: 이 문제가 우리를 좀 더 깊이 이끌고 갈 것이라는 점에서 당신은 물론 정당하다. 우리의 대화가 향하고 있는 —고백하건대 내가 만족하는 방향으로— 바는 국가의 본질이다. 이미 나는 당신이 그것에 관해서는 나의 생각으로부터 벗어나는 하나의 관념을 세우고 있다는 것을 자주 느끼고 있었다. 만일 어떤 무엇도 당신의 생각을 막지 못한다면, 오늘 나에게 좀 더 상세하게 설명해 보라. 당신은 국가의 적극적인(positiv) 정신적 내용을 무엇이라고 이해하고 있는가? 모든 것들은 다 같이 동일한 출발점에서 나오고 있지 않는가? 그것들은 모두 다 동일한 의무들을 갖고 있지 않는가? 그것들의 차이는 우연적인 성격의 것이 아닌가?

프리드리히: 당신이 긍정하는 것으로 보이는 이러한 모든 문제들을 나는 사실상 단호하게 부정적으로 대답한다. 우리가 상호 이해하고자 원한

---

15) 프리드리히(Friedrich)를 통해 이와 같이 말하고 있는 랑케에게서 중용(中庸)의 개념은 국가가 대립하는 두 극단들의 한가운데를 유지함으로써 해결점을 찾고자 하는 소극적인 성격보다는 당파들·극단들을 밀어내고, 국가 자체의 본질에 충실함으로써 중용 그 자체의 적극적인 내용을 관철시키는 자연적인 고유성에 따르는 것이라는 입장이다. —역자 주

다면, 우리는 물론 한걸음 더 나아가야만 한다. 당신은 저기 책상 위에 놓여 있는 작은 책을 알고 있는가?

칼: 『나의 전쟁 철학의 마지막 2장(Les deux deriniers chapitres de ma philosophie de la querre)』, 누구의 것인가?

프리드리히: 그 안쪽에 있는 제목을 읽어보라.

칼: 아! 샹브레(Chambray)[16]의 것이구나. 그는 러시아 원정에 관해 부지런한, 통찰력 있는 역사 서술가이다. 제목이 곧 내용을 말해주고 있다. 제9장 「군사 제도와 정치 제도와의 관계 및 시민 제도와의 관계(Des institutions militaires dans leurs rapports avec les institutions politiques et avec les institutions civiles)」. 확실히 하나의 훌륭한 사상이다!―그의 견해가 어디로 나아가는지를 알아본다는 것은 나에게 호기심을 불러일으킨다.

프리드리히: 그는 군사적 제도들은 국내의 필요성과 함께 사회의 상태 및 시민계급적 체제와 일치한다는 점을 발견하고 있다.

칼: 나에게 하나의 사례를 제시해 보라.

프리드리히: 영국 군대는 개혁되지 않은 의회[17]에 해당된다. 양원(兩院)을 채우고 있었던 귀족정치는 매년 자신의 실존을 투표로써 결정했다.

---

16) 샹브레(Georges de Chambray, 1783~1850)는 프랑스 장군이자 저술가로, 그의 역사 서술로는 『러시아 원정의 역사(Histoire de l'expedition de Russie)』(1823)가 있다. 이 작품은 그가 참전했던 1812년 나폴레옹의 러시아 원정을 서술한 것이다.―역자 주

17) 개혁되지 않은 의회란 1832년의 선거권 개혁이 있기 전의 의회를 의미한다.―역자 주

사실들의 기존 질서를 유지하는 것이 귀족정치의 관심이었듯이 — 왜냐하면 실로 귀족정치가 근본적으로 국가를 형성하고 있었기 때문이다 — , 이 정치는 몇몇 개의 고유한 제도들의 결과로 장교 직위들을 차지했으며, 이것을 지금까지 유지해 왔다. 이와는 반대로 하사관들과 사병들은 모집된다. 민족의 상태가 유럽의 그 어떤 다른 군대들보다 더 좋은 보수와 더 세심한 배려를 통해 그들을 요구했고 가능하게 만들었듯이, 그들은 선의(善意)에서, 동시에 엄격한 기준을 통해, 그리고 가장 혹독한 벌을 통해 복종 속에 유지되어 왔다.

칼: 이러한 사실들로부터 일어나는 것으로 보이는 바는, 체제가 그 이상의 수정들을 겪을 때는, 그러한 수정들이 군대 내에서도 역시 지체되지 않을 것이라는 점이다.

프리드리히: 나는 그러한 수정들이 더욱더 깊이 일어날 것이라는 점을 의심하지 않는다.

칼: 그러한 점으로부터 영국 군대와 프로이센 군대 사이에 있는 대립적인 것도 역시 추론된다.

프리드리히: 저자는 프로이센에서도 군사적 제도들과 시민계급의 제도들이 완전히 일치한다는 점을 발견한다. 일반적 복무 의무는 개인의 자유 및 재산의 분할과, 또한 국경수비대 제도는 자치도시의 권리 등과, 그리고 교육받은 계급들의 1년 복무 우대 제도는 이들 모두가 차지하고 있는 지위와 일치한다는 것이다. 하사관이 생활 보장에 대해 전망을 갖고 있다는 것은 그를 더욱더 국가에 긴밀하게 결속시킨다. 저자는 국경수비대와 같은 "민병대를, 그리고 도시조례(條例)와 같은 제도들[18]을 갖고 있는 하나의 지방〔州: Land〕은 사실상 자유를 갖고 있다"

라고 주장한다.

칼: 나폴레옹을 워털루(Waterloo)에서 패배시켰던, 그렇게 철저하게 서로 다른 두 개의 군대들[19]은 매우 유사한 민족들에 의해, 그러나 서로 다른 국내의 동기들에 의해 형성되었다. 즉 하나는 모집되어서 풍족하게 부양되었으며, 인내력이 있는 귀족적인 군대인가 하면 다른 하나는 민족적이고 기동력이 있으며, 필요한 경우에는 궁핍을 감내할 준비가 되어 있는, 지칠 줄 모르는 군대이다. 그렇게 대칭적인 두 개의 전우 집단들 중 하나는 게르만적 유럽의 옛 상태를, 다른 하나는 그것의 새로운 상태를 자체 내에 지니고 있었던바, 이들의 연합이 최후의 결정적인 승리를 거두었다는 것은 매우 의미 있는 일이다. 사람들은 웰링턴(Wellington)[20]이 당시에 추격을 거부했었고, 그 후로도 자신의 군대 제도들을 변화시키는 데 대해 어떠한 의욕도 표명하지 않았다는 것을 파악하고 있다. 그는 바로 이러한 점에서도 반(反)개혁자이다. 그의 전우들로부터 그는 한 번도 어떤 하나의 개념을 얻을 수 없었다.─샹브레(Chambray)는 나폴레옹 이후의 프랑스 군대에 관해서도 말하고 있는가?

프리드리히: 저자는 이 군대를 숭배하지 않는다. 저자는 20회의 전투들에서

---

18) 1808년의 슈타인(Stein)의 개혁 정치에서 제정된 도시조례를 갖춘 도시의 자치행정제도를 지칭한다.─물락 주, s.201
19) 이 두 군대들이란 1815년 6월 18일의 워털루 전투에서 나폴레옹 군대를 패배시켰던 영국 군대와 프로이센 군대를 의미한다.─역자 주
20) 웰링턴(Arthur Wellesley Wellington, 1769~1852)은 워털루 전쟁에서 프로이센의 블뤼허(Blücher)와 함께 승리를 거두었던 영국군 지휘관이었다. 그는 1827년에는 영국의 육군사령관으로서, 1825~1830년에는 토리(Tory) 정부의 총리로서 활동했으나 시대에 뒤떨어진 영국 의회 체제의 개혁을 결의한 1832년의 선거법 개정을 반대했었다.─쉬더 주, s.80(51)

승리를 거두었던 한 장군이 200~300프랑(Franken: 스위스 화폐)의 세금을 납부하는 소상인보다 정치적 권한들을 더 많이 행사해서는 안 된다는 것을 참을 수 없다. 저자는 계급 승진이 최고 지휘관의 추천보다는 프랑스 의회의 대의원의 추천에 더 많이 의존되어 있다는 것을 발견한다. 최고 지휘관은 피추천자를 여러 가지 다른 상황들에서 다른 경쟁자들과 나란히 검토하지만, 대의원은 단지 피추천자에 대한 개인적 관심만으로 결정하는 데도 말이다. 장교들은 부분적으로는 심지어 국가 변혁에 대해서도 관심이 있는 것으로 보인다. 왜냐하면 많은 장교들이 다음에 더는 복무하지 않고, 오히려 물러나며, 따라서 수많은 진급들이 이루어질 것이라는 점이 예견되기 때문이다.

칼: 사회의 상태가 그 사회 속의 우세한 요소들로써 모든 개별 제도를 실현시킨다는 것은 기묘한 일이다.[21] 더욱이 이중적으로 주목될 만한 것은 무장을 한 권력이다. 이 무력은, 사람들이 이전부터 이웃 나라들에게서나 적에게서도 유용한 것으로 증명되었던 모든 것을 습득하는 데 부지런히 노력해 왔는데도, 그렇게도 절대적인, 그리고 국내의 국가 행정의 과정으로부터 독립된 하나의 목적을 갖고 있다.

프리드리히: 바로 그 점이 내가 주목하는 바이다. 전체를 활기 있게 만들고 지배하는 이념, 정신의 우세한 특성, 일반적인 상태는 모든 제도의 형성과 본질을 결정짓는다. 사람들은 물론, 제도란 전적으로 그 자체를 위해 하나의 독립적인 의미를 가지고 있다고 말할 수 있을 것이다.

---

21) 1814년 왕정복고 이후의 프랑스 사회를 지칭한 것이다. 실제로 1814년의 헌장에서 채택된 재산 평가에 의한 선거권(Zensuswahlrecht)은 최소한 3,000프랑의 직접세 납부자에게만 인정되었다. 이에 따르면 프랑스 인구 중 8만 7,000명의 시민들만이 선거권을 갖는다. —쉬더 주, s.80(51)

그러나 그러한 한에 있어서는, 나는 그 속에서 사실상 하나의 요구, 하나의 가능성 이상의 것을 보지는 못한다. 제도는 실현됨으로써 그 속에서 비로소 정신적 현실성(die geistige Realität)을 얻는다. 그러나 그러고 나서는 차이점들이 곧바로 나타난다.

칼: 나는, 내가 이미 자주 그 어떤 비슷한 것을 인지했다고 믿어왔다는 사실을 고백한다. 사람들은 흔히 우리에게, 각 제도를 각각 다른 나라로부터 받아들이도록 권고한다. 그러나 그 제도가 우리에게서는 그 어떤 다른 것 속에 포장되어 있지는 않다고 누가 주장한단 말인가? 프랑스인들은 독일의 교육 제도를 받아들이고자 희망한다.[22] 이 제도는 그렇지만 무엇보다도 독일 프로테스탄트 교회의 필요성·사상·발전을 근거로 하고 있으며, 그러므로 전적으로 이 교회의 정신에 의해 관철되었고 물들어 있다. 따라서 프랑스인들은 당연히 가장 표면적인 윤곽만을, 현상으로 옮겨놓은 이념에 대한 견해만을 가져갈 수 있을 뿐이다. 우리는 여러 다른 나라들의 대학들 사이에서 바로 그러한 차이를 인지한다. 비록 그 대학들이 전체적으로 동일한 역사적 기반을 근거로 하고 있지만 말이다.

프리드리히: 물론 그렇다! 나는, 당신이 여기에서 나와 일치한다는 것을 만족스럽게 생각한다. 이것은 우리가 명확하게 해야만 하는 관념의 한 본질적인 부분이다. 우리는 동일한 제도들이 같은 역사적 기반 위에 근거하는 목적들을 갖고 있으면서도 상이한 나라들에서는 서로 구별

---

22) 랑케는 프랑스 철학가 쿠쟁(Victor Cousin, 1792~1867)이 7월혁명 후 파리의 최고 교육 기구의 책임자가 되고 난 뒤 프랑스 교육 제도를 프로이센의 훔볼트에 의한 교육 개혁의 모델에 따라 개혁하는 데 착수했었던 사실을 상기시키고 있다.―물락 주, s.202

되는 모습들을 지니고 있는 현상을 본다. 당신은 이것이 어디로부터 유래될 수 있다고 생각하는가?

칼: 나는 그것이 상이한 체제들로부터 유래되었다는 것을 의심하지 않는다. 영국국교회가 영국의 대학들을 가져왔고, 의회의 체제가 군사적 제도들을 결정했다. 우리나라의 모든 제도들은 지극히 상세하게 우리의 교회 및 우리의 국가와 연관되어 있다.

프리드리히: 동의한다. 그러나 내가 더 묻고자 하는 바는, 체제는 무엇에 의존해 있는가이다.

칼: 당신은 각 체제가 세월이 지나가면서 어떻게 발전해 왔는지를 묻지 않을 것이다. 내가 생각하기로는 오직 중요한 것은 그 체제가 어디에 서 있는가이다. 국가 동체(國家胴體: Staatskörper)들의 대립,[23] 무력들의 관계, 각자의 우세함, 한 나라 전체의 국내 경제 질서(Ökonomie), 끝으로 그 민족이 처해 있는 교양 단계 등이 중요하다.

프리드리히: 그렇다면, 당신은 헌법들(Konstitutionen)도 그렇게 복제(kopieren)할 수 있어야만 하며, 얼마간의 준비와 양성 후에 또 다른 지반 위로 전파시킬 수 있어야만 한다. 개별 제도들을 인식한다는 것은, 당신이 인정하면서 실제로 명확하게 했듯이, 이미 매우 어려운 일이므로, 일반적인 체제와 관련해서는 거의 불가능할 것이 아닌가? 이것이 성공할 수 있는 것보다 더 좋은 어떤 다른 것이 당신에게서 달성될 때라 해도, 또 다른 어떤 것이, 차별적인 것이 일어날 것이다.

---

[23] 이것은 국가 구성원들 사이의 대립을 의미하는 것으로서, p.115에서 언급되었듯이, 정부 당국과 신하들 사이에는 지배하고 있는 소수와 지배당하고 있는 다수 사이에는 항상 대립 관계가 형성된다. — 역자 주

칼: 상태들이 상이한 수정들을 겪고 난 후에 그렇다는 말인가? 그러니까 하나의 살아 있는 체제도 자기 자신의 나라에서 끊임없는 변경들을 경험하듯이 말이다.

프리드리히: 우리가 본시부터 믿지 않는 가능성들에 현혹되지 말자. 형식들은 이식될 수 있다. 그러나 그것들이 어디로부터 자신들의 근원을 갖고 있는지는 역사적 기반들일 뿐만 아니라 과거와 현재를 연결하며, 미래에도 생명을 불어넣어야만 하는 정신이다. 어떻게 당신들은 그 정신을 복사하기를 원하는가? 오히려 ― 그것은 결코 그 어떤 도움도 되지 않는 것이므로 ― 당신들은 정신의 형식을 장악하고, 정신 자체를 당신들의 새로운 창조에 불어넣어야만 한다.

칼: 나는 그럼에도, 그곳에는 여하튼 하나의 내면적인 유사성이 있을 것이라고 믿고 싶다. 곳곳에서 나는 세 개의 신분들,[24] 비슷한 형태들, 일치되는 당파들을 본다. 이 당파들은 자신들이 직접적으로는 전혀 관계되지 않는 관심들에 가장 뜨겁게 참여한다. 귀족제, 민주제, 혼합된, 또는 순수한 군주제에는 하나의 정신이 있다.[25] 나는 모든 것이 동일해야만 한다고 말하지는 않겠다. 나는 그러한 견해로부터는 멀리 떨어져 있다. 그러나 하나의 체제는 하나의 장소에서, 또 다른 체제는 또 다른 장소에서 하나의 좀 더 완벽한 완성을 이룩한다. 어째서 사람들

---

[24] 세 개의 신분들이란 성직 신분, 귀족 신분, 그리고 시민들과 농민들을 포괄하는 제3신분을 의미한다. ― 역자 주
[25] 랑케는 이와 같이 정치 체제를 귀족제·민주제·군주제로 구분하는 외에도 전제제 (Despotie)를 자주 언급하고 있으며, 각 체제는 각각 고유한 정신이 있다고 본다. 이러한 사상을 제기했던 몽테스키외(Montesquieu)는 『법의 정신(De l'esprit des Lois)』에서 귀족제·민주제·군주제·전제제를 구분하면서, 각 체제는 그 본성과 원리에 있어서 구분된다고 설명한 바 있다. ― 물락 주

은 이러한 좀 더 완전한 것을 모범으로 삼지 말아야 하고, 습득할 수 없단 말인가?26)

프리드리히: 당신은 나에게 체제의 양식들을 과대평가하는 것으로 보인다. 그것은 식물학에서와 같은 분류들이다. 그러나 당신은, 꽃을 애호하는 사람이 자신의 꽃들을 꽃실[花絲]들에서 인식한다고 믿는가? 사람들은 저 체제들을 이미 고대에서 구분했으며, 그리하여 옛 구분들이 효력을 유지해 왔다. 그렇지만 아테네(Athen)에는 민주적 정신과는 다른 것이 또한 살아 있었다. 민주제는 순수예술(die schöne Kunst)의 이상들(Ideale)을 불러일으키지 못했다. 플라톤(Plato)은 한 사람의 나쁜 민주주의자였다. 당신은 귀족제를 자체의 모든 술어(述語)들에 따라서 한 번 생각해 보라. 당신은 결코 스파르타(Sparta)를 예감할 수 없을 것이다. 나는 그들의 행위·풍습이 아니라 그들 체제의 양식들만을, 스파르타 시민들(Spartiaten), 라코니아인들(Lacedämoniern), 그리고 예속민들(Heloten) 사이의 관계만을 말하고자 한다.27)

---

26) 랑케는 이러한 견해를 달만(Dahlmann)의 『정치학(Politik)』에서 발견했던 것으로 보인다. 달만에 의하면 "민주제·귀족제·군주제는, 각각 그 자체로 말하자면, 결코 좋은 체제를 약속하지 못하며, 각자가 전혀 뒤섞이지 않고서 그 자체이고자 할수록 더욱 나쁜 체제이다. 더욱이 이 체제들 각각은 자체의 고유한 특징을 보여준다.⋯ 따라서 하나의 형태와 다른 형태를 연결하는 것은 훌륭한 체제로 나아갈 수 있을 것으로 보인다." 달만은 이러한 혼합된 체제의 본보기를 영국의 "존경할 만한 체제"라고 부언했다. —물락 주, s.203

27) 스파르타가 인근 지역인 라코니아(Laconia)를 정복할 때, 스파르타인들과 같은 종족으로서 병사와 물자를 조달하여 정복 사업에 함께 참여했었던 도리아인들(Dorians)은 라코니아 지역을 개척하여 그 주민이 되었으나, 외교 및 군사상의 독자성을 부여받지 못했다. 이들이 라코니아인들(Lacedämoniern)로 불렸다. 그리고 라코니아 지역의 원주민들은 예속민(Heloten)으로 불렸다. 그러므로 스파르타

칼: 그렇지만 당신은 이러한 구분들을 중요하지 않은 것으로 설명하지는 않을 것이다. 당신은, 상이한 국가들이 그 어떤 공통적인 것을 갖고 있다는 점을 부인하지는 않을 것이다.

프리드리히: 그러나 나의 생각으로는, 우리는 형식적인 것(das Formelle)과 현실적인 것(das Reale)을 구분해야만 한다. 형식적인 것은 보편적인 것(das Allgemeine)이고, 현실적인 것은 특수한 것(das Besondere), 생동하는 것(das Lebendige)이다. 체제의 일정한 형태들(Formen)—특히 개인적인 자의(恣意)를 제한하고자 하는—, 신분 관계들의 확정들은 모든 국가들에게 필요한 것들일 수 있다. 그러나 그것들은 모든 형태들로 하여금 비로소 자신들의 내용을 갖게 하는 근원적인 생(生)이 아니다. 각 국가를 보편적인 것의 한 부분으로 만드는 것이 아니라 국가가 생(生)이 되도록, 그 자체가 개체가 되도록 하는 그 무엇이 있다.

칼: 내가 당신을 올바르게 이해한다면, 당신의 견해는, 사람들이 일상적으로 형태(Form)의 차이들로부터 출발하여, 자신들이 수용하는 종속(種屬, Gattung: 種의 상위 개념)들로부터 개별적인 것(das Individuelle)이 나타나도록 하는 것과는 구별된다. 당신은 그 반대로 형태들을 제2의, 즉 예속되어 있는 요소로서 더 많이 주목한다. 그리고 당신은 개별 국가의 고유한 정신적 현존재를, 그의 원리를 근원적인 것으로서 설정하고 있다.

프리드리히: 우리는 그것을 언어의 사례에서 분명하게 만들 수 있다. 형식

시민들을 1등 시민들이라고 하면, 라코니아인들은 2등 시민들이라고 부를 수 있으며, 헬로텐(Heloten)은 정복된 원주민으로서 노예 상태로 예속되어 있던 주민들에 대한 명칭이다.—역자 주

들 속에는 문법이 작용하고 있으며, 이 형식들은 하나의 일반적인 일치점을 갖고 있다. 형식들은 항상, 그리고 도처에서 일정한 방식으로 회귀한다. 그러나 모든 특수한 언어의 정신은 수정들을 겪으면서 무한한 다양성을 드러낸다. 국가의 원리에서 우리는 추상적 개념에 관한 견해가 아니라, 오히려 그 내면적 생(生)을 이해해야만 한다. 이 국가 원리는 인간 사회에 없어서는 안 되는 것들인 저 형식들을 비로소 결정적으로 수정하며, 현실성(Realität)을 실현시킨다.

칼: 그러니까 당신은 체제와 사회의 모든 양식들(Modalitäten)에 생기를 불어넣어 주는, 말하자면, 다양한 정신적 실체들을 설정하고 있다. 그러나 당신은 그렇게 함으로써 모든 일반적인 정치를 조종하고 있는 것이 아닌가? 내가 보기에 당신은 국가에 관한 이론이 일반적으로 출발하고 있는 첫 번째 기본 문제를 간과하고 있는 것으로 보인다.

프리드리히: 당신은 국가들의 근원적인 형성에 관한 문제들, 즉 방위 및 예속 조약(Das pactum unionis et subjectionis)[28]을 생각하고 있다.

칼: 어떤 것이 국가의 시작이었던가, 무력인가 또는 계약인가? 정부가 자신에게 대변하도록 부여된 권능을 행사하고 있는지, 또는 근원적으로 타고난 권능을 행사하고 있는지 말이다.

---

28) 17세기 이래로 새로 세워진 자연법적 이론은 국가의 근원적 형성을 일반적으로 이중적인 계약으로부터 설명하고 있다. 그 하나는 자연 상태 속에 살고 있는 개인들은 이미 하나의 사회로 통합한다는 것(pactum unionis)이며, 다른 하나는 사회로 통합한 개인들이 지배권을 한 개별 인간에게, 또는 다수의 개인들에게 위탁한다는 것(pactum subjectionis)이다. 전자는 자연 상태 속에 살고 있던 개인들이 통합하게 되었던 사회계약을, 후자는 사회로 통합된 개인들이 정부에 복종하게 되었던 지배권 계약을 의미한다.―쉬더 주, s.80(55)

프리드리히: 그것은 내가 별로 다루고 싶지 않은 영역이므로 양해를 바란다. 그것은 우리의 인식 너머에 놓여 있는 문제이다. 당신은 얼마 전에 천문대를 방문하여 우리의 새로운 직녀성(Frauenhofer)29)을 관찰해 보았는가?

칼: 당신은 어떻게 그 생각을 했는가?

프리드리히: 하늘[天體]을 관찰해 보면, 은하수를 구성하는 무수한 별들의 집단들을 보면서, 무한한 공간을 더욱 깊이 바라보면, 우리는 저 멀리 제2의 밤[夜]을, 더욱 깊은, 더욱 어두운 밤을 만나며, 거기에서 우리는 하나의 새로운 세계를, 경이로운 형성체를 보게 된다.

칼: 당신은 성운(星雲)을 말하는가?

프리드리히: 희미하게 빛나면서 흐르고 있는 유성(流星)들은 때로는 원방형을, 때로는 활[弓] 모양을, 때로는 반지 모양을 보여주면서도 사람들이 믿고 싶어하는 하나의 천체를 이루고 있다. 우리는 이 세계가 아직도 형성되고 있는 중이라고 믿고 있다. 내가 당신에게 묻고 싶은 것은, 사람들이 천문학을 우리가 저 영역에서 범할 수 있는 불확실한 관찰들을 근거로 하여 세워야만 하는가이다.

칼: 당신에게는 그렇게도 엄격한 형식으로 의문시되는 국가에 관한 이론들이 실제로 그렇게도 키메라(Chimäre)적인 시각과 비교될 수 있는 것

---

29) 직녀성(織女星)은 거문고자리의 가장 밝은 별이다. 1823년부터 뮌헨 대학의 물리학 및 천문학 교수였던 프라운호퍼(Joseph von Fraunhofer, 1787~1826)는 새로운 망원경을 제작하여 이 별을 발견했고, 그의 이름을 본떠 프라우엔호퍼(Frauenhofer)로 부르게 되었다.―쉬더 주, s.80(55)

으로 보이는가?

프리드리히: 사람들은 가장 먼저 가지고 있는 것을 간과하며, 분산되어 버린 사실들을 가장 가까운 것에 적용시키기 위해, 그것들을 가장 어두운 먼 곳으로부터 찾는다. 그러나 케플러(Kepler)[30]는 자신의 이름을 따르게 된 법칙들을 오직 실제로 도달될 수 있는, 계산될 수 있는 천체에 대한 가장 정확한, 가장 면밀한 관찰들에 따라서만 발견했다.

칼: 당신은 우리가 지금 갖고 있는 것과 같은 일반 정치에서는 그러한 효용성을 전적으로 부정하고자 하는가?

프리드리히: 그 효용성이 나에게는 이른바 철학적 문법(Philosophische Grammatik)[31]의 가치처럼 그렇게 의문적인 것이다. 이 철학적 문법도 역시 일반 언어 형식들에 관한 논리적 논의로써는 결코 목표로 나아가지 못한다. 모든 언어는 자체의 특수한 수정들을 수없이 보여준다. 포괄적인 역사적 분석과 배합을 통해서 비로소 사람들은 깊숙이 작용하는,

---

30) 케플러(Johannes Kepler, 1571~1630)는 독일 천문학자로, 스승인 브라헤(Tycho Brahe, 1546~1601)가 남겨놓은 화성(火星, Mars)의 운행에 관한 방대한 관측 자료를 분석하여 '행성의 운동에 관한 케플러의 세 가지 법칙'을 발견했다. —역자 주

31) 19세기 초에 개별 언어들로부터 추론되는 일반적인 언어 이론을 위해 사용되었던 용어이다. 이 이론으로부터 보편 언어에 관한 관념이 형성되었다. 랑케는 "철학적 언어 이론은 인간 사고의 규칙이 얼마나 단어의 정교하고 조용한, 그러나 본질적인 변화들 속에 나타나고 있는지를 분석한다". 그러나 "사변적인 성과들에 따라서 하나의 보편적이고 가장 좋은 언어를 규정하고자 하는, 또는 하나의 기존 언어를 이성의 요구들에 따라서 변형시키고자 하는 것에 대해서는 누구도 더는 생각하지 못한다"(S.W. 49/50, s.244ff)라고 하면서, 계몽사상 속에 등장한 언어 이론의 방향을 비판적으로 파악하고 있었다.—쉬더 주, s.80(56)

모든 것을 지배하는 정신적 법칙들에 대한 예감적(ahnend)인 인식으로 나아가게 된다. 저 철학적 문법에서처럼, 국가에 관한 공허한 이념으로부터 출발하는 정치에서도 그렇다. 피히테(Fichte)를 상기해 보라. 그는 "지구의 표면은 바다·강들·산맥들로 분리되어 있고, 이로써 인간들도 분리되어 있으므로, 상이한 국가들이 일어난 것은 필연적이다"32)라고 말했다. 당신은 사람들이 이러한 시작으로부터 출발하여 근원적인 것을, 정신에 있어서 서로 다른 것을 실제로 관조하며 평가할 수 있다고 믿는가?

칼: 그러나 일반적인 논의는 항상 없어서는 안 된다. 인간은 어째서 자신이 국가 속에 있고, 어째서 국가에 복종해야 하는지를 알아야만 한다.

프리드리히: 이론이란 그러한 필요성에서 출발한다는 점에서 당신은 옳다. 이론은 사법(私法)과 공법(公法)에서의 매개체이다. 전자는 후자 속에서 자신의 보호를, 자신의 최종적인 보증을 찾는다. 후자는 전자의 요소들을 자신 속으로 수용한다.

칼: 사실상 이 매개가 중요한 것이 아닌가? 일반적 안녕이 근대 국가 행정의 가장 중요한 결론들 중 하나가 아닌가?

프리드리히: 나는 그것을 부인하지 않는다. 그러나 사적(私的) 생활만을 고려할 뿐인 이러한 일반적 요구로부터는 기껏해야 일정한 형식들과 그 형성들의 필요성만이 도출될 것이다. 마치 저 안개 자욱한 바다에서

---

32) 이 견해를 피히테(Fichte)는 자신의 저서 『법 이론(Rechtslehre)』(1812)에서 표명했다. 피히테의 국제법(Völkerrecht) 이론에서의 "서로 다른 국가들이 일어난다"는 것은 국가가 임의적인 고안품이 아니라, 자연과 이성을 통해 제공되었다는 점을 강조한다. —쉬더 주, s.80(56)

맑은 공기의(ätherische) 유동적인 모습들이 여기저기에서 다시금 하나의 핵심을 중심으로 하여 모여서 촘촘하게 나타나듯이 말이다. 사실들이 형성되는 최초의 시작들을 사람들은 이러한 방식으로 설명할 수 있지만, 그러나 완성된 본질들을 관조하고 평가하는 데에는 도달할 수 없다.

칼: 그러니까 우리는 일반적인 의미의 국가에 관한 개념들로써 얼마든지 출발할 수 있다는 것을 당신은 부인하는구나.

프리드리히: 나는 진정한 정치는 하나의 역사적 기반을 가지고 있어야만 하고, 자체 속에서 명실상부한 발전을 이룩한 강력한 국가들에 대한 관찰을 기반으로 해야만 한다고 생각한다.

칼: 사람들은 보편적인 것으로부터 특수한 것에로 나아갈 수 있게 되는 것이 아닌가?

프리드리히: 도약 없이는, 새로운 출발 없이는 사람들은 보편적인 것으로부터 특수한 것에로는 전혀 도달하지 못한다. 예감되지 않은 원형(Originalität)으로 당신의 눈앞에 갑자기 서 있는 현실적-정신적인 것(das Real-Geistige)은 어떠한 더욱더 높은 원리로부터도 추론될 수 없다. 당신은 특수한 것으로부터 사려 깊게, 대담하게 보편적인 것에로 올라갈 수 있다. 보편적 이론으로부터 특수한 것을 관조하는 길은 없다.

칼: 당신은 그러나 이 특수한 것을 어디에 설정하는가?

프리드리히: 가장 작은 것으로부터 출발하자. 그곳에서 우리의 자크(Jacques)[33]를 보자. 그는 봉사에 힘쓰는 세계주의자들(Kosmopoliten) 중 한 사람이다. 그는 이미 이탈리아·콘스탄티노플·페테르부르크에서 자신

의 순종하는 재능을 시도했었고, 불리한 바람(風)을 통해 드디어 한 독일 학자가 은둔하고 있는 암자 속으로 표류해 들어왔다. 그는 그의 모든 행위들에서 한 사람의 프랑스 노인이 아닌가?

칼: 그는 거리를 거닐 때는 그렇게 가난한 자들을 움직였고, 그렇게 가로등을 잡았다. 그가 어떤 예기치 않은 일을 만날 때는 그렇게 그는 행동했다. 그의 감정들, 아마도 그의 사상들은 그러했다.

프리드리히: 우리에게 궁극적으로 잘 되어가는 곳, 그곳이 우리의 조국은 아니다. 우리의 조국은 오히려 우리와 함께, 우리들 속에 있다. 독일은 우리들 속에 살아 있다. 우리가 원하든, 원하지 않든, 우리는 우리가 나아가는 모든 나라에서, 모든 지역에서 조국을 표현한다. 우리는 처음부터 조국을 근거로 하며, 그것을 벗어날 수 없다. 가장 고귀한 것과 마찬가지로 가장 작은 것을 채우고 있는 이 비밀스러운 그 무엇 – 우리가 숨 쉬고 있는 그 정신적 공기 – 은 모든 체제에 선행하는 것이며 그것의 모든 형식들을 생기 있게 만들고 채우고 있다.

칼: 당신에게는 민족성(Nationalität)과 국가가 일치하는 것처럼 보인다.

프리드리히: 그러한 경우는 그러나 사람들이 생각하는 것보다 많지는 않다. 민족들(Nationen)은 국가가 되고자 하는 경향성을 갖고 있다. 그런데도 나는 실제로 그러했었던 어떤 유일한 경우를 갖고 있지는 않다. 그러한 목표에 아마도 가장 가까이 도달한 프랑스는 오랫동안 모든 프랑스인들을 포괄하지는 못했으며, 멀리 떨어져 있으면서 분리된 채로, –

---

33) 여기에서 자크(Jacques)는 일반적인 의미로 봉사하는 사람을 지칭한 것이며, 보편적 사상을 촉구 및 실천한다고 하지만, 조국이 없는, 민족성을 결여한, 뿌리 없는 지식인이라는 의미도 지니고 있다. – 역자 주

사람들이 말하듯이 — 옛 봉건적 프랑스를 계속해서 대변하고 있는 캐나다인들이나 사부아인들(Savoyen)과 스위스에 있는 가장 가까운 이웃 주민들도 포괄하지 못하고 있다. 그보다 더 멀리 저 목표로부터 떨어진 경우는 영국이다. 그 식민지들의 다수는 영국으로부터 분리되었고, 모국에 대립하는 운동으로 나아갔다. 독일에 관해서는 말할 것도 없다. 독일연방(Deutscher Bund)34)을 일종의 국가로 보고자 한다면, 단지 비본래적인 의미로서만 변호될 수 있으며, 오랫동안 모든 독일인들이 그 속에 포괄되지도 않았다.

칼: 당신은 이러한 현상을 어디로부터 추론하는가? 국가란, 당신의 생각에 따르자면, 민족성 위에서 세워져야만 하는가?

프리드리히: 국가는 그 성격상 민족(Nation)보다 훨씬 더 좁게 결속되어 있다. 국가는 인간적인, 또한 마찬가지로 민족적인 현존재가 수정(Modifikation)된 것이다.

칼: 그렇다면 이 수정은 무엇을 통해 일어나는가?

---

34) 1815~1866년의 독일연방은 나폴레옹의 유럽 체제를 통해 정치적·문화적으로 각성된 독일의 34개의 개별 국가들과 4개의 자유도시들이 1815년에 결성한 연맹체였다. 여기에는 영국〔Hannover〕·덴마크〔Holstein〕·네덜란드〔Luxembrg〕 등의 외국도 간접적으로 참여했다. 그러나 여기에는 프로이센의 동부 및 서부의 지방들〔州〕이 포즈난(Posen)과 마찬가지로 속하지 않았다. 이 독일연방에서는 오스트리아와 프로이센이 각각 주도권을 행사함으로써 이원주의적 성격이 나타났으며, 민주자유주의적 운동과 민족통일운동은 배척당했다. 이 연방은 오스트리아가 프로이센을 제압하기 위해 1866년 5월에 연방군을 동원하고자 시도했을 때, 해체되고 말았다. 그 원인은 결국 당대에 각성되고 있었던 민족통일운동에 이 연방이 부응하지 못했기 때문이다. — 역자 주

프리드리히: 우리는 원시 세계에로까지 소급할 수는 없다. 우리의 역사는 짧은 기간의 역사를 포괄하고 있을 뿐이며, 이 기간도 완벽하지 못하고 회의적이다. 땅과 하늘에 관한 다른 관념들이, 다른 종교들이 세계를 지배했었던, 그리고 나서는 다른 욕구들과 오류들 및 덕성들이 자신들에게 해당되는 제도들을 주도했었던 시대들로 소급해보는 것이 우리에게 무슨 도움이 되겠느냐는 말이다. 우리는 세계가 시민계급의 체제들에 의해 짜여 있다는 것을 발견한다. 그러나 그렇기 때문에 생산 활동은 한순간도 멈추지 않는다. 눈으로 볼 수 없는 것으로부터 하나의 새로운 소생을 통해 무력적인 것이 등장한다. 파괴자체로부터 급격하게, 그러나 견고하게 새로운 형태들이 성장한다. 이것은 사실이다. 이것을 관찰하는 것, 생성(生成)의 규칙을 발견하는 것이 나에게는 그 대상으로부터 분리된 모든 반성들보다 더 중요한 것으로 보이며, 보다 더 흥미로운 것으로 보인다.

칼: 당신은 이미 당신의 관찰들을 설정하기 시작했구나. 나는 그 관찰들을 오늘 당신에게 요구하지는 않겠다. 그러나 일반적으로 이 새로운 모습들이 일어나는 것을 당신은 어떻게 생각하는가?

프리드리히: 사물들의 본성, 그리고 기회, 창조적 정신, 행운이 함께 작용하고 있다.

칼: 행운이라? 당신은 사건들의 결정, 승리를 의미하는가?

프리드리히: 독립성을 쟁취하고 소유하게 되는 순간을 의미한다.

칼: 당신이 생각하고 있는 정치에서는 대외관계들이 중요한 역할을 하는 것으로 보인다.

프리드리히: 세계는, 이미 말했듯이, 편견에 사로 잡혀있다. 그 어떤 무엇이 되기 위해서는 사람들은 자신의 힘으로 일어나야 하고, 자유로운 독자성을 발전시켜야 하며, 우리에게 주어져 있지 않는 권리를 쟁취해야만 한다.

칼: 그렇다면, 모든 것이 조야한 무력에 근거하지 않겠는가?

프리드리히: 그것은 투쟁이라는 단어가 의미하는 것으로 보이는 것만큼 그렇게 심하지는 않다. 기반은 마련되어 있고, 공동체도 구성되어 있다. 이것이 그러나 보편적 의미로 제고되려면, 무엇보다도 도덕적 에너지가 필요하다. 이 에너지를 통해서만 경쟁자들과 적들이 경쟁에서 극복될 수 있다.

칼: 당신은 유혈의 전술(戰術)을 도덕적 에너지의 한 경쟁으로 보고 있다. 당신은 자신이 너무도 숭고하지 않다는 점에 대해 스스로 유념하라.

프리드리히: 진실로 숭고하지 못했던 우리의 옛 조상들도 역시 도덕적 에너지의 경쟁을 그렇게 파악했다는 것을 당신은 잘 알고 있다. 저 텐크테러족(Tencterer),[35] 그리고 암시바리어족(Amsivarier)[36]은 로마인들에게 비어 있는 지방을 위해 경쟁하는 계기를 제공했었다. 그러나 실제로 당신은 나에게, 진정한 도덕적 에너지가 승리했었던 사실이 증명될 수 없는 중요한 전쟁들을 거의 제시할 수 없다.

---

[35] 서게르만족의 한 부족으로서 원래는 헤센(Hessen)의 상부 지역에 거주하고 있었으나, 기원전 55년에 카이사르에 의해 라인(Rhein) 강 너머로 밀려났었다.─쉬더 주, s.81(59)

[36] 엠즈(Ems) 강의 아래 지역에 거주했던 프랑크족(Franken)의 한 부족으로서 기원후 58년에 로마와 생사를 건 투쟁을 했으나, 굴복하고 말았다.─쉬더 주, s.81(59)

칼: 당신은 이제 투쟁과 승리로부터 국내 조직의 형태들도 도출하려고 한다.

프리드리히: 국내 조직의 형태들은, 근원적으로는 아니지만, 철저하게 수정되어 왔다. 독립성의 척도는 한 국가에 세계 속에서의 그의 위치를 제공한다. 그 척도는 동시에 국가에 모든 국내의 관계들을 저 목적을 위해 설정하면서 자신을 주장하도록 하는 필요성을 부과한다. 이것은 국가의 최고의 법칙이다.

칼: 당신은 군사적 전제정치(Tyrannei)를 비호하는 것으로 보인다.

프리드리히: 언젠가 위대한 위치가 모든 구성 부분들의 자발적이고 완전한 결속도 없이 획득되었을 것이라는 사실이 가능했을 수 있었겠는가? 거대한 공동체들은 부분들을 결속시키는 이념들의 비밀스러운 작용을 통해 점차적으로 형성된다. 그 공동체를 주도하는 창조적 정신을 어느 누가 갖고 있다면, 행운이다. 그러나 공동체를 강요하는 힘을 그는 결코 갖고 있지 않을 것이다.

칼: 당신이 세우는 국가는 기껏해야 하나의 자발적인 군사국가이다.

프리드리히: 당신은 나를 비난하는 것으로 보인다. 아리스토텔레스가 몇몇 옛 입법자들을 비난했던 것처럼 말이다.[37] 나는 시민들을 현명하고

---

37) 아리스토텔레스(Aristoteles)는 스파르타인들이 덕성(德性)의 단 한 부분만을, 즉 전쟁의 덕성만을 지향했다는 점에서 그들의 법률을 비판했다. "그러므로 그들은 전사(戰士)로서는 승리를 거두었지만, 통치자로서는 실패했다. 왜냐하면 그들은 평온을 유지할 줄 몰랐고, 오직 전쟁 기술 외에는 어떤 다른 것도 훈련하지 않았기 때문이다." 이러한 관계에서 아리스토텔레스는 『정치학(Politik)』에서 "전쟁은 평화를 위해, 노동은 여가를 위해, 필요한 것과 유용한 것은 고귀한 것을 위해 추구될

선하게 만드는 것보다 국가를 위대하고 강하게 만드는 것을 더 많이 생각하며, 나의 목표를 평화와 안락함보다는 투쟁과 활동에 더 많이 두고 있다. 현존재의 출발을 위해서는, 독립의 쟁취가 중요한 시기를 위해서는 당신은 틀리지 않았다. 그러나 인간 본성의 모든 평화적인 욕구들은 점차적으로 효력을 발휘하게 된다. 그다음으로 모든 것이 조정되어야만 한다. 물론 그것에 관해서 우리는 다음에 이야기하자. 지금은 이제까지 우리가 이룩해 온 성과들에만 머무르기로 하자. 그 성과를 종합해 보기 위해서 말이다. 머나먼 근원들이 아니라, 우리가 눈앞에 갖고 있는 바, 형성되어 온 바에 주목해 보자.

칼: 그렇다면, 당신은 이 형성되어 온 것을 어떻게 생각하는가?

프리드리히: 세계에서 언급되고 있는, 무언가 의미 있는 국가들 모두는 그들의 특별한, 그들에게 고유한 경향성들에 의해 실현되었다. 그러한 국가들은 그 실현에 함께 참여했던 개인들을 위한, 그들의 사유재산을 위한 보호 기관들이라고 해석하는 것은 가소로운 일이 될 것이다.[38] 경향성들은 오히려 정신적인 것이며, 이것을 통해 모든 구성원들의 성격이 결정되었으며, 그들에게 지울 수 없이 각인되었다. 여기에서 일어나는 다양성을 통해 공동체적 필요성을 지니고 있는 헌법 체제는 그 형태들에 있어서 곳곳에서 다르게 수정된다. 모든 것은 가장 높은 이념에 달려 있다. 그것은 이 점을 말하고자 한다. 비록 국가들이 자신들의 근원을 신으로부터 찾아내고 있지만 말이다. 왜냐하면 이념은

수 있는 것이다"라고 요구했다.―물락 주, s.205

38) 여기에서 랑케는 국가를 개인들의 생명과 자유 및 재산에 대한 타고난 권리를 보호하기 위한 필요성에서 세워진 것이라고 설명하는 자연법적 계약 이론을 거부하는 견해를 보여주고 있다.―물락 주, s.205

신적인 근원에서 나오는 것이기 때문이다. 모든 자주적인 국가는 자신의 고유한 근원적인 생(生)을 갖고 있다. 이 생은 또한 자신의 단계들을 갖고 있고, 살아 있는 모든 것처럼 멸망할 수 있으며, 그러나 우선은 자신의 모든 범위를 채우고 지배하며, 다른 어떤 것과도 동일하지 않다.

칼: 이러한 의미에서 당신은, 국가들이란 개체들(Individuen)이라고 이해하고 있다.

프리드리히: 개체성들(Individualitäten)은 서로 유사하지만, 본질적으로는 각자 독립적이다. 당신에게 구름들의 덩어리처럼 계약 이론으로부터 일어나는 저 일시적인 혼합체들(Konglomerate) 대신에, 나는 정신적 본질들, 인간 정신의 독창적인 창조물들을 본다. 말하자면 신의 사상(Gedanken Gottes)[39]이라고 할 수 있을 것이다.

---

[39] 랑케는 "국가는 신의 사상이다"라는 자신의 사상을 「프랑스와 독일」이라는 글에서 상세하게 언급한 바 있다. "어째서 상이한 국가들이 존재하는가? 그 이유는 그러한 국가들을 위해 상이하면서도 동일한, 좋은 가능성들이 있기 때문이 아닌가? 인류의 이념, 그것은 신이 인류에게 상이한 민족들 속에서 표현한 것이다. 국가의 이념, 그것은 상이한 국가들 속에서 표현된다. 만일 국가의 가능성이 비난할 데 없는, 단 하나만으로 있다면, 만일 국가의 정당한 형식이 단 하나만으로 있다면, 보편군주제(Universalmonarchie)만이 이상적인 것일 것이다. ― 사람들은 시대의 정신이 요구하는 바에 관해 많이 이야기하고 있다. 그 요구가 우리의 본성 일반의 공통적인 것보다 더 많이 나아간다고 말할 수는 거의 없을 것이다. 정신도 역시 그렇게 조야한 실들로 짜여 있지는 않으므로, 한 민족에게 다른 민족이 고안해 낸 여러 형식들로 단순하게 전달될 수 없으며, 사람들은 이 형식들을 상이한 상태들로부터 상이한 상태들에게로 옮길 수밖에 없을 것이다. 정신은 원리로서 작용하며, 자연적인 방식으로 자신의 현재와 과거로부터 하나의 새로운 미래로 발전할 것이다. ― 하나의 위대한 민족은, 자주적인 국가처럼, 자신의 적으로부터

칼: 나는 당신에게 반대하지 않겠다. 나에게는 당신의 견해가 매우 확고한 것으로 보인다. 그리고 고백하건대, 나는 그 견해에 감동을 느낀다. 그러나 우리는 일반적인 관찰로부터 얼마간 내려가 보자. 당신은 오늘날의 국가들도 역시 그러한 근원과 내용을 갖고 있다고 생각하는가? 나에게 설명해 보라.

프리드리히: 나는 바로 오늘날의 국가들로부터 나의 주장을 이끌어내고 있다. 내 생각으로는, 나의 주장은 지극히 완벽하게 증명된다. 그러나 오늘 저녁 시간만으로는 충분하지 않을 것이다.

칼: 그러나 나는 당신에게 한 가지 질문을 제기하지 않을 수 없다. 만일 당신이 말하는 바대로라면, 각 국가는 자신의 길을 나아갈 것이며, 우리는 유럽 국가들이 주로 국내의 제도들을 위한 투쟁에서 두 개의 적대적인, 상호 끝없이 위협하는 진영들로 몰락하는 것을 보지는 않게 될 것이다.[40]

국경을 방어할 줄 안다는 것만으로 인정되지는 않는다. 그 민족이 실존하는 조건은, 그 민족이 인간 정신에 하나의 새로운 표현을 마련하고, 정신을 하나의 새로운, 고유한 형식으로 표현하며, 새로이 나타내는 데 있다. 이것은 신으로부터 위임받은 과제이다."〔S.W. 49/50, s.729〕

    신의 이름이 여기에서는 랑케가 선언한 바 있는 역사적 국가 이론을 종교적으로 합리화시키고 있다. 그러므로 신은 역사를 초월하지는 않으며, 오히려 바로 그 역사에로 인도하고 있다.―물락 주, s.205

40) 여기에서 랑케가 "두 개의 적대적인, 상호 끝없이 투쟁하는 진영들"이라고 표현한 것은 1830년 7월혁명 후에 당시의 유럽 정치를 결정하고 있었던 자유주의적인 서유럽 세력들과 보수적인 동유럽 세력들을 지칭한 것이며, 그는 이들 간의 대립으로 말미암아 국가가 몰락하지는 않을 것이라고 전망하고 있다.〔S.75 참조〕―쉬더 주, s.81(61)

프리드리히: 물론 하나의 유럽적인 공동체 성격이 있다. 그럼에도 불구하고 각 국가는 자신의 특수한 발전으로 나아가고 있으며, 각자는 이 공동체로 회귀할 것이라는 점을 나는 의심하지 않는다. 마치 혁명전쟁들[41]의 영향들이 중단되듯이 말이다.

칼: 그러나 바로 이것이 당신의 주장을 너무 혼란스럽게 보이도록 하는 것들이다. 전체 유럽은 혁명에 반대하는 전쟁을 일으키지 않았던가? 만일 전체 유럽이 혁명에 반대하는 공동의 관심을 키우지 않았다면, 유럽이 어떻게 협력할 수 있었겠는가?

프리드리히: 당신은 그 협력이 얼마나 어렵게 이루어졌는지를 잘 기억하고 있다. 당신이 기억을 더 되돌려본다면, 상황은 본시 당신이 표현하는 대로가 아니었다. 사람들은 공격을 받았고, 그다음으로 사람들이 연합할 때까지는[42] 시간이 오래 걸렸다. 새로 일어난 무력이 모든 독립성을 위협했고, 마침내 파멸에 직면하여 공동의 방어를 불러일으키게 되었던 진행이 모두 전체적인 위험이었다.

칼: 그러나 지금 이 순간에도 자유의 원리와 절대적 원리의 각 옹호자들 사이에는 적대감이 있다. 사람들은 오늘날 다시금 비밀 문건들(Portfolio)의 최근의 발간 목록들에 관해 이야기하고 있다. 당신은 그것을 알고 있는가?

프리드리히: 여기에 그것이 있다. 우리가 전반적으로 관찰한 후에 우리 앞

---

[41] 혁명 프랑스 및 나폴레옹의 프랑스와 유럽 연합국들 사이에서 1792~1815년의 기간에 전개되었던 전쟁들을 지칭한다.—역자 주
[42] 1792년 4월에 프랑스는 오스트리아에 선전포고를 했으며, 제1차 대(對)프랑스 동맹은 1793년에 성립되었으나, 1795년에 해체되었다.—역자 주

에 놓여 있는 구체적인 것을 알아보면서 양자를 연결시켜 본다면, 나는 신문들이 일반적으로 그 속에서 인지하는 것과는 정반대의 결론을 얻는다.

칼: 당신은 그것을 그렇게 평화적이라고 보는가?

프리드리히: 그것은 의심할 바 없이 오래전부터 보도되어 온 가장 혐오스럽고 증오에 찬 출판물이다. 그러나 나는 거대한 대륙 세력들[43]이 그러한 문건을 통해 불리하게 되었을 것이라고 볼 수는 없다.

칼: 당신은 포초 디 보르고(Pozzo di Borgo)[44]의 보고들에 관해서는 어떻게 생각하는가?

프리드리히: 그것들은 걸작들이다. 나는 근대 외교가 그렇게 탁월한 작업들을 가져왔다는 것을 믿지 못할 뻔했다.

칼: 당신은 그것들의 내용들도 인정하는가?

프리드리히: 우리는 그것들을 통해 적어도 많은 오류들을 극복한다. 얼마나 자주 사람들은 세 개의 대륙 세력들을 비난했으며, 프랑스에서의, 또는 스페인에서의 군주제 원리를 지지하는 사람들의 과도함과 일방적인 처신을 지지했으며, 실로 그것을 권고까지 하면서 자극해야만 했던

---

43) 거대한 대륙 세력들이란 보수적인 동부 세력들인 러시아·오스트리아·프로이센을 지칭한 것이다.—역자 주
44) 보르고(1764~1842)는 코르시카(Korsika) 출신으로 프랑스혁명에 활동적으로 참여했으나, 보나파르트(Bonapart) 가문에 대한 코르시카인들의 혈족과 관련된 원한 때문에 반(反)나폴레옹 진영으로 넘어갔다가 결국에는 러시아에 봉사하게 되었다. 그는 1814~1832년 기간에 파리 주재 러시아 대사를 지냈다.
—쉬더 주, s.81(62)

가! 나는 무엇을 통해 이러한 주장들이, 지금 전해지고 있는 1826년의 포초 디 보르고의 보고들처럼, 그렇게 명확하게 논박당했는지에 관해서는 아무것도 모를 뻔했었다.

칼: 당신은 그것들을 진실한 것이라고 보는가?

프리드리히: 사람들은 그것들에 관해 아직은 결정적으로 판단할 수 없다. 그것들은 적어도 좋은 인상을 지니고 있다. 그리고 그것들의 합리적인 내용은 그것들의 진실성을 말해주고 있다.

칼: 당신은, 보아하니, 특히 페르디난드 7세(Ferdinand VII)[45]에 관한 보고들에서는, 포르투갈·스페인이 범했던 방황들[46]의 근원이 명확하게 드러났고, 결국에는 샤베스 후작(Marquis von Chaves)의 포르투갈에 대한, 그렇게도 많은 불행의 근원으로 되었던 원정[47]은 페르디난드 7세를 지배했던 당파에 의해 일어났다는 사실이 판명된다고 파악하고 있다.

---

45) 스페인에서 1812년에 제정되었던 국회 체제를 1814년에 폐지했던 스페인 국왕으로서 군주제적·절대주의적 원리를 고수했던 인물이다. — 쉬더 주〔주 46) 참조〕

46) 포르투갈·스페인의 방황들이란 이베리아 반도의 국가들은 나폴레옹 시기 이후에 여러 정치적·왕조적 집단들 사이에서 체제 변형을 둘러싼 내란에 빠졌다. 스페인에서는 1814년에 페르디난드 7세가 1812년에 제정되었던 국회 체제를 폐지했는가 하면, 포르투갈에서는 돈 페드로(Don Pedro)가 요한(Johann IV)의 사망 후 1816년에 입헌 체제를 선포했다. 여기에서 포르투갈·스페인의 혼란들이 일어났다. 왜냐하면 돈 페드로의 동생인 돈 미구엘(Don Miguel)을 지지한 절대주의적 집단이 스페인의 극우반동적 당파인 '사도주의자들(使徒主義者들, Apostolisten)'로부터 후원을 받고 있었기 때문이다. 이러한 관계 속에서 샤베스 후작(Marquis von Chaves)의 포르투갈 원정이 전개되었다. 이 원정은 미구엘의 지지자들이 돈 페드로가 도입한 입헌 체제를 반대하는 봉기에 불을 지르려고 의도한 것이었다. — 물락 주, s.207

47) 주 46) 참조. — 역자 주

프리드리히: 당연하다. 그것만이 아니라, 또한 그 보고는 강대 세력들의 단호한 권고를, 그러니까 그들에게 제안되었던 말을 거역하면서 나왔던 것이다.

칼: 당신은 사람들이 돈 페드로(Don Pedro)[48]의 헌법에 대해 매우 호의적이었다는 것을 주장하지 않으려고 한다.

프리드리히: 물론 아니다. 그러나 그 헌법이 그 후로 포르투갈을 행복하게 만드는 데 그렇게 적합한 것으로 증명되었던가? 더욱이 사람들은, 지금 말하고 있듯이, 그 헌법에게 자체의 성격을 발전시키는 여유를 주고자 했다. 나는, 그 헌법이 자체의 결점으로 인해 무너질 수밖에 없었다는 견해를 인정한다. 그러한 적대 감정을 나는 그럼에도 불구하고 그렇게 위험한 것으로 보지는 않는다. 바로 그 시기는 자체의 특징들을 갖고 있었으며, 그것들을 발전시켜야만 했다. 어떤 경우에도 사람들은 페르디난드(Ferdinand)가 추가로 정직하지 못하게 기도하면서 유도했던 무력을 인정하지 않았다.

칼: 당신은 프랑스도 언급하는가?

프리드리히: 샤를 10세(Carl X)가 모든 경고들에도 불구하고 범했던 실책들[49]은 진정한 탁월성과 철저한 통찰을 통해 묘사되고 있다. 그 실책

---

48) 돈 페드로는 나폴레옹 지배 후 1816년에 포르투갈에 입헌 체제를 선포했던 포르투갈 국왕이다.〔주 46) 참조〕—쉬더 주, s.81(63)
49) 샤를 10세(Charles X, 1757~1836)는 루이 16세와 18세의 동생으로 왕정복고 체제를 이끌었던 프랑스의 국왕(1824~1830)이었다. 그는 1824~1828년 기간에 총리였던 비엘(Villéle)의 도움으로 왕정복고적인 노선을 강화했었고, 자신을 반대하는 집단들을 1830년의 '7월 훈령'을 통해 억압하고자 시도했으나, 여기에서 일어난 7월혁명으로 8월에 물러나 망명을 해야만 했다.—쉬더 주, s.81(63)

들은 오늘날에도 우리가 이 군주의 불운 때문에 일어났던 것으로 보지 않을 수 없는 것들이다. 즉 그는 흥분해 있었던 수도회 회원들의 좁은 권역 속에 빠져 있었고, 프랑스를 마치 이교도 국가로 몰락해 버린 양 취급했으며, 법원들, 특히 파리의 고등 법원들을 자기편으로 만들고자 노력하지 않았으며, 의회는 단지 하나의 의지(意志) 없는 기구가 되었고, 비엘(Villéle)[50]은 자기 주위의 어떤 능력 있는 인재도 허용할 수 없었다.

칼: 나쁜 상태들은 더 깊은 곳에 있지 않았던가? 사람들이 혁명적 관심들을 만연하도록 했던 강력한 상황, 군주제에 대한 자연적인 거부 등에 말이다.

프리드리히: 모든 것이 함께 일어났다. 사람들은 적들에게 공간을 마련해 주면서, 권력을 부여한 후에는, 곧바로 그들의 원한을 자극하고, 자신들을 분리시키고자 노력했다. 그러므로 앞에서 언급되었던 바들이 말 그대로 일어났다. 그리하여 사람들은 자신들이 빠져 들어갔던 첫 번째의 실제적인 위기에서 어떤 도덕적 지지점도 발견하지 못했고, 무능해졌다. 자신들이 장악하고 있었던 수많은 권력 보조 수단들이 있었음에도 불구하고 말이다.

칼: 당신은 오늘 한 사람의 진정으로 행복한 변호사이다.

프리드리히: 여기에서 알려진 또 다른 사항들은 더는 설명을 필요로 하지 않는다. 사람들은 그것을 베른슈토르프(Bernstorff) 백작의 『비망록』[51]

---

50) 비엘(Villéle, 1773~1854)에 관해서는 주 49) 참조. ―역자 주
51) 베른슈토르프 백작(1769~1835)은 1818년부터 프로이센의 외무대신을 지냈던 바, 저 비밀문서들(Portfolio) 제15권에는 그에 관한 하나의 비망록이 공개되었다.

에서 서술된 것보다 더 합리적으로 표현할 수는 없을 것이다. 이 기록은 흥분 속에 잘못 나아가고 있었던 그들의 적대 감정을 설명하고 있다. 즉 정부는 교양인들의 다수를 자기편으로 만들어야만 한다는 것이며, 자발적이고 기꺼이 이루어졌던 복종이 요구하는 바는, 한 정부는 한 당파의 고려들에 따라서가 아니라 일반적인 선(善)을 위해서 행동해야 한다는 확신이라는 것이다. 실로 사람들은 세계가 곧이들었던 입헌체제들을 반대하기는커녕, 그것들에 대한 증오로부터 멀리 떨어져 있었던 것이다. 독일에서는 어디에서인가 법률적 수단들을 취하지 않고 다르게 입헌 작업을 할 수 있을 것이라는 모든 사상이 거부당했다.

칼: 당신은 이제 여기에서, 유럽에는 두 개의 적대적인 당파들의 저 대립이 본시는 존재하지 않는다는 당신의 이론을 세운 것으로 보인다.

프리드리히: 찬성과 반대는 어디에나 있다. 그것들은 사건들의 진행을 통해 일어났다. 그러나 저 대립에서 공인됨이 없이 무기들을 갖춘 무장된 적대적 감정은 하나의 괴물(Chimäre)이다.

칼: 당신은 오늘날 드러나고 있는 오스트리아와 러시아 사이의 적대 감정[52]에 대해서는 어떻게 생각하는가?

프리드리히: 가소로운 일이다. 오늘은 모든 것이 나에게 기여해야만 하고

이 비망록에는 독일의 작은 영주 국가들은 오스트리아의 우세가 강화됨으로써 프로이센 군대로 편입되었다는 주장이 수록되어 있다. 그는 1832~1836년의 기간에 랑케가 편집을 맡으면서 발간했던 『역사·정치잡지(Historisch-Politische Zeitschrift)』의 실제 발행인이었다.—쉬더 주, s.81(64)

52) 러시아가 오리엔트 문제들 때문에 1828년에 터키를 공격했을 때, 오스트리아는 러시아를 제압하기 위해 영국·프랑스·프로이센과 동맹을 맺고자 시도했으나, 성공하지 못했고, 이로써 러시아로부터 적대감을 짊어지게 되었다.—물락 주, s.210

도움이 되어야만 한다. 사람들이 오해에서 나왔던 생생한 표현에 관해 그렇게 강력하게 경악한다면, 사람들은 1828년의 사건들의 상황에 대해서는 거의 몰랐던 것임이 틀림없다. 누가 당시에 그것에 관해 듣지 못했겠으며, 그것을, 오늘날 사람들이 그것은 인정되었다는 것으로 읽고 있듯이, 거의 그렇게 생각했겠는가? 거대한 이 대륙 세력들의 연맹, 즉 우선 러시아와 오스트리아 사이의 연맹은 관심들보다 더 강력하지는 않다는 것만을 증명할 뿐이다. 그 관심들이 뒤로 물러날 만큼 그렇게 결정적으로 지배적인 경향성은 없었다. 이러한 점에서는 비밀 문건들(Portfolio)조차도 하나의 특별히 주목될 만한 현상이다. 그것은 정부에 대한 국내의 대립들을 적어도 무의식적으로 도외시하고, 정치를 다시금 정치가 속하는 권력과 대외 관계들의 영역으로 이끄는 문건으로서, 최초의 유럽적인 주목을 불러일으킨다.

칼: 진정으로 당신은 정당성을 갖고 있는 것으로 보인다! 비웃지 마라. 나는 지난 시절에 괴테(Goethe)를 따랐었던, 그리고 곧바로 그와의 대화들을 출판했었던 선량한 젊은 사람53)의 경지 속에 있는 상태이다. 나는, 우리의 모든 거대한 국가들에는 각각 하나의 살아 있는, 개별적인 그들 속에 내재하고 있는 원리가 있고, 이 원리에 각 국가의 대외적 활동과 내부의 모습이 의존해 있다는 당신의 이해에 감탄하며, 이것을 나는 명심하면서 조용히 음미해 볼 것이다. 이제 우리는 다시 한 번 저 일반적인 문제로 되돌아가 보자. 당신이 허락한다면, 나는 몇 가지 반론들을 더 제기하고자 한다.

프리드리히: 나는 그것들을 부각시켜 보고자 노력하겠다.

---

53) 이 '선량한 젊은 사람'은 『괴테와의 대화』를 1836년에 출판했던 에커만(J. P. Eckermann, 1792~1854)을 지칭한다. -역자 주

칼: 당신은 개인들이 지니고 있는 생활력에서 보통 이상의 엄청난 부분을 국가를 위해 요구한다. 무엇으로써 당신은 그것을 보상하는가, 그것을 위해 당신은 무엇을 그들에게 제공하는가?

프리드리히: 나는 가장 훌륭한 국가를 묘사해 보았던 것 외에 특별히 무엇을 내가 그렇게 표현했다고 생각하지는 않는다. 나는 단지 우리가 눈앞에 두고 있는 바를 파악해 보고자 했을 뿐이다. 그리고 국가는 실제로 각 개인 능력의 큰 부분을 요구하고 있지 않는가? 부과금들은 전체 활동이 가져오는 수익의 매우 중요한 부분을 흡수한다. 많은 사람들이 자신들의 재산과 젊은 시절을 국가 복무를 준비하기 위해 바치는 일이 그러한 것이다. 우리 지역에서는 어떤 누구도 병역 의무 수행을 면제받지 못한다. 순전한 사(私)적 생활은 이미 더는 존재하지 않는다. 우리의 활동은 그 자체에 있어서 주로는 공동체에 속해 있다.

칼: 그러나 사적 인간은 이와는 반대로 자신의 모든 참여에 대한 보답으로 무엇을 얻는가?

프리드리히: 합법적인 국가에서는 참여 자체가 보답이다. 그는 그 참여를 벗어나는 것에 대해서는 생각하지도 않는다. 그는 그 필요성을 인식한다. 그에게는 어떠한 순전한 사적 실존(Existez)도 존재하지 않는다. 그가 자신의 정신적 조국으로서 한 특정한 국가에 속하지 않는다면, 그는 자신의 현재의 존재가 아닐 것이다.

칼: 그러나 나에게 궁금한 것은 국가에 헌신하는 이러한 자발성이 세계 속에서도 역시 저 요구와 마찬가지 정도로 존재하는가이다.

프리드리히: 나는 그러한 주장을 하지는 않겠다. 나는 사람들이 자신들의

의무를 불쾌하게, 저항하면서 수행하고 있는 나라들을 알고 있다. 이탈리아가 그렇다. 국가는 그곳에서도 유럽의 필연성에 따라서 개인적·헌신적 업적을 강력하게 주문한다. 그러나 불행히도 이 국가는 그것을, 사람들이 국가에게 자발적인 활동을 통해 기여하는 정도로까지 이룩할 수 없다. 시민들은 자신들에게 부과된 의무들을 하나의 부담으로 느끼고 있다. 그들은 자신들이 억압당하고 강요당해 왔다고 생각한다. 그들은 가능한 한 국가 봉사로부터 벗어난다. 바로 그러하기 때문에 진정한 국가를 특징짓는 사적(私的)인 노력들과 공적(公的)인 노력들의 통일이 이루어질 수 없다. 나는, 이로 인해 결국에는 도덕적 에너지에서조차도 억제가 일어난다는 점을 우려한다. 사적 활동도 역시, 자신이 할 수 있고, 해야만 하는 방향으로 발전하지 못한다. 나는 이러한 모든 것을 인정한다. 그러나 그것은 하나의 결함이고 비정상적인 상태이다.

칼: 당신은 그러한 상태를, 그곳에서든, 또는 다른 곳에서든, 피할 수 있다고 생각하는가?

프리드리히: 적어도, 그러한 경우를 생각해 보고, 그것을 위해 모든 노력을 다하는 것보다 더 긴급하고 더 필요한 일은 없다. 바로 여기에 전진하고 있는 권력의 비밀이 놓여 있다. 권력은 자신에게 진심으로 거역하는 것을 아직은 완전하게 소유하고 있지는 않다. 권력이 수행하고 있는 국내 정치에서의 가장 고귀한 노력은 모든 참여들을 자발적인 통일성 속으로 종합하도록 설정되어야 한다.

칼: 그러나 그것이 권력에게 가능할 것인가?

프리드리히: 중요한 것은 한 지방(Provinz)의, 한 지역 풍습의 고유한 것을

파괴하지 않는 일이며, 지방들을 해체될 수 없는 끈을 가지고 전체에 결속시키는 일이다.

칼: 당신은 지방들과 개별 인간들을 전체와 연결하는 것은 무엇을 근거로 하고 있다고 보는가?

프리드리히: 결국에는, 국가의 이념이 모든 개인을 사로잡고, 개인은 국가의 정신생활에 관해 그 무엇을 자신 속에 느끼며, 그가 자신을 전체의 한 구성원이라고 생각하면서, 전체에 대해 애정을 갖는다는 것, 그리고 공동체의 감정은 지방적, 지역적인, 모든 개별적인 분리의 감정보다 더 강력하다는 것 등이 중요하다.

칼: 이러한 것들을 이룩하기 위해 한 국가는 어떠한 수단을 갖고 있는가?

프리드리히: 모든 국가 무력은 오늘날 호의적이어야만 한다. 국가 권력은 말할 것도 없이 일반적인 안녕 위에 근거하고 있다. 이 점에 대해서는 모두가 다 동의하고 있다. 그러나 국가 권력은 또한, 권력이 정당한 방식으로 보편 복리에 기초하고 있다는 점을 보여주어야 한다. 국가 권력은, 사람들이 권력을 이해하도록, 그것이 무엇을 행하고 있는지를 알고 있도록, 모든 개별 인간이 자신의 업무들은, 일반적인 것과 연관되어 있는 한, 항상 가능한 것으로 잘 보호된다는 것을 경험하도록 힘써야만 한다. 저항이 제압될 때 비로소 저 비밀스러운, 내면으로부터 작용하면서 결속시키는 추진력이 짧은 기간 안에 모든 사람들을 사로잡게 될 것이다. 강제 의무는 만족으로, 규정은 자유로 제고될 것이다.

칼: 일상적인 시기들에서도 당신은 애국주의를 요구하게 된다.

프리드리히: 애국주의는 비상한 시기들에서 결여되지 않도록 일상적인 시기들에서 육성되어야만 한다. 애국주의는 일정한 의미에 있어서는 활동 일반의 원리여야만 한다.

칼: 당신은 모든 인간을 정치적 인간(politisches Geschöpf)[54]으로 만들고 있다.

프리드리히: 나는 체제의 형태들에 대해서가 아니라 공적 안녕의 진행에 대해서 말하고 있거니와, 사람들이 공동체에 참여하는 몫의 진실에 개인적 특성들의 발전도 의존되어 있다고 확신한다.

칼: 그러니까 직접적이고 형식적인 참여, 공동 협의, 공동 결정을 당신은 한 번도 요구하지 않을 것인가?

프리드리히: 나는 참여가 유익한 것일 수 있다는 것을 부인하지는 않는다. 그러나 우리의 경험들로 볼 때, 당신은 그것이 그렇다고 도처에 있지는 않다는 것을 나에게 시인할 것이다. 나는 그것이 어디에서나 적용되지는 않을 것이라는 점도 두려워한다. 우리의 군주제 정신에는 그것이 저항하는 그 어떤 무엇이 있다.

칼: 나는 당신이 우리 군주제의 정신을 어디에서 발견하는지 궁금하다.

프리드리히: 우리는 너무 깊이 들어가지 않도록 하자. 우리는 정치·법·역사의 너무나 많은 관계들을 논의해야만 할 것이다. 그러나 행정에 국한하기 위해, 그리고 당신에게 역시 답변을 제공하기 위해 나는, 군주제 형태들의 의미는 정당한 인간이 정당한 위치를 갖는다는 데 있다고 말하고자 한다.

---

54) 랑케는 여기에서 아리스토텔레스의 인간에 관한 정의를 인용했다.-역자 주

칼: 당신은 그것이 항상 그렇지 않다는 점을 인정해야 하지 않겠는가?

프리드리히: 그것에 대한 상세한 설명은 여러 가지 사정들에 달려 있다. 그러나 그것은 항상 그러한 의미와 경향성을 갖고 있다.

칼: 내가 새삼스럽게 두려워하는 것은 당신이 전제정치(Despotismus)에 우호적이라는 점이다. 어째서 모든 사람이, 할 수 있는 한, 공동 협의에 참여해서는 안 되는가? 어째서 사람들이 복종한다는 저주를 짊어지고 있어야 하는가?

프리드리히: 당신이 플라톤으로부터 기억하고 있듯이, 모든 사람들이 모든 것을 촉진해야만 하는 것은 아니다. 인간 활동에는 수많은 부문들이 있으며, 자연의 경이로운 비밀은 자연이 각 부문을 위해 그들의 재능을 항상 다시금 만들어낸다는 사실이다.[55] 일반적으로 유용한 것은 각자가 자신의 것을 수행하도록 요구한다. 사람들이 시인을 십일조(租)[56]에 관한 논의에 끌어들이면, 결국 시인을 파괴하게 된다. 왜냐하면 그것은 그의 작품의 그 어떤 작은 제목을 위해서도 좀 더 잘 수행될 수 없을 것이기 때문이다. 공동체의 장점은, 비록 국가의 정신에 의해

---

[55] 랑케의 이러한 사상은 플라톤(Plato)에게서 제기된 바 있다. 즉 플라톤은 『정치학』의 4장에서, 국가에서는 개별 인간의 상이한 영혼의 힘들에 따라서 상이한 신분들에게 상이한 기능을 인정한다는 것이며, 그리하여 철학가들은 통치하고, 파수꾼들은 대외적으로는 방어하는가 하면, 대내적으로는 행정을 운영하며, 생산 신분은 작업분야에 따라서 농민·수공업자·상인들로 구성되어야 한다는 것이다.—물락 주

[56] 수확의 10분의 1을 납부하는 이 제도는 중세부터 유럽의 거의 모든 지역에서 농민 소유의 토지에 대해 부과되었다. 이 토지부담금은 프랑스혁명 이래로 농민해방의 물결 속에 점차 폐지되어 갔으며, 독일에서는 이 부담금의 해체가 1830년 7월혁명을 통해 촉진되어 19세기 중엽까지 이루어졌다.—물락 주, s.211

채워져 있지만, 그러나 이로써 그 정신을 지배하려는 데만 머물러 있지는 않는 사적 활동들이 있다는 점이다.

칼: 당신은 복종의 문제에 관해 다루는 것을 회피하고 있다.

프리드리히: 사람들은 때때로, 마치 어떤 하나의 외래 혈통이 통치하기 위해 밀고 들어온 것처럼, 곧바로 이야기하고 있다. 그러나 나는 당신에게 묻고 싶다. 도대체 그들은 누구인가? 통치자들인가, 행정가들인가? 그들은 민족(Nation)으로부터 직접적으로 상승하지 않는가? 내가 말하건대, 일단의 형제자매와 친척들 중에서 누구는 산업 활동에, 누구는 상업 활동에 종사하고, 제3의 인물은 학문에, 제4의 인물은 농업에 종사한다면, 그리고 그들 중 또 누구는 정부에 참여하면서 결국 다른 사람들의 공동체적인 사항들을 주선하는 능력을 갖게 된다면, 이것이 어째서 자기의식을 손상시킬 수 있다는 것인지를 나는 이해하지 못하겠다. 그에게는 그러한 경지에 도달하는 데 많은 노력이 필요했었다. 통치한다는 것은 명령 속에, 사소한 허영이 발견될 수 있는 내적 만족 속에 있지 않다. 그것은 일반적인 사항들을 잘 배려하는 어려운 예술(Kunst)이다. 타고난 재능, 예비지식, 오랫동안의 실무 종사 등이 없이는 누구도 그 업무를 그러한 경지까지 수행하지 못할 것이다. 생(生)의 다른 활동들과 비교해 볼 때, 이 예술은 모든 것들 중에서도 아마 가장 어려운 것이다. 이 예술은 아직 존재하지 않는 바를 삶 속으로 도입하기 위해서는 기존하는 것에 대한 가장 깊은 인식을, 그리고 정신의 완전한 자유를 동시에 필요로 한다. 이 업무를 이것에 관해 유일하게 이해하는 사람들에게 맡기는 것을 당신은 불행이라고 간주하는가? 그것은 그러한 능력을 자신 속에 갖추고 있는 가장 숙달된 사람들을 민족 전체로부터 선발하는 일이다.

칼: 그러나 당신은 사람들이 복종해야 할 가치가 있는 인물들을 항상 갖을 수 있겠는가?

프리드리히: 그러한 인물들이 있을 것이라는 사실에 대해서는 언제나 완벽한 자연이 보증하고 있다. 오직 중요한 것은 사람들이 그들을 발견하는 일이다.

칼: 그러나 자신들의 권력을 과도하게 내세우는 사람들의 성향에 대해서는 일정한 제한이 여기에서도 역시 필요한 것이다.

프리드리히: 사람들은 가장 높은 곳으로부터 모든 것을 규제하지는 말아야 한다. 생(生)의 충동들에서 자발성(Spontaneität)보다 더 바람직한 것은 없으며, 그러한 깊은 권역들이 있다. 또한 나는, 그러한 형태가 그 자체로서 완전하다고 말하지는 않겠다. 그것은 수천 가지의 방식으로 퇴화할 수 있다. 다만 나에게는, 그러한 제도란 사물의 본성으로 세워졌고, 우리의 군주제의 이념에 의해 요구되었으며, 가장 거대한 발전을 이룩할 능력을 갖고 있다는 점이 너무나 명백해 보인다.

칼: 그렇다면 당신은 사적(私的) 개인에게 훌륭한 의지를 근거로 하고 있는, 그러므로 그것이 최선의 것이라는 확신 위에 세워진 복종을 요구하게 된다.

프리드리히: 이 자유의사(自由意思)는 모든 행위를 개선시킨다. 전반적으로 사적·공적 노력들은 좀 더 높은 견해로부터 다시금 몰락한다. 사적 노력들은 공적 노력들의 진행을 통해 도약과 충동을 얻는다. 공적 행운은 사적 행운으로부터 나온다. 국가의 정신적 자아(自我)는 모든 것 속에 살아 있어야만 한다.

칼: 당신은 그것이 그래야만 한다고 말하고 있다. 그렇지만 많은 것들 속에는 그것이 살고 있지 않다는 점이 발견된다.

프리드리히: 한 국가가 자체의 구성원들을 생기 있게 사로잡았느냐에 따라서 그렇다. 여기에서도 역시 등급과 단계들이 있다.

칼: 여기에서조차도 당신은 내가 제시하고자 했던 또 다른 문제에 당면한다.―당신은 어떻게 등급을 수용할 수 있는가?― 당신의 견해에 따른다면 모든 국가들은 한결같이 탁월해야만 하는가?

프리드리히: 우리가 신적인 근원으로부터 유래하는 것으로 보는 이념만을 주목하는 한에 있어서는 물론 그렇다. 그러나 그것이 세계 속에서 실현되고 표현되는 데 있어서는 그렇지 않다.

칼: 생(生)과 생 사이에는 어떠한 등급이 있는가?

프리드리히: 유사성이 우리를 그것에로 인도한다. 나는 건강과 질병 사이의 차이만을 발견할 뿐이다. 건강한 육체는 자신의 모든 힘들을, 모든 부분들을 보유하고 있다. 그는 구성 요소들의 작용에 관해서는 아무것도 느끼지 않거나, 또는 어려움 없이 그것들을 극복한다. 병든, 또는 허약한 육체는 그것들로부터 자극을 받거나, 또는 그것들에 굴복하지 않을 수 없다. 그는 자신을 통제하지 못한다. 건강한 정치적 현존재는 국가의 모든 구성원들을 충족시킨다. 이 현존재는 자신의 원리 속에서 안녕을 얻는다. 이 존재는 나머지의, 붕괴된 세계의 당파들에 의해 비록 자연적으로는 자신의 한계에 닿게 되지만, 그러나 바로 그렇기 때문에 자신의 내면에서는 그 한계에 닿게 되지 않는다. 사람들이 이웃에게서 진행되고 있는 바에 대해 과도하게 우려할 때는, 이미 공격

을 받고 있고, 더는 전적으로 자신에게 속해 있지 않다.

칼: 그러한 한, 국가도 역시 항상 좀 더 완전해질 수 있을 것이다. 국가는 하나의 진보를 가능하게 할 것이다.

프리드리히: 가능하게만 할 뿐인가? 국가는 하나의 생동하는 현존재이다. 이 존재는 자신의 본성에 따라 중단 없는 발전 속에, 끊임없는 진보 속에 있다.

칼: 어떠한 모범에, 어떠한 이상에 따르고 있는가?

프리드리히: 모든 생(生)은 자신의 이상을 자신 속에 지니고 있다. 정신생활의 가장 내면적인 충동은 이념을 지향하는, 하나의 더욱더 큰 탁월함을 지향하는 운동이다. 이 충동은 그에게 타고난 것이며, 그의 근원 속에 심어진 것이다.

칼: 당신은 억제들, 실책들, 그리고 후퇴들조차도 흔히 일어난다는 것을 부인하지는 않을 것이다.

프리드리히: 인간사들에서 그러한 것들이 어떻게 없을 수 있겠는가? 그러나 사람들은 그렇기 때문에 용기를 잃어버려서는 안 된다. 사람들이 그렇지 않고서도 건강하다면, 그것들은 일시적인 징후들이다.

칼: 그렇지만 나는 그러한 것들이 무엇을 통해 해가 없는 것들로 만들어질 수 있는지는 알 수 없다. 왜냐하면 당신이 말하는 정부는 어떠한 형식적인 평형추도 갖고 있지 않으니까 말이다.

프리드리히: 그럼에도 불구하고 공동체 속에는 그렇게 쉽게 배제될 수 없는 하나의 정신이 있다. 이 정신은 어두움에 가려질 수 있다. 그러나 마찬

가지로 생명력의 몇몇 에너지들이 여전히 존재하는 한, 그 정신은 다시금 두각을 나타내고, 우위를 견지하며, 결국에는 모든 것을 지배하면서 마음을 사로잡게 된다. 그 외에도 일반적인 관심이 개인적으로 정착되고, 군주의 자기의식 속에 자기 자신의 고유한 문제로서 필연적으로 제시되는 것은 위대한 모습이다.

칼: 그러나 어째서 당신은 공동체의 정신을 완전하게 의식시키지도, 서술하고 표현하지도 않는가? 어째서 당신은 협의적(協議的) 형식들(die deliberativen Formen)[57]을 멀리하는가?

프리드리히: 헤라클리토스(Heraklit)가 말했던 바로는, 숨어 있는 조화(Harmonie)가 드러나 있는 조화보다 더 좋다.[58] 당신도 역시 나를 오해해서는 안 된다. 나는 협의적인 형식들을 혹평하지는 않는다. 나는 그것들이 자신들이 있는 곳에서 효력을 발휘하면서, 가능한 한 훌륭하게 발전하기를 바란다. 그러나 나는 그것들이 전적으로 필수적인 것이라고 보지는 않는다. 나는 공적인 정신은 자신에게 흔히는 더 잘 봉사하는 또 다른 기관들을 갖고 있다고 생각한다.

칼: 당신은 내면적인 유지가 모든 형식의 계약보다 더 좋은 것이라고 생각한다.

프리드리히: 자연적으로 함께 속해있는 것은 그러한 형식을 필요로 하지

---

57) 여기에서 '협의적 형식들'이란 의회제 형식들을 의미한다.—역자 주
58) 랑케는 이 구절을 헤라클리토스의 "눈에 보이지 않는 접속이 눈에 보이는 접속보다 더 강력하다"라는 문장에서 인용했다.〔Hermann Diels, Die Fragmente der Vorsokratiker(Hamburg: 1957), s.27〕—물락 주, s.212〔「강대 세력들」의 주 173) 및 174) 참조—역자 주〕

않는다. 부모와 아이들 사이에는, 형제들과 가족 구성원들 사이에는 어떠한 계약 체결(Konfarreation)[59]이 필요하지 않다.

칼: 나에게는 아직도 궁금한 것이 있다. 당신은 정신적 통일성이 지니고 있는 특성들을 당신의 국가에게 그렇게도 많이 부여하고 있으며, 당신이 요구하는 헌신은 너무나 완벽하므로, 나는 당신이 그것으로써 교회의 영역으로까지 넘어가는 것을 두려워한다.

프리드리히: 내가 그렇게 생각해서는 안된다. 국가와 교회는 영원히 분리되어 있다. 교회는 인간을 최상의, 최고의 공동체에 결합시킨다. 교회는 물론 행위들을 위해 하나의 불변의 규칙을 확고하게 설정한다. 이 비밀에 가득 찬 공동체의, 종교의 규칙을 말이다. 교회는 자신을 해칠 수도 있는 모든 것을 멀리하고자 노력한다. 그러나 여기에서도 역시 교회의 작용에는 한계가 있다. 적극적인 방식으로 종교는 인간사에 어떠한 영향력도 갖고 있지 않다. 교회는 세속적인 작용에 관해 요구하는 바를 정신적인 작용에서는 잃어버린다. 국가의 설립에서는 교회는, 이미 언급했듯이, 아무것도 직접적으로는 창조하지 말아야 한다.

칼: 양자는 그러나 모두 다 정신적 성격을 지니고 있다. 당신은 양자사이의 경계를 어디에 세우는가?

프리드리히: 교회의 정신은 전체 인류를 위해 절대적으로 가치가 있다. 보편적 정신이다. 그 자체의 성격에 있어서 적어도 모든 교회는 보편적인 교회이고자 한다. 그 반대로, 만일 국가가 세계를 포괄하고자 할 때는, 국가의 이념은 파괴될 것이다. 국가들은 많다. 국가의 정신은

---

[59] 로마 시대에 결혼식 때 진행되었던 종교적 형식의 의식으로서, 일반적으로 양가 사이에는 공식적인 계약이 체결되었다.—쉬더 주, s.82(72)

비록 신의 입김이지만, 그러나 동시에 인간적인 충동이다. 그것은 좀
더 제한된 성격의 공동체이며, 그 위로는 좀 더 높은, 전제 조건들로부
터 해방된 더욱더 자유로운 공동체가 운동하고 있다.60)

칼: 이제 나는 당신의 생각들을 전체적으로 파악한다고 믿는다. 국가들은
정신적 본질들로서 필연적으로, 그리고 이념에 있어서 서로 다르다.
체제의 형태들, 인간 현존재의 일반적인 필요성들로서 개별 제도들은
그러나 저 이념을 통해 수정되고, 그것을 통해 비로소 현실로 실현되
며, 그러므로 필연적으로 역시 서로 다르다. 사적 생활과 공적생활은
일정한 지점까지는 동일하다. 사적 생활도 국가를 생기 있게 만드는
이념에 의존되어 있다. 정신적 생활의 이러한 다양한 창조들은 교회의

---

60) 랑케는 국가와 교회의 관계에 관해서『역사-정치잡지(HPZ)』의 발행을 그만둔
후 곧바로 착수하여 계속 발표했던, 그의 주저들인『로마 교황들(Die römischen
Päpste)』(1834~1836)과『종교개혁 시대의 독일사(Deutsche Geschichte im Zei-
talter der Reformation)』(1839~1847)에서 다음과 같이 표명했다. 전자의 작품에서
보면 "종교적 무력과 세속적 무력은 상호 가까이 접촉할 수 있고, 가장 긴밀한
결합 속에 설 수 있다. 양자는 지극히 예외적으로, 그리고 짧은 기간 안에 완전하게
일치할 수 있다. 모든 역사의 가장 중요한 순간들 중 하나는 그들의 관계 속에,
그들의 상호적인 입장 속에 근거한다."〔『로마 교황들』, Bd. I, S.W. 37, s.8〕
그리고 후자의 작품에서 보면 "민족성은 자체의 자연적인, 이미 이웃 나라의
자주성을 통해 확정된 한계 내에서 운동한다. 종교는 세계 속에 나타난 이후로는
보편적 종교가 되고자 하는 요구와 권리를 갖고서 이를 위해 영원히 노력한다.
사람들은, 국가는 이미 교회라고 말해왔으며, 또는 교회는 국가의 지위를 대신할
권리를 갖고 있다고 믿어왔다. 진실로 정신생활-그 깊이와 내면에 있어서 당연히
마찬가지로 하나이자 동일한 것인-은 이 두 개의 제도들 속에서 표명된다. 이
제도들은 지극히 다양한 변화들을 겪으며, 상호 침투하고자, 제거하고자, 배제하고
자 시도하면서도 결코 몰락하지 않으며, 결코 한쪽이 다른 쪽을 압도하지 못한다."
〔『종교개혁 시대의 독일사』, Bd. I, S.W. 1, s.39〕-물락 주, s.212

최고 공동체에 종속되어 있다.

프리드리히: 그러나 이러한 본질들도 이것들의 충만한 의미 속에서 주목하라! 그렇게도 많이 별개로 분리된, 지상적·정신적인 공동체들은 창조적 정신과 도덕적 의지에 의해 일어났으며, 끊임없이 발전하고 있고, 세계의 혼란들 한 가운데서 이상을 향한 내적충동을 통해 전진하고 있으며, 각자가 자신들의 방식에 따르고 있다. 그것들을 바라보라. 이 천체들은 자신들의 궤도 속에 있고, 상호작용 속에 있으며, 자신들의 체계를 갖고 있다!

칼: 오늘을 위해서는 이것으로 충분하다. 축제로부터 집으로 돌아가는 마차들의 소리가 이미 들리고 있다. 나에게 일어나고 있는 의문점들에 관해서는 다음에 계속 이야기하자.

프리드리히: 나는 더욱 분명하게, 더욱 완벽하게 설명했었어야만 했다. 그런가 하면 나는, 당신이 나의 생각들을 수용했고, 처음부터 비판하지 않았던 점에 대해 감사한다. 비슷한 정신 속에서 동일한 양식의 확신을 세운다는 것은 우리를 우리 자신 속에서 안정시키고 확고하게 만든다.

●쉼터●

랑케의 「자서전」

Zur eigenen Lebensgeschichte

1. 1863년 10월의 구술

   머리말
   유년 시절
   두 수도원 학교들에서의 수학 시절
   대학 시절
   일찍 시작했던 교사 생활

2. 1869년 5월의 구술

   프랑크푸르트(Frankfurt a. O.) 시절:
   1818년 가을부터 1825년 봄까지

3. 1875년 12월의 구술

4. 1885년 11월의 구술

●쉼터●

1. 1863년 10월의 구술

머리말

이곳 베네치아에서 나는 인간사의 무상함을 매우 특별하게 회고하게 되었다. 내가 첫 번째와 두 번째로 이곳에 체류했을 때에는 많은 친구들과 후원자들이 나에게 호의를 베풀어주었지만, 이제 나는 단지 그들의 무덤만을 찾아보는 수밖에 없게 되었으며, 나와 가까웠던 또 다른 사람들을 나는 백발이 되어버린 노인들로 재회하면서 지난날의 그들을 겨우 알아볼 지경이 되었을 뿐이다. 최근 몇 년 동안에 우리는 틀림없이 좀 더 오래 살 것이라고 기대되었던 친구들이 한 사람씩, 또 한 사람씩 타계했다는 소식을 고향에서 들으면서 얼마나 놀랐던가! 그러고는 사망한 사람들 자체에 대해 간직하고 있었던 기억의 대부분도 사라지고 있다. 야코프 그림(Jacob Grimm)[1]의 경우가 그렇다. 그가 자신의 사정과 동기에 관해

---

[1] 야코프 그림(1785~1863)은 독일어 문법학의 기초를 세운 인물로, 마르부르크(Marburg) 대학 시절에 자비니(Savigny)에게서 법학을 공부하면서 역사학적·비판적 연구 방법을 배워 이를 독일 언어학 연구에 적용시켰다. 1830년대부터 그는 괴팅겐(Göttingen) 대학의 교수였으나, 1837년의 이른바 '괴팅겐 7교수' 사건으로 해직되었다가, 1841년부터는 베를린 아카데미(Berlin Akademie)의 회원이 되었다. 그는 『동화집』(1812)·『독일어 문법』(1819~1837)·『독일신화』(1835)·『독일언어사』(1848)를 저술했으며, 동생 빌헬름 그림(Wilhelm Grimm)과 함께 『독일어 사전』을 편찬했다. 그는 랑케가 이 자서전의 구술을 시작하기 1개월 전, 즉 1863년

오랫동안 머뭇거리지 않고 단호하게 가르쳐주었을 수도 있었을 가장 중요한 순간들을 나는 그가 사망한 후에는 곧바로 체험할 수 없었던 것이다. 나는 나의 생애에 관한 짧은 요약을 나의 아들 오토(Otto)에게 구술하면서 기록해 두기 위해 얼마간의 시간을 할애하고자 하며, 이에 대해 양해를 구하는 바이다.

유년 시절

슈베르트(Schubert)[2])가 생전에 내가 태어났던 튀링겐(Thüringen)의 나의 아버지 집을 방문했을 때, 그 지역의 모습으로부터 받았던 인상을 묘사한 바 있다. 그곳은 황금빛의 들판과 연결되면서, 가끔씩은 그 들판 속으로 들어가기도 하는 하나의 계곡이며, 키프호이저(Kyffhäuser)와 오를라스(Orlas) 사이에 위치해 있고, 양쪽의 긴 측면들은 숲으로 뒤덮인 구릉들로 에워싸여 있으며, 가운데로는 잘레(Saale) 강의 지류인 운슈트루트(Unstrut) — 옛날에는 여기도 모든 것이 물에 차 있었을 — 강이 흐르고 있고, 오어라스 아래로 출구(出口)가 나 있는 곳이다. 그곳은 그러나 수세기 전부터 주민들이 살고 있었다. 그곳의 매력은 역사적으로 — 튀링겐(Thüringen) 왕국[3])은 잊혔기 때문에 — 작센(Sachsen) 가문이 지배했던 '독일사에서 가장

9월에 사망했다. — 역자 주

2) 슈베르트(Gotthilf Heinrich Schubert, 1780~1860)는 자연 연구자로서 셸링(Schelling)의 자연철학으로부터 영향을 받았던 낭만주의 학파의 철학자이기도 했다. 1819년부터 에어랑겐(Erlangen) 대학, 1827년부터 뮌헨(München) 대학의 교수를 역임했다. 그의 주요 저서로는 『영혼의 역사』(1830)가 있다. — 역자 주

3) 민족 대이동 시기에 튀링겐 지역에 형성되었던 게르만 부족의 한 왕국으로서 클로비스(Klovis)의 프랑크(Frank) 왕국과 수차례에 걸쳐 충돌하다가 531년에 몰락하여, 그 영토의 반은 프랑크 왕국에, 다른 반은 작센 왕국에 병합되어

빛나는 시기'4)로까지 소급된다. 지역 이름과 결부되는 몇 개의 잘 알려진 기억들은 하인리히 1세(Heinrich I)5)를 상기시킨다. 무엇보다도 운슈트루트 강이 흐르고 있는 그곳에는 황제들이 건립했었고, 죽었던 멤레벤(Memleben) 수도원6)이 있으며, 벤델슈타인(Wendelstein) 고성(古城), 로스레벤(Roßleben) 수도원, 돈도르프(Donndorf) 수도원, 그리고 11세기 문헌 속에 황제의 성채로 기록되어 있는 작은 도시 비헤(Wiehe)가 있다. 선조들로부터 상속되어 왔던 이곳 비헤의 집에서 나는 1795년 12월 21일에 태어났다. 나의 아버지는 17세기 중엽까지만 정확하게 추적해 볼 수 있는 한 가문의 출신이었다. 우리가 알고 있는 선조들은 모두 다 성직자들이었고,

---

버렸다.-역자 주

4) 카롤링거(Karolinger) 왕조가 단절(911)될 때, 독일 지역에서 가장 강력한 국가는 리우돌핑거(Liudolfinger) 가문의 작센(Sachsen)이었으며, 이 가문에서 하인리히가 919년에 독일 왕으로 추대되었다. 그의 아들 오토 1세는 마자르족의 침입으로부터 유럽을 방어하여 로마 교황으로부터 황제의 관(冠)을 수여받음으로써(962) 이른바 신성로마제국(Das heilige Römische Reich)이 시작되었고, 오토 대제로 불렸다. 오토 1세와 2세, 그다음의 하인리히 2세는 모두 작센 출신의 황제들로서 이른바 작센 왕조를 세웠다. 이 시기는 역사적으로 독일 민족이 처음으로 유럽의 강력한 국가로 등장했던 독일사의 빛나는 시기였다.-역자 주

5) 작센(Sachsen) 왕조의 첫 독일 왕(919~936)으로서, 그에 관해서는 전설적인 이야기들이 많이 꾸며졌으나, 실제로 그는 독일 지역 내의 여러 세력들을 제압했을 뿐만 아니라 대외적으로는 프랑스로부터 로트링겐(Lothringen)을 병합하고, 북방의 노르만인들, 동방의 슬라브인들과 대치하면서 슐레스비히(Schleswig)와 브란덴부르크(Brandenburg)에 변경관할령을 설치했으며, 마자르(Marzars)족의 서방 진출을 제압해, 그의 아들 오토 1세가 강력한 국가를 계승할 수 있게 했다. 오토 1세는 마자르족의 서방 진출을 방어하고 기독교를 보호함으로써 로마 교황으로부터 신성로마제국 황제의 칭호를 수여받았던 것이다(962).-역자 주

6) 최초의 독일 왕인 하인리히 1세와 그의 아들 오토 1세〔오토 대제〕가 이곳에서 죽었고, 오토 2세가 이곳에 수도원을 건립했다.-역자 주

대부분은 만스펠트(Mansfeld) 백작의 영지에 살았었다.

    우리 집안의 시조(始祖) 이스라엘 랑케(Israel Ranke)는 보른슈테트(Bornstedt)의 목사였다. 그곳은 농민들과 광부들이 살았던 아이스레벤(Eisleben)[7]에서 멀지않은 잘 알려진 한 촌락으로, 만스펠드 백작의 폐허가 된 옛 성채에서 가까운 곳이다. 이스라엘 랑케에게는 안드레아스(Andreas) 1세라는 이름의 형제 한 명이 있었다. 이 형제는 헤트슈테트(Hettstedt)라는 작은 도시의 목사였고, 그 교회에서 사람들은 그의 사진을 발견한 바 있다. 안드레아스는 라이프치히(Leipzig) 대학에서 박사학위에 필요한 몇 개의 논문들을 작성했었던 학자였다. 그의 논문들은 얼마간 스콜라적인 성격을 띠고 있었으나, 그 시대의 문제들을 다룬 것이었다. 그와 관련된 하나의 유품으로는 그 작은 도시를 엄습했었던 어떤 화재가 일어난 후에 강론되었던 매우 잘 다듬어진 설교문이 남아 있다. 이 설교문은 몇 개의 역사적 설명들을 담고 있고, 이것들은 주민들로 하여금 이 설교문에 항상 여전하게 일정한 가치를 부여하도록 하고 있으며, 그 자체가 뛰어난 정신을 증명하는 몇 개의 특징들을 지니고 있다. 이스라엘도 역시 문서로 된 몇 개의 유품들을 남겼지만, 그것들이 출판되지는 않았다. 그는 자신이 1671~1694년 사이에 관리했던 자신의 교구에서만 살았다. 교회 기록부는 그의 특징들을 확고한 필체로 보여주고 있다. 그의 시대에는 페스트(Pest)와 같은 역병이 만연하고 있었으므로, 그는 수많은 죽음들을 교회 기록부에 올려야만 했다. 그러나 목사관(館)은 역병에 전염되지 않았다. 그보다 먼저 죽은 그의 한 아들에게 교회에서 기념물을 바친 데서 알 수 있듯이, 그는 대가족을 이끌고 있었다. 그의 아들은 이웃 도시 볼페로데(Wolferode)에서 목사직에 임명됨으로써 하인리히 이스라엘 랑케의 가

---

7) 만스펠트(Mansfeld) 백작의 영지에서 가장 중요한 도시로서 마르틴 루터(Martin Luther)가 출생했던 곳이다.—역자 주

계를 계승했다. 그에 의해서도 기도문이 남아 있는 바대로, 여기에서는 그가 7개 학과들(die freien Künsten)에서도 자신의 활동에 축복이 있기를, 그리하여 사람들에게 유익한 일을 할 수 있기를 신에게 기원하고 있다. 그 말들은 명료하고 심오하여 더는 생각할 수 없을 정도로 훌륭하다.

그의 아들이 1719년에 태어난 요한 하인리히 이스라엘 랑케(Johann Heinrich Israel Ranke)였다. 그가 겨우 6살이었을 때, 그의 아버지는 그의 어머니가 살아가기에 빠듯할 정도의 유산만 남긴 채 죽었다. 이 소년은 직업을 가져야만 했을 때까지 가까운 도시 데더슈테트(Dederstedt)의 성직자의 집에서 자라났다. 그에게는 어떠한 자산도 없었으므로, 사람들은 이 영리한 소년이 수공업을 배울 수 있도록 해야겠다는 생각을 하기에 이르렀다. 그 지역에는 거의 예술의 경지에 도달한 장인(匠人)들이 많이 살았고, 또한 당시에도 그러한 사람들이 있었다. 소년 이스라엘 랑케는 그러나 그러한 일에 관해서는 아무것도 듣지 않으려고 했고, 자신의 아버지와 할아버지가 종사했었던, 그러니까 성직자가 되기를 원했다. 그는 할레(Halle)로 떠나기로, 그리고 그곳에서 고아원의 라틴어 학교에 들어가기로 단호하고 영리하게 결심했다. 우리는 이 소년의 이름을 1733년의 그곳 라틴어 학교의 학생 명부에서 발견할 수 있다. 그는 할레와 라이프치히 대학에서 공부할 수 있는 계획을 실현시킬 줄 알았고, 마침내 리테부르크(Ritteburg)라는 작은 마을의 목사로 부임했다. 그곳 목사관의 정원 바로 옆으로는 운슈트루트 강이 흐르고 있었다. 여기에서 그는 한 세대 이상을 봉직했다. 그는 헤헨도르프(Hechendorf)의 에버하르디(Eberhardi)라는 처녀와 결혼했으며, 그녀로부터 그 집안의 작은 재산이 우리에게 넘어왔다.

그도 역시 가계를 잘 꾸려나갈 줄 알았고, 몇 개의 기본 자산들을 남겼다. 그가 자신의 교구를 퇴직자가 되어 떠나야만 했을 때는 많은 고통을 느꼈다. 그때 그는 자신이 사용하던 연구실만을 자신의 소유물로 보존시키도록 했었다. 그는 거의 여든 살에 이르러 자신의 아들에게로 왔으며, 그곳 비헤(Wiehe)에서 1797년에 사망했다. 그는 학식을 갖추었던 사람이었고, 주로 신학적 내용들인 다량의 책들을 남겼다. 그것들은 18세기 후반보다는 전반에 더 많이 속하는 책들로, 우리 집을 꽉 채우고 있었다. 그것들 가운데에서는 고전 저술가들이 거의 발견되지 않았다. 그는 '할레(Halle) 대학의 정통파'[8])에 속해 있었던 것으로 보인다. 그가 남긴 가장 주목할 만한 유품은 히브리어로 된 성경 한 권과 신약 성서가 포함된, 70명이 번역한 그리스어 『구약성서(Septuaginta)』[9])였다. 이 책들의 행간(行間)에는 라틴어 번역문들이 쓰여 있었는데 이것들은 할아버지가 작지만 읽을 수 있는, 깨끗한 필사체로 삽입한 것이었다.

나의 아버지 고트로브 이스라엘 랑케(Gottlob Israel Ranke)는 라이프치히 대학에서, 할아버지가 전혀 만족하지 않았는 데도 불구하고, 신학부로부터 법학부로 옮겼으며, 헤르츠(Herz)에서 몇 개의 작은 직책들에 종사하다가, 개업 법률가로서 비헤에 정착했다. 이곳에서 그는 일찍 돌아가신 그의 어머니로부터 집 한 채와 작은 면적의 토지를 상속받았다. 그의 활

---

8) 17세기 말에 설립된 할레(Halle) 대학에서는 신학부가 중심 학부였으며, 여기에서는 프란케(A.H. Francke)를 중심으로 교리보다는 신앙의 내적 체험과 실천을 중요시함으로써 경건주의(敬虔主義, Pietismus)가 형성되었다. 이러한 성격은 루터파 교회와는 대립되는 방향이었다. - 역자 주
9) 셉투아진타(Septuaginta)는 기원전 3세기에 이집트에서 완성된 그리스어판 구약 성서이다. 이 번역판은 이집트 왕 프톨레마이오스 필라델포스(Ptolemaios Philadelpos, 285~240 B.C.)의 명령으로 70명의 유대인 학자들에 의해 번역된 것으로 기록되어 있으나, 실제로는 12명이 번역에 참여했으며, 오랜 기간에 걸쳐 여러 학자들에 의해 점차 완성된 것으로 알려지고 있다. - 역자 주

동은 이 재산을 관리하는 일과 법률 업무들을 처리하는 일이었다. 그는 박식해지기를 원하지 않았고, 소박하고 단순하게 자신의 습관을 지켰으며, 때로는 목사가 되지 않았던 것을 후회하기도 했듯이 확고하고 경건한 신앙심을 갖고 살았다. 그는 그러면서도 자신의 교양 면에서는 18세기 후반에 속해 있던 계몽사상을 싫어하지 않았다. 그는 우리들에게도 학교의 한계를 넘어서는 인생을 기꺼이 제시하기도 했다. 그는 우리에게 외국어들을 배우도록, 또한 그 자신이 지니지 못했던 새로운 지식들을 갖추도록 요구했다. 그는 우리가 상속받은 가장 중요 부분인 산에서 오래된 수목들을 벌채하고, 그 자리에 유익한 과실수들을 심게 했다. 그는 자신이 확보했었지만, 단지 두 개의 연못으로 구성되어 있던 정원을 하나의 실질적인 정원으로 개조해, 얕은 곳을 파묻고 나무들을 심도록 했으며, 그러고는 이 나무들을 손수 접목시켰다. 그러나 그의 가장 고귀한, 지칠 줄 몰랐던 염려는 축복받은 부부 관계에서 점차 형성되었던 가족을 보살피는 일이었다.

그의 부인인 나의 어머니는 크베어푸르트(Querfurt) 부근의 바이덴탈(Weidenthal)에 있는 기사령(騎士領)의 소유주인 레미케(Lehmike)의 딸로서 막 청춘을 맞이했을 때 나의 아버지와 결혼했다. 그들은 육체적으로나 정신적으로 활기찼으며, 어머니는 아버지에게 생소했던 문학적 정서도 어느 정도 지니고 있었지만 신앙심에 있어서는 아버지보다 약했고, 선량한 마음씨에다가 지나치게 부지런했으며, 불어나는 가족을 위해 지칠 줄 모르게 활동했다. 특히 여름에는, 음식을 장만하고 일꾼들에게 밥상을 차려주는 일이, 어머니의 책무였다. 어머니는 훗날에는 외출을 거의 하지 않았다. 젊은 시절에 어머니는 아버지나 여자 친구와 함께 산으로 산책을 갈 때 작은 첫째 아기[랑케 자신]를 몸소 안고 다녔다. 어머니가 들려주었던 바에 의하면, 1796년의 봄은 그렇게도 특별히 아름다웠다고 했다. 아직까지 할아버지가 살아계셨고, 어머니는 그의 말년을 돌보면서 정정하게 아름다운 모습으로 즐겁게 해드렸다. 할아버지는, 신이 본시는 자기 아들을 위해서보다는 자기를 위해 그녀를 선택해 자기에게 보냈던 것으로 생각하고 있었다는 것이다. 할아버지는 나의 대부(代父)였다. 그리고 할아버지가 언젠가 자신의 침대에서 일어나면서 가까운 식탁에서 나에게 작은 선물을 건네주었던 일은 나의 첫 번째 희미한 기억으로 남아 있다. 그는 나에게 자신의 축복을 주었던 것이다.

특별히 주목할 만한 것은 작센(Sachsen) 선제후령(選帝侯領)의, 우리가 살고 있었던 작은 도시의 상태였다. 이 도시는 도시출입세(die Accise)를 받기 위해 3개의 문들로 완벽하게 봉쇄되어 있었고, 역시 하나의 작은 경작지 평야로 제한되어 있었던 매우 작은 도시였다. 게다가 평야의 가장 큰 부분은 상부 지역과 하부 지역의 기사령들로서 베르테른(Werthern) 가문 남작들의 소유였다. 이 가문은 15세기부터 이 지역에 정착했던 오래된 가문으로, 당시에는 몇 명의 학식 있는 구성원들도 있었다. 고등재판소 판사인 프리드만 폰 베르테른(Friedmann von Werthern)은 큰 도서관을 소유하고 있었으며, 때때로 예나(Jena) 대학 교수들의 방문을 받았다. 그는 죽을 때 몇 개의 훌륭한 재단들을 만들었다. 나는 또한 그가 죽을 때 울렸던 종소리와 그의 후임자인 베르테른(Werthern) 교구의 목사가 도착했던 일을 기억하고 있다. 이 후임자 역시 마찬가지로 탁월한 인물로 평가되었으며, 드레스덴(Dresden)에서 작센의 장관으로 봉직하다가 사망했다. 그의 어머니, 그의 자매, 그리고 단지 지방의 융커(Junker)였던 그의 아우는 성(城)에서 살았다. 우리는 그의 집의 젊은 숙녀들이 때때로 어머니를 방문했던 경우들을 제외하고는, 그들과 거의 교류하지 못했다. 그렇지만 우리는 역시 이따금씩은 미망인이 된 그 마나님(die gnädige Frau)―이것이 그녀의 칭호였다-에게 인사 차 방문하기 위해 오래된 나선형의 층층대를 오르기도 했다. 그녀는 모든 사람들로부터 존경을 받았으며, 품위 있고 고결한, 그러면서도 아무 요구도 하지 않는 인격을 갖춘 부인이라는 인상을 주었다. 성은 자체의 특별한 재판권을 갖고 있었고, 한 사람의 관리인이, 역시 소정의 과정을 이수한 법률가임이 틀림없었던 사람이 행정을 맡았다.

이 도시는 성과는 분리된 채, 자체의 고유한 공동체를 형성하고 있었다. 도시의 핵심은 옛 시기들로부터 알려져 오던 시 참사위원들의 후손들일 수 있는 몇 개의 오래된 가문들에 의해 구성되어 있었다. 당시에 그들은 주로 농업에 종사하면서, 이것을 소시민적인 영업들과 연계시켰다. 그들은 브레멘 사람들(Bremer)·숯쟁이(Köhler) 등으로 불렸으며, 그들의 주택들이 있는 위치에 따라서 구별되었다. 그렇게 '시청 뒤의 숯쟁이들'·'숯쟁이 거리'가 있었고, 이 거리는 우리 집 건너편이었다. 그 거리들에는 모두 작은 소매 잡화점들이 있었다. 이른바 브레멘 사람들은 라이프치히의 견본시를, 물론 도보로 찾아가서, 그곳으로부터 자신들의 필요한 품목들을 가져왔다.

이 가문들의 가장 오래된 구성원들은 특별히 나에게 많은 인상을 주었다. 특히 '교회 옆의 브레멘 사람(Bremer an der Kirche)'이라는 노인이 그러했다. 그는 치유되기 어려운 병들에 대해 도움을 줄 수 있다는 명성을 얻고 있었다. 사람들은 나에게, 그가 나를 한 번은 그 어떤 안수 기도를 통해 죽음으로부터 구해냈다고 확인시켜 주었다. 나는 그 숯쟁이 부인에게서 자주 1로트(Loth)[10]의 커피를 가져왔었는데, 그녀는 나에게 특별한 호감이 있었던 것으로 기억된다. 한 번은 사람들이 그녀의 팔 안에서 거

---

10) 로트(Lot)는 2분의 1 온스의 무게, 약 15g.-역자 주

의 억눌려 있는 나를 발견하고서, 그녀로부터 울부짖는 어린아이를 애써서 풀어냈었다. 그녀는 이미 한 반 정도로 정신착란증이 있었으며, 그날 밤에는 자신의 목을 베었다. 이 오래된 가문들은 여하튼 어둡고 비밀에 가득 찬 일들을 많이 간직하고 있었다. 그들에게서는 작센의 황제 가문에 대한 저 기억들 외에도, 산 위의 삼림 가운데로 성채의 폐허들이 아직도 보이는 라벤스발트(Rabenswald) 백작에 대한 기억이 살아 있었다. 그때 노(老)백작부인은 살림을 알뜰하게 꾸려나가고 있었으므로, 팔로 머리를 감싼 채, 열쇠 꾸러미를 허리에 차고 다녔다고 한다.

그러나 이러한 희미한 기억들을 배경으로 하면서도 이 작은 도시에서는 매우 활기찬 생활과 활동들이 넘쳐흘렀다. 이 도시에 고유한 모습을 각인시켜 주고 있었던 것은 맑은 실개천이 도시 한가운데로 흘러가다가 성의 저수 연못에서는 물이 더 많아져 물레방아를 돌리고, 다음으로는 방아 틀을 통과해 운슈트루트 강으로 달려가는 광경이었다. 여름날들에는 실개천의 다리들 주변으로 사람들이 모이기도 했다. 각 집에서 기르던 가축이 끌려나왔고, 밭을 갈던 말들은 농부들과 함께 연못의 마장(馬場)으로 밀려들었다. 이 작은 도시는 인근 지역의 중심지를 이루고 있었으므로 1년에 4번씩 대목장이 열렸으며, 여기에는 외지의 상인들과 촌락의 농민들이 나타났고, 이웃의 가족들은 다음 장이 열릴 때까지 필요한 물품들을 사기 위해 찾아왔다. 이 장들이 야기하는 지출 때문에 아버지에게는 그것들이 몹시도 불쾌했지만, 아이들은 그럴수록 무언가 새로운 것을 보는 축제일을 만났으므로 즐거웠다.

주임 목사, 부목사, 교장, 교회의 합창 지휘자는 시민계급이었다. 매우 중요했던 세 명의 일급 인물들이 있었다. 주임 목사 슈나이더(Schneider)는 저명한 언어학자인 크리스토프(Carl Ernst Christoph Schneider)의 아버지이다. 이 아들은 당시에 학교에 다니던 소년으로 나보다 12살 위였고, 나에게는 모범이 되었다. 주임 목사의 그렇게 건실하지는 못했던 어린 아들들 중 한 명인 빌헬름 슈나이더(Wilhelm Schneider)는 타고난 재능이 있던 인물로, 훗날에는 나와 아주 친해졌다. 그의 집에서는 우리 집에서보다 생활이 풍족했다. 그의 아버지 슈나이더 목사는 그 시대에서는 계몽된 설교가였고, 그러면서도 교의(教義)로부터 조금도 벗어나지 않았다. 그러나 교구에 대해서나 개별 구성원들에 대해서 그는 큰 영향력을 갖고 있지 못했다. 오랫동안 우리의 부목사였던 젊은 로젠뮐러(Rosenmüller)는 라이프치히의 유명한 학식 있는 집안 출신으로, 그 자신 역시 학문적 의욕을 품고 있었으나 이를 실현시키지는 못했다. 그는 멀리 떨어져 있으면서도 자신에게 가장 소중한 것이던 라이프치히와의 관계들을 유지했다. 그는 우리와 맺었던 많은 관계들에서 확실하게 고귀한 품성을 보여주었던 사람이었다.

또 다른 계급을 이루고 있었던 사람들은 모두 다 외지에서 왔던 법률가들이었다. 그들은 인근에 있는 영주재판소의 행정을 담당하거나―나의 아버지가 게호펜(Gehofen)과 나우시츠(Nausitz), 그리고 뒷날에는 쉐네베르텐(Schönewerden)을 관리했듯이―, 변호사업에 종사했다. 변호사로서는 옥카르트(Ockart)로 불리던 사람이 그 도시에서 아마도 가장 머리가 좋은 사람이라고 할 수 있을 것이다. 나는 이론에 있어서가 아니라, 실제에 있어서 그렇다고 본다. 이 변호사는 엄격하며 거부적이었고, 아이들에게는 일종의 공포를 불러일으켰으며, 철저하게 정직한 사람이었다. 도시 안에 있는 재판소는 키가 작은 기형[꼽추]이자 항상 가슴앓이를 하고 있던 시(市)서기에 의해 관리되었다. 그는 모든 사람들에게 친밀했고 훌륭한 조언자였으며, 무게 있는 법률가였다.

또 다른 많은 사람들이 있었다. 그들은 세리(稅吏)와 함께 지식인들의 작은 모임을 이루고 있었다. 그들은 모두 다 대학을 다녔고, 대학들에서 겪은 체험들을 즐거이 이야기했다. 그들 남자들 사이에서는 항상 그러했던 것이 아니었지만, 그러나 그들의 부인들 사이에서는 하나의 신뢰 있는 관계가 있었고, 이것이 다음으로는 의사들의 가정들로 확산되었다. 그들 중 한 사람은 원주민이자 지역약방을 가지고 있었다. 그는 자신의 박사학위증을 거실의 작은 거울 아래 호화스럽게 걸어두었다. 그것은 에어푸르트(Erfurt) 대학이 수여한 것이었다. 그는 특별한 의사로서 평가되지는 않았다. 사람들은 나에게, 그가 내가 앓았던 병들—왜냐하면 나는 천성적으로 허약했었으므로— 중 한 경우에 항상 더 나쁘게 작용했던 어떤 처방약을 주었으며, 마침내 아버지는 내가 죽을 것이 틀림없다고 생각하여 내가 그 약으로부터 받는 고통을 겪지 않도록 했었고, 그 후로는 내가 좀 더 나아졌다고 말했다. 그 훌륭한 의사는 그러나 그다음 번에 우리 집을 방문했을 때 장롱을 허물없이 열어보고는, 자신의 약들이 손대지 않은 채 있는 것을 확인했다는 것이다. 이에 그는 몹시 화를 내면서 떠나갔다고 했다. 그곳에는 또 다른 의사가 있었다. 그는 높이 평가되었으며, 앞선 의사의 위치를 대신했다. 그렇게 우리는 그 작은 도시에서 세 개 분야들의 전문가들을 많든 적든 훌륭하게 대면하면서 살았다. 이것은 그 외에 전적으로 자신들의 농사일에 몰두했었던 주민들에게는 이득이 되었고, 또한 이러한 방식으로 주민들을 일반적인 관념들이나 관심들과 연결시키면서 유지해 나갔다.

그러나 당시 그곳에서 대부분의 생활을 차지하고 있었던 것은 군대였다. 두 개의 기병 중대가 한 명의 육군 중령의 지휘 아래 비헤(Wiehe)에 주둔해 있었다. 부대 입구의 문들은 실개천 위쪽에, 주임 목사관에서 멀지 않은 곳에 위치해 있었고, 그 앞에서는 매일 저녁 세 명의 나팔수가 트럼펫을 불어댔다. 여러 명의 장교들—그들 중 한 명은 우리 집에 기거했다—, 상사들·하사들은 우리들 모두와 각별하게 잘 알고 지냈다. 우리는 경기병들이 거리로 달려 나가는 것을 흐뭇하게 바라보곤 했다. 그들의 훈련, 그들이 주고받는 대화들, 그들의 민첩함과 재간 등은 매일의 이야깃거리로 되었다. 장교들은 대개 성에 머물렀으며, 또한 많이는 그 도시에서 자체적으로 하나의 계급을 이루고 있었던 명망가들의 집에서도 함께 살았다.

그들의 공적들, 또는 그들의 단점들, 그리고 그들이 저녁에 상관의 허락 없이 민간의 복장을 하고서 인근에서 열리는 어떤 무도회에 참석하기 위해 말을 타고 나가는 것과 같은 그들의 규율 위반 사항들, 그들이 동기를 제공했었던 용감함이나 비겁함, 그들이 치렀던 크고 작은 비용들, 사교 모임에서 젊은 장교들의 허풍들, 그들끼리의 싸움들, 그러한 모든 것들은 활기를 불어넣어 주었으며, 사람들을 분주하게 이끌었다. 본시 우리 가족에게는 어떤 누구도, 한 사람을 제외하고는, 가까이 다가서지 않았다. 그 사람은 시민계급 출신이었고, 아버지는 그 사람과 친해졌다. 다른 사람들 앞에서는 아버지는 중절모를 깊이 눌러쓰고 있었고, 그들과의 교제를 피했다. 그들 모든 사람들 중에서도 가장 고상한 모습을 지녔던 인물은 후일에 그렇게 유명해졌던 틸만(Thielmann)[11]이라는 사람이었는데, 당시에는 활력과 의지력에 가득 찬 군인의 이상을 지녔고, 자신의 가치를 강력하게 나타냈다. 후일 우리 집에는 쉴러(Schiller)의 첫째 아들이 살게 되었다. 그러나 그것은 내가 집을 떠난 지 한참 지난 후였다. 그 이전 시기들에 관해서 내가 단지 기억하는 것은, 장교들 중 한 명이—내가

---

11) 틸만(Freiherr von Thielmann, 1765~1824)은 작센(Sachsen) 출신의 장군으로서 1812년에는 나폴레옹의 러시아 원정에 참여했다가 1813년에는 연합군에 투항했으며, 1815년 6월의 워털루(Waterloo) 전투에서는 연합군 장군으로서 공훈을 세우고, 프로이센 군대의 중요 지휘관이 되었다.—역자 주

생각하기로는, 플라니츠(Planitz)라는 이름의— 자신의 거울 아래에 걸어두고 있었던 쉴러의 사진을 보여주었고, 이 탁월한 사람이 얼마 전에 죽었다고 알려주었던 사실이다. 그것은 1805년의 일이었음이 틀림없다. 우리는 그러나 쉴러의 시(詩)들을 몰랐다. 그것들은 그의 아들을 통해 비로소 우리에게 외경의 마음을 불러일으켰다.

옛 세대들에게는 저술들과의 관계들이 일반적으로는 몇 개의 법률 안내서들에 국한되어 있었고, 마치 나에게 엥겔하르트(Engelhardt)의 작센(Sachsen) 지리서(地理書)가 하나의 새로운 책으로 기억되고 있듯이, 가끔씩은 지리학 안내서가 첨가되었으며, 젊은 세대에게는 『성경』·찬송가집, 그리고 게디케(Gedike)의 라틴어 교본과 같은 몇 개의 교과서들에 국한되었다. 왜냐하면 우리는 원할 경우 교장 선생님에게서 라틴어를 배웠기 때문이다. 그분의 이름은 자이페르트(Seyffert)였다. 나는 그분을 결코 잊지 못할 것이다. 그분은 회초리가 없이는 도저히 잘 제어될 수 없는 거친 개구쟁이들로 가득 찬 한 학급을 관리해야만 했었다. 그렇지만 역시 그분은 그들을 잘 훈육시켰으므로, 나는 훗날에 그가 당시에 엄격하게 다스렸던 학생들로부터 대단히 존경을 받았다는 이야기를 들어왔다. 우리는 학습이 끝난 후에는 교회 합창대 위에서 그분을 앞에 두고 양쪽 편으로 길게 늘여 앉았다. 그분은 우리들 모두를 굽어볼 수 있는 합창대석의 앞자리에 자리 잡았다. 누군가 어떤 것을 이해하지 못하고서 그것에 대해 노래하는 도중에 질문을 할 때, 그는 그곳을 기꺼이 바라보았다. 내가 한 번은 어떤 노래 속 어딘가에 나오는, 나에게는 전혀 새로운 것이었던 경찰(Polizei)이라는 단어 때문에 그를 어렵게 만들었을 때 그러했다. 그리고 그가 월요일 아침에 교실에 나타났을 때는 그의 깨끗한, 왁스를 칠해서 번쩍거리는 장화는 한 무리의 때 묻은 개구쟁이들 속에서 하나의 특별한 인상을 만들었으며, 그는 기도를 드리기 위해 목소리를 열성껏 높였다. 그는 신앙심이 깊었다. 때때로 그는 심지어 자신이 주임 목사의 이러저러한 해석과 일치하지 않았다는 것을 잘 알아볼 수 있도록 드러내기도 했으며, 내가 시험에서, 그가 나의 암송(暗誦)에 대해 제시했던 지적들에 너무 빨리 승복해 버렸다는 것을 나무라기도 했다. 명망가 집안의 아이들을 학교에서는 그의 책상 옆에 앉도록 했지만, 그것이 그들에게 항상 유리한 것은 아니었다. 왜냐하면 그는 그들을 조금도 편애하지 않았기 때문이다.

나머지 아이들을 그는 너(Du)라고 불렀고, 좀 더 귀여운 아이들은 그에 의해 그(Er)로 불리는 특권을 얻었다. 그러나 이것이 그가 그들에게 때에 따라서 교육적인 회초리를 사용하는 데 방해가 되지는 않았다. 비록 그가 그들을 체벌로써 괴롭히지는 않았지만 말이다. 그는 빈번히 저녁에 우리를 방문했으며, 집에서 자기 마음에 들지 않았던 어떤 것을 보았을 때는, 추후에 주저하지 않고 우리를 훈계했다. 나는 그와 함께 산책을 많이 했다. 험준한 곳에서는 그는 나에게, 비록 너무 늦었지만, 엄격하게 그(Er)라는 말로써 주의하도록 당부했다. 사람들은 그를 본시는 좋아할 수 없었고, 그에게서 두려움을 더 많이 느꼈다. 그러나 이 두려움은 공경과 혼합되어 있었으며, 비록 그가 때때로 사람들의 명예심을 해쳤을 때라 해도 그는 다시금 화해했으며, 사람들은 그에게 애착심을 느끼고 있었다. 그가 수업에서 빠뜨린 것은 아버지가 저녁에 보강해 주었다. 아버지는 자신의 라틴어 기본을 이전에 철저하게 배운 바 있으므로, 그것을 여전히 완벽하게 유지하고 있었던 것이다. 특히 겨울에 그는 저녁에 우리를 가르쳤고, 우리는 그에게 우리의 책들을 보여주어야만 했었다. 그것이 나에게는 큰 고통이 될 필요가 없었다. 나는 공부를 적게가 아니라 오히려 너무 많이 했었다. 나는 놀이들에서는 물러서지 않았으며, 정원과 들판에서 다른 아이들과 마찬가지로 버찌와 자두를 따기 위해 나무들에 기어오르기를 좋아했다. 그러나 역시 나는 혼자 있기를 좋아했다. 우리 집 옆의 골목에는 건축용 목재들이 쌓여 있었다. 그것들 위로 나는 흔히 오랫동안 오르내리기도 했다. 내가 읽었던 모든 것이 나의 뇌 속에서 활동을 했다. 나는 신과 세계에 관해 곰곰이 생각해 보기도 했다. 내가 생각했던 어떤 것도 기록되어 있지 않았으며, 어떤 사람도 그것을 나에게 물어보지 않았다. 나 자신조차도 그것을 다시금 잊어버렸다.

1806년에 전쟁12)이 일어나기 전 나의 생애의 첫 시기는 그러했었다. 우리와 동거했던 장교들, 그리고 자신들의 말 타는 광경으로 우리를 경탄하게 만들던 뻣뻣한 경기병들은 자신들의 부대 깃발과 군기(軍旗)들 앞으로 집합했다. 일개 기병 연대의 프로이센 군대가 도시 앞으로 지나갔다. 그 광경을 바라보기 위해 모든 사람들이 밖으로 몰려나왔다. 그러나 곧이어 우리는 아우어슈테트(Auerstädt) 전투13)로부터 우레와 같은 대포 소리를 들었다. 우리들 소년들은 산으로 올라가서, 그것을 더 잘 듣기 위해 땅 속으로 구덩이들을 만들었다. 곧이어 후퇴하는 군대가 우리의 작은 도시를 지나갔다. 나의 눈에는 지금도 그 광경이 선하다. 아마도 궁정에 소속되어 있었을 마차들의 긴 행렬이 우리 도시의 거리에 길게 늘어서 있었고, 몇 개의 부대들이 그 뒤를 따랐다. 그들의 숙영을 할당(割當)한 명부에서 제외되었던 아버지는 몸소 몇 명의 사병들을 데리고 와서, 객실 탁자에 앉혔고, 그들을 위해 어머니가 저녁식사를 준비했다. 그들이 떠나자마자 프랑스 저격병들과 낙오병들이 나타났고, 이들은 방화(放火)하지

---

12) 프로이센은 당시까지 연합국들과 나폴레옹 사이에서 중립을 지켜오다가, 1806년의 전쟁에서는 프랑스에 선전포고를 했다.―역자 주
13) 1806년에 프로이센이 대(對)프랑스 선전포고를 하자 나폴레옹은 예나(Jena)와 아우어슈테트(Auerstädt)로 진격하여 이곳에서 프로이센을 격파했다.―역자 주

않는다는 보상으로 금품을 요구했다. 그 도시에서 대여 책방을 운영하고 있었던, 유일하게 프랑스어를 조금 할 줄 알았던 사람인 주임 목사의 사위는 그들에게 봉사했다. 사람들은 이에 대해, 그는 필요했던 것보다 더 많이 승낙했었을 것이라고 불평했다. 그다음에는 외국 복장을 입은 위엄 있는 남자들이 나타났고, 이들은 젊은이들에게 두려운 마음이 생겨나게 했다. 저 훌륭한 교장 선생님은 자신의 통역자로부터 자신이 이해하지 못했던 프랑스어를 배우기 시작해야만 했었다.

두 수도원 학교들에서의 수학 시절

16세기의 교회 개혁에서 계곡 속에 있는 수도원 소유지들의 큰 부분은 개인 소유로 넘어갔으며, 다른 부분들은 교육 기관들을 설립하고 유지하는 데 사용되었다. 많은 토지들이, 우리가 소유하고 있었던 토지들 중의 가장 좋은 부분들도 오를라스(Orlas) 너머로 하나의 넓은 길이 나아가는 포르테(Pforte)[14]에 임대료를 물었다. 그곳에 관해 우리는 단지 풍문으로만 알고 있었다. 그 반대 방향으로 우리는 매일같이 리테스(Riethes) 건너편의 로스레벤(Roßleben)이 우리 앞의 운슈트루트 강 너머로 놓여 있는 것을 바라보았다. 그것은 바로 얼마 전에 완벽하게 새로 지어졌으며, 마치 하나의 아름다운 성처럼 보였다. 당시에 우리가 조부모님의 토지를 방문할 때는, 때때로 크베어푸르트(Querfurt)로 향하는 길을 따라 통과했다. 삼림 건너편으로 우리는 항상 마차에서 내려 걸어갔다. 아버지는 계

---

[14] 포르테는 오래전부터 수도원이 있던 곳이었으나, 종교개혁 이후에는 작센 선제후가 교육기관으로 김나지움을 설립함으로써, 포르테 학교(Schulpforte)로 불리게 되었다. 이 학교는 클롭슈토크(Klopstock)·피히테(Fichte)를 위시한 많은 학자들을 배출함으로써 독일에서 가장 유명한 김나지움이 되었다. — 역자 주

곡을 이쪽 편에서 바라보기를 좋아했다. 로스레벤에는 우리가 아는 사람들이 없었다. 아버지는 그곳을 좋아하지 않았던 것으로 보였다. 아버지는 자기 아들들을 위해 포르테에 대해 관심을 쏟고 있었다. 왜냐하면 아버지는 고대 언어들에서 자신의 완벽한 실력을 쌓았던 이 수도원에서 젊은 시절 많은 학생들과 친교를 맺었기 때문이었다.

이들 거대한 수도원 학교들 옆으로는, 비헤로부터 걸어서 한 시간쯤 걸리는, 직접적으로 가까운 곳에 제3의 학교가 있었다. 이곳은 좀 더 어린 아이들이 두 개의 다른 학교에 입학하기 위해 설립된 곳이었다. 이 돈도르프(Donndorf) 수도원은 계곡 전체를 굽어볼 수 있는 언덕 위의 숲과 직접 접해 있었다. 우리의 바람은 우선 그곳에 입학하는 것이었다. 그러나 도시의 명망가들과 장학금 배정이 달려 있는 성(城) 사이의 관계들은 항상 좋았던 것만은 아니었으므로, 아버지가 바랐던 장학금을 얻는 데 몇 가지 어려움들이 있었다. 나는 한 시민의 아들이 졸업함으로써, 자리가 하나 생겼다는 사실을 우연히 그곳 실개천에서 알게 되었고, 아버지는 그 기회를 곧장 포착하여 나를 위해 그 자리를 확보하는 데 성공했다. 바로 그 후에―그것은 1807년 봄이었다― 우리는, 즉 아버지와 아들은, 소년의 작은 애용품들이 하나의 또 다른 길로 날라지고 있었을 때, 푸른 들판을 건너 수도원으로 걸어서 갔다. 우리는 오래된 작은 입구를 통해 들어섰다. 이 입구는 한때 수녀들이―왜냐하면 그곳은 수녀들의 수도원이었기 때문이다― 계곡 아래로 샘터를 향해 깊이 내려갈 때 사용했던 곳이다. 그리고 우리는 그곳에서 친절한 영접을 받았다. 교장 선생님은 나에게 몇 가지 시험을 치르게 했다. 나는 그가 나에게 그 자리에서 몇 개의 설탕과자들을 내놓았을 때 매우 당황했었다. 물론 그것은 단지 오래된 풍습에 따른 것이었을 뿐이다. 그렇지 않고서는 그것은 전혀 그의 방식이 아니었기 때문이다. 시험에 합격하고 나서 나는 학교 운동장에서 공을 차고 있던 학생들 가운데로 달려 나갔다. 여기에서 아버지는 두어 시간 동안 머무른 후에 나와 작별했다. 그 후로 나는 휴가 기간 외에는 아버지 집으로 다시는 돌아가지 못했다. 그렇지만 그곳에서 나는 그 집을 예리하고 젊은 눈으로 학교 창문을 통해 식별할 수 있었다.

우리는 11~14세 사이의 30명의 학생들이었고, 두 개의 학급들로 나뉘어 있었다. 이들 중에서 상급반은 교장 선생님이, 그리고 다른 학급은 보좌 교사가 가르쳤다. 우리는 좀 더 큰, 또는 좀 더 작은, 항상 넉넉한 방들에서 살았다. 나는 모든 방들 중에서 학교 정원과 직접적으로 닿아 있는 가장 크고 가장 멀리 떨어져 있는 방에 나의 자리를 얻었다. 지붕 위로는 번개를 동반한 소나기가 그렇게도 웅장하게 들려왔다. 나는 당시까지는 그것에 대해 한 번도 그렇게 주목해 본 일이 없었다. 우리는 번개와 천둥 사이에 몇 초가 걸리는지 세어 보았다. 학교는 동시에 외지(外地) 사람들의 여행숙소였다는 점에서 매력이 있었다. 크라프트(Krafft)라는 이름의 교장 선생님은 아마도 44세였다. 우리들에게 그는 이미 매우 늙어 보였으며, 더욱이 그가 책이나 종이를 잡고 있을 때는 손을 떨었기 때문에 더욱 그렇게 보였다. 그는 교회의 합리주의적인, 그러면서도 실천적·신앙적인 방향에 속해 있었다. 왜냐하면 그는 신학자이지만, 그러나 자신의 직책에 전적으로 적합했었기 때문이다. 호의적이면서도, 그러나 또한 한층 더 엄격했고, 사람들이 자신에게 보낸 귀족 자제들을 결코 편애하지 않았다. 그는 그들에게 항상 매우 진지하게 자제하도록 지시했다. 전반적으로 그는 개인적인 총애와는 통하지 않았다. 그러나 그는 날씨가 좋을 때는 때때로 우리에게 그의 정원의 정자에서 라틴어 연습 문제들을 수정하는 일을 허락했다. 수도원에서는 단지 14일마다 설교가 열렸으므로, 그는 한 주 건너 일요예배를 직접 주관했다. 여름에 그는 우리를 정원에 있는 두 개의 거대한 갈색 나무들 아래로 불러 모았다. 나는 그가 그때 낭독했던 것이 잘츠만(Salzmann)[15]의 설교문들이었다고 기억한다. 그것들은 다음의 다른 일요일에 돈도르프(Donndorf)에서 온 목사가 우레와 같은 목소리로 설교를 했을 때보다 우리에게 훨씬 더 깊은 인상을 주었다. 우리는 설교대 위에 앉았으며, 합창대석은 끊임없이 진동했다. 그러나 좀 더 강렬한 인상을 만들어주었던 것은 교장 선생님이 여름날의 저녁들에, 우리가 산책을 마치고 집으로 돌아왔을 때, 숲에서 기도를 위해 준비된 장소나 또는 즉시 마련된 또 다른 장소에서 우리에게 행했던 기도들이었다. 그러할 때는 우리는 그를 둘러쌌고, 그는 저녁 노래를 제시하고는 부르기 시작했으며, 우리는 그 노래를 밝은 목소리로 따라 불렀다. 우리는 반짝이는 별들 아래 숲의 어둠 속에서 그 별들을 쳐다보면서, 우리의 노래를 들었는지 못 들었는지 간에 노래를 불렀고, 그러고는 상기된 감정으로 우리는 그곳을 떠났다.

보좌 교사는 아직 젊었고, 신학 시험을 준비하고 있었으며, 이것을 위해 때때로 몇몇 학생들과 복음서(福音書)들을 원어로 읽었다. 왜냐하면 여기에서 우리는 그리스어를 배우기 시작했기 때문이다. 그는 우리를 멀리, 아주 멀리 산책로들로 인도했다. 한 번은 우리가 운슈트루트 강 옆에 있는 작센 성채(Sachsenburg)를 방문했으며, 그때 우리는 고르스레벤(Gorsleben)에 있는 우리의 한 친척집에서, 임시로 짚으로 꾸민 잠자리 위에서 밤을 보냈다. 다음날 아침에 우리는 산으로 올라갔으며, 성채의 유

---

15) 크리스티안 코트힐프 잘츠만(Christian Gotthilf Salzmann, 1744~1811)은 예나(Jena) 대학에서 신학을 수학하고 에어푸르트(Erfurt)의 베드로교회 목사가 되었다가 유명한 설교가로서 활동했으며, 자신의 학교를 세우고 교육자이자 체육가로서도 활동했다. - 역자 주

적들을 철저하게 구경했다. 우리는 또 한 번은 숲의 덤불 속에서 라벤스발트(Rabenswald)의 별로 중요하지 않은 나머지 부분들을, 이곳저곳의 스웨덴식 고분들(Schwedenhügel)을 이기도 했다. 아직도 나는 밝은 햇빛과 함께 그늘이 동시에 드리웠던 그 여름날들에, 우리의 산책길이 대개 나아갔던 작은 개간지의 연못들에, 바람과 물 속의 그 모든 생활에 대한 감정을 간직하고 있다. 그때 일어났던 그 감정들 말이다. 우리는 자연을 만끽했었지만, 그것을 공부하지는 않았다. 교장 선생님은 자연에 관해 얼마간의 지식을 갖고 있었으나, 숨김없이 털어놓지는 않았다. 보좌 교사는 시험을 준비하고 있었고, 그러한 것에 관해 별로 알고 있지 못했다. 이와는 반대로 그에게는 이야기를 할 줄 아는 훌륭한 재능이 있었으며, 역사적 감각도 있었다. 이 젊은 교사가 두 개의 큰 칠판들에서 어려운 학습 시간을 끝낸 후에 걸상들을 밀어젖혀 놓고서 고대 시기들에서 일어났던 일들을 이야기하거나 낭독하기 시작했을 때, 그것은 우리들에게 하나의 잔치였다. 그것은 특히 작센과 튀링겐의 역사이자 가까운 역사적 장소들에 관해서였으므로, 그 후로 소년들은 특별한 매력을 느끼게 되었다.

고대(古代)는 우리들에게 고대 세계에 관한 베커(Becker)[16]의 이야기들을 통해서만 알려져 있었다. 여기에서 우리는 호메로스의 시들을 처음으로 맛보았다. 우리는 곧바로 트로이인들(Trojaner)과 그리스인들 속으로 파고 들어가서 영웅들의 역할을 우리끼리 나누어 가졌다. 우리의 아킬레우스(Achill)는 로스레벤(Roßleben)의 교장 선생님의 아들로, 대부분의 다른

---

16) 베커(Karl Friedrich Becker, 1777~1806)의 『고대 세계의 이야기들(Erzählungen aus der Alten Welt)』, 3Bde.(1801~1803)과 『어린이들을 위한 세계사(Weltgeschichte für Kinder)』, 9Bde(1801~1809)는 당시 널리 보급된 어린이를 위한 역사책들이었다. – 역자 주

아이들보다 나이가 약간 많은 빌헬름(Wilhelm)이었는데, 그는 후일 고대 게르만 지역과 특히 우리 지역에 관한 지리학적 연구를 통해 자기 이름을 세웠지만, 유감스럽게도 매우 일찍 사망했다. 역시 어느 정도 우리에게 인상적이었던 것은 우리가 읽게 된 기사들의 이야기들이었다. 특히 그 이야기들은 튀링겐 역사와 관계되어 우리가 방문했었던 성채들과 부근의 지역들을 떠올리게 했을 때 그러했다. 또한 처음으로 우리는 쉴러의 한 작품을, 더욱이 '진영(陣營, das Lager)'17)을 듣게 되었다. 그러한 견본들을 입수하는 방법이 우리에게는 한정되어 있으므로, 빈번하지는 않았다. 우리의 빌헬름이 로스레벤에서 한 권을 가져왔고, 한 번은 그것을 낭독했다. 나 자신은 그것을 입수할 수 없었다. 그러나 그 시문(詩文)에서 직접적인 생(生)에 관한 묘사로부터 받았던 인상은 지금도 생생하다. 그사이에 또한 우리는 보관되어 있던 라이프치히 신문에서 나폴레옹의 고시문들을 읽었다. 그것들은 동시에 상상을 불러일으켰고, 매일의 역사를 알려주었

---

17) '진영'은 쉴러의 역사 드라마 작품인 발렌슈타인(Wallenstein)의 제1부이다. 철학자이자 역사 서술가이며, 시인이자 극작가이기도 한 쉴러(1759~1805)는 30년전쟁(1618~1648)에서 독일의 용병대장으로 가톨릭 군대를 지휘했던 발렌슈타인을 소재로 하여 발렌슈타인의 진영[1부]·피콜로니니(Piccolonini)[2부]·발렌슈타인(Wallenstein)의 죽음[3부]의 3부로 구성된 작품을 오랫동안 구성해 1799년까지 완성했다. 실제의 역사적 내용과 그 자신의 철학적 관념을 결합시킨 역사 드라마로서 이 작품에서는 객관적으로 관찰된 영웅의 순수한 현실주의와 젊은 부부의 이상주의가 대립적으로 설정되었다. 여기에서는 일회적인 역사적 인물과 사건이 사실적으로 세워지지는 않았고, 오히려 시간을 초월하는 인간 유형과 영원한 존재의 질서가 표현되었다. 이 비극 작품을 통해 쉴러는 영웅들의 행위를 다룬 고대 드라마와 인간의 성격을 다룬 셰익스피어(Shakespear)의 드라마 형식에다가 세계 현실의 본질에 대한 그 자신의 비관주의적 이해와 인간의 정신력에 대한 낙관주의적 신뢰를 종합시키는 하나의 새로운, 그 자신의 고유한 드라마 형식을 세웠다.―역자 주

다. 이것은 결코 거대한 규모는 아니었지만, 그러나 우리의 작센수도원에서는 유일하게 바로 세계 사건으로서 우리의 관심을 끌었다. 매우 다른 시기들로부터 그렇게도 생생한 순간들이 젊은 마음속으로 들이닥쳤고, 그러나 그중에서도 가장 고귀한 것은 고대 세계로부터의 기억들이다.

때때로 나의 아우 하인리히(Heinrich)가 나를 찾아왔다. 그는 사람들이 볼 수 있었던 가장 사랑스러운 소년으로서 예뻤으며, 수줍음이 많았다. 그가 오면 우리는 나란히 비헤로 갔으며, 작은 오솔길들에서는 우리의 다리 위까지 자라난, 이삭을 이고 있는 밀보리 밭을 통과해 걸어갔고, 그에게 나는 고대 이전 시기 영웅들에 관한 이야기들을 들려주었으며, 그는 흥미롭게 귀를 기울이면서 만족스러워했다. 본래 학교 공부들은 기본적인 지식의 범위 내에서 이루어지지만, 그것들은 이미 어느만큼 만족을 주기 시작했으며, 특히 때에 따라 나타났던 시문학의 구절들에서 그러했다. 그러면서도 신학은 항상 모든 학문들 중에서 가장 위대한 것으로 보였다. 그것은 마치 드레스덴(Dresden)의 궁정 설교사 라인하르트(Reinhard)가 우리의 선생님들에게는 지식 세계에서 가장 위대한 사람으로, 행운의 상승을 이룩한 가장 본받을 만한 가치가 있는 모범으로 간주되었던 것과 같은 것이었다.

나는 돈도르프 수도원 학교 시절에는 여러 가지 병들 때문에, 특히 인근 지역과 학교에서 유행했었고, 나에게서는 오랫동안 지속되었던 감기 때문에 건강하지 못했다. 나는 가여워 보이기까지 했다. 내가 포르테로 진학하려 한다는 생각을 아버지에게 이야기했을 때 아버지는 자주, 자기는 아마도 나를 길에서 멀지 않았던 묘지로 나르게 될 것이라고 말하곤 했다. —신은 그러나 다르게 섭리했다. 즉 나는 병들에서 회복되었고, 포르테에서도 기대하지 않게 하나의 자리가 발견된 후, 우리는 1809년 5월 실제로 그곳을 향해 출발했다. 나는 당시까지 나의 시계(視界)를 제한하고 있었던 오를라스를 넘어, 비브라(Bibra)의 깊은 협곡을 뒤로하며 지나쳐 나아갔고, 다른 구릉들을 마차 옆으로 걸어서 올라갔다. 두어 시간동안 걸은 후에 우리는 국도 위로가 아니라 그 왼쪽 편으로, 쾨젠(Kösen) 위의 높은 구릉들에 도달했다. 그곳에서부터는 나움부르크(Naumburg)의 계곡이 바라보였고, 그곳의 둥근 지붕 대성당은 아직도 한 시간 정도 더 걸어 가서야 학교 뒤로 보였다. 아버지는 그 모습을 즐거이 바라보면서 얼마동안 그곳에 멈춰서 있었다. 나는 곧바로 다가올 미래에 대한 기대에 벅차서 마차 뒤를 돌아 언덕 아래로 달려 나갔다.

포르테 학교(Schulpforte)는 옛 수도원들에서 건립된 모든 학교들 중에 가장 유명한 학교였다. 학교는 높은 담벽으로 완벽하게 둘러싸여 있었고, 다른 모든 마을들로부터는 분리되어 있는 하나의 작은 세계였으며, 그것은 하나의 학교 세계였다. 이곳에 우리가 알고 있던 사람으로서는 이전에 비헤의 부목사였다가 틸만(Thielmann)에 의해 이곳으로 추천되었던 제1목사 욘(John)이 있었다. 그는 키가 작은 태평스러운 사람으로, 실증적 신앙(das positive Glauben)을 아직은 무너뜨리지 않았던 그 시대의 합리주의 방향에 속해 있었다. 그는 매우 호의적이었고, 비록 자신의 학문을 갖고 있지는 않았으나, 지식도 갖추고 있었다. 그는 우리를 지극히 친절하게 영접했다. 다음날 나는 입학 시험에 합격했다. 시험을 치른 후 책상 옆에서 욘(John)은, 키가 작은 평민이 그때 함께 시험을 치렀던, 그러나 우둔하게 보였던 키가 큰 어떤 한 귀족 자제보다 우수했다는 것은 주목할 만한 사실이라는 견해를 표명했다. 나에게는 사람들이 그렇게 표명할 수 있었다는 것이 주목할 만한 일이었다. 왜냐하면 그것이 돈도르프에서 배운 나의 개념들에 따르면 결단코 당연한 것이었기 때문이다. 시험에서 신분의 차이가 무엇이란 말인가?

포르테에서의 첫 시기는 같은 나이의 소년들과의 관계에서 나에게는 즐거웠다. 그들은 나와 가까웠고, 나는 그들 중에서 곧 친구들을 발견했다. 나이가 더 많은 소년들과의 관계에서는 매우 불쾌했었다. 그들은 우선권을 갖고 있었고, 심지어는 옛날에〔16~17세기의〕상급생이 신입생에게 부과했던 것과 같은 작은 봉사까지도 요구했었다. 나는, 각자가 얼마 후에는 중급과 상급의 학급에 이르게 된다고 희망하면서 겨우 참았다. 그곳에는 150여 명의 젊은이들이 함께 있었고, 학년과 학급이라는 것 외에 더는 어떤 차별도 없었다. 일단의 학생들은 교사들에게서 하숙생으로 살기도 했다. 그들은 그러나 이미 타향에서 온 소년들로 취급되었다. 휘장(徽章)을 착용하는 것은 기숙사 학생이라는 표시이고, 고유한 것은 기숙사 학생들(Alumnen)의 학년 일동(Cötus)이 하나의 공동체로, 학교의 본래적인 단체로 간주되었다는 사실이다. 이 단체는 교사들의 감독을 받는가 하면, 학생들은 이 단체에 대해 절대적으로 복종할 의무를 지지 않았다. 교사들은 두 개의 등급들로 구성되어 있었다. 그 하나는 'Professoren(교수들)'이라는 칭호를 얼마 전에 획득했지만, Inspector(장학관·감독관)·Konrector(교감)·Cantor(교사) 등 학교의 옛 명칭들을 여전히 지니고 있었던 정규 교사들이 있었고, 또 하나는 보좌 교사들로서, 이들은 그렇게 오랫동안 근무하지는 않았지만 직접적인 감독을 했었다. 이들은 한 방 건너씩 각자가 방을 사용했는데, 이는 감독을 더욱더 잘하기 위해서였다. 물론 이들은 미움을 받았다. 학생들은 이들에게서 이들의 모든 사소한 웃음거리들을 엿보기도 했다. 이들이 전적으로 특별하게 학식을 갖춘 것으로 증명되지 못했을 때는, 이들은 본래의 기본적인 존경조차도 받지 못했다. 학교는 계속해서 이들 젊은 감독 교사들에 대해 비밀리에 반역하는 움직임이 계속되는 상태 속에 있었다. 왜냐하면 이들 모두는 초보 교사들이기 때문이었다. 정규 교사들은 한걸음 더 나아간 단계에 있었다. 이들은 특색 있는 개성을 지닌, 좋은 환경 속에 있는, 가족이 있는, 나이 든 남자들이었다. 학생들은 이들에게 순종하는 데 거의 적응하지 않았지만, 그러나 순종했다.

가장 학식 있는 교사들로서 평가되던 분들은 교장 선생님과 수학 교사 슈미트(Schumidt)였다. 수학 교사는 가장 작은 신체에다가 가장 나이가 많았으며, 나의 할아버지 식으로 옛날 의미의 열성적인 신앙심이 있었으며, 다양한 지식들을 갖추었고, 자연에 관해서도 그러했으며, 시문학적 재능도 지니고 있었다. 그는 30세 전에는 어떠한 직위도 수락하지 않으려고 했다. 왜냐하면 우리의 구세주 예수(Herr und Heiland) 역시 30세가 되어서야 비로소 설교를 시작했기 때문이다. 그는 이교도적인 본질이 일반적인 관념들 속으로 혼합되는 모든 것에 대해서는 경건한 마음으로 혐오했다. 그는 주피터(Jupiter)를 크레타(Kreta)의 한 죽은 왕이라고 설명했다. 학생들은, 그가 자신이 갖고 있는 쉴러(Schiller)의 시집들의 한 작품으로부터 '그리스 신들'이 있는 한 지면(紙面)을 잘라내도록 했다고 뒤에서 말하기도 했다. 그가 좋아하는 시인은 클롭슈토크(Klopstock)였다. 이 시인의 숨겨진 이단 학설을 그는 알아차리지 못했거나, 그렇지 않다면 그것을 무시했던 것이다. 그는 때때로 식사 후에, 운 좋게 그의 식탁으로 초대받은 학생들 앞에 클롭슈토크의 서사시 「메시아(Messiade)」의 값비싼 동판본을 보여주기도 했다. 그의 집은 가장 훌륭하게, 가장 정결하게, 가장 단정하게 꾸며져 있었다. 그의 부인과 이미 나이가 든 그의 딸은 그의 성향을 함께 갖고 있었다. 그의 아들은 이미 보좌 교사의 단계를 넘어섰으며, 좀 더 좋은 학교의 직책을 어딘가 다른 곳에서 갖고 있었다. 이 아들이 나타났을 때는 자기 아버지의 복사된 모습을 보여주었다. 바로 이 젊은 슈미트(Schmidt)는 선교(宣敎) 사업들에 관해 글을 많이 썼지만, 그에게는 아버지의 창조적 정신이 모자랐다.

　우리는 매년 등산 행사 때 등산 노래(Berglied)를 불렀고, 이 노래는 수학 교사에게서 유래했다. 이날에는 학생들이 행렬을 지어 산림으로 뒤덮인, 그 아래에는 포르테(Pforte)가 자리 잡고 있는 언덕을 올랐다. 그 노래는 이 목적을 위해 아주 적절하게 위엄과 젊은이들의 기쁨을 가득 담고 있었다. 지난 시절들에 그는 많은 또 다른 좀 더 작은 시들을 썼었고, 그것들은 기백과 우아함을 지니고 있지만, 단지 기숙사 학생들과 학교를 위한 것들이었다. 왜냐하면 나머지 다른 교사들의 생각들도 역시 그러했듯이, 그는 본시 자신의 모든 생각들을 학교에 바쳤기 때문이다. 이 수학 교사는 모든 위반 사항들을 거부하는 신성한 열정에 가득 차 있었다. 그는 누구든 그러한 위반을 저질렀을 때는, 이미 지옥으로 한 발을 들여놓았다고 말했다. 그의 수학 수업 시간들은 철저했지만, 기본적으로 정확하게 자극을 제공하는 것은 아니었다. 그는 보완을 위해 약 5명의 학생들을 위한 보충 수업도 했다. 이 학생들은 두 개의 반쪽들이 합쳐진 그의 둥근 책상을 에워싸면서 모여 앉았고, 그는 이름 있는 사람들 중에서 누가 이미 여기에 앉았었다고 설명해 주기를 좋아했다. 그 방은 책들이 사방으로 높다랗게 쌓여 있는 좁은 방이었으며, 그는 그것들 중에서 언급되는 책이 있을 때마다 사다리를 오르내리면서 그 책을 끄집어내기도 했다. 그는 그 책의 제목을 첫머리부터 발행자까지 글자 그대로 읽어주었다. 이러한 보충 수업 외에도 그는 또한 스스로 도덕 수업이라고 명명했던 자발적인 수업 시간을 마련했으며, 흔히 그는 이 수업을 먼저 하면서 한 주(週)의 수업을 시작하기도 했다. 그는 새로운 가발을 쓰고, 자신의 성경책을 앞으로 껴안고서 엄숙한 얼굴로 가까운 강당 속으로 나타났다. 그 수업 시간은 그가 짜 넣었던 역사적 사례들을 통해 젊은이들에게 흥미를 돋우었다. 그가 나폴레옹의 출정들에 가장 많은 부분을 할당했고, 그 사람을 인류의 한 영웅으로 찬양했던 것은 가장 독특한 점이었다고 할 수 있을 것이다. 학생들은, 그가 나폴레옹이 이스라엘인들을 약속의 땅으로 귀향시키기를 기대했었다고 생각했다. 모스크바가 불타는 시점까지 그는 항상 새로운 소식에 정통했었지만, 그다음부터 더는 그렇지 않았다. 그는 후일 은퇴했을 때, 교차로 너머에 있었던 집을 떠나 좀 더 좁은 다른 집으로 이사를 했다. 그러나 그는 그 새로운 집에 매우 만족했다. 왜냐하면 그는 그곳에서 해가 뜨는 것을 볼 수 있었기 때문이었다. 그것은 그가 당시까지 가져보지 못했던 광경으로서, 신이 그에게 특별한 은총으로 그가 노년에 매일같이 보도록 보증해 준 것이었다.

교장 선생님 칼 다비드 일겐(Carl David Ilgen)은 지극히 진지한 성품으로 키가 컸으며, 고대 언어들에 관한, 특히 히브리어에 관한 깊은 지식으로 명성을 누리고 있던 분이었다. 그는 튀링겐의 지방 초등학교 교장의 아들이었으며, 당시까지도 아버지를 모시면서 살고 있었다. 후일 그는 예나(Jena) 대학의 교수로서 『구약성서』에 관한 문헌에서 확고한 이름을 세웠었다. 그가 모든 학자들 중에서 가장 귀중한 인물로 간주되었던 고트프리트 헤르만(Gottfried Hermann)[18]의 스승이었다는 사실은 우리 학교에서

---

18) 헤르만(Gottfried Hermann, 1772~1848)은 고대 언어학자로, 1798년부터 라이프치히(Leipzig) 대학의 교수로서 고대 그리스어를 문법적·비판적으로 연구하여 당대 최고의 그리스어 학자로 인정되었다. 언어학의 과제를 그 형식에 대한 이해를 도모하는 것으로 본 그의 연구는 그리스어를 그들의 종교 및 문화와의 관계에서 파악하고자 했던 뵈크(Böckh) 및 벨커(Welcker)의 방향과 대립되었다. 랑케는 라이프치히 대학에서 핀다로스(Pindar), 헤시오도스(Hesiodos), 그리스 신화, 그리스어 문법에 관한 그의 강의를 들었다. 그의 저서로는 『음율학(韻律學) 교본

그의 명망을 더욱 높여주었다. 그는 시인으로서의 호라티우스(Horatius)를 그 자체 속으로 깊이 들어가지는 않으면서 해석했다. 그는 자신이 상세하게 해명했던 고대 문헌들에 대부분 몰두했으며, 우리에게 수정을 해주었다. 물론 그것이 항상 정확하게 우리의 마음에 들었던 것은 아니었다. 그는 한 번은 하나의 송시(頌詩)를 철저하게 분석했다. 그러나 그는 항상 주의를 유지할 줄 알았다. 그는 해석의 모든 어려움들을 상세하게 설명했고, 그리고는 그것들을 해결할 줄 알았으므로, 우리들 모두는 만족할 수 있었다. 그가 우리를 숙제들을 통해 많이 괴롭히지 않았던 것을 우리들 모두는 아직도 감사하지 않을 수 없다. 그러나 그는 그것을 철저하게 고쳐주었고, 모든 단어들에서 자신이 한 사람의 전문가임을 보여주었다. 그의 가장 훌륭한 행위는 학습을 위한 받아쓰기에 있었다. 이것은 매년 2회에 걸쳐 각각 1주일 동안이나 치러졌던 시험에서 그가 우리에게 받아쓰도록 하고 나서는, 이것을 라틴어 문장으로 번역하는 것이었다. 이것은 물론 멜란히톤(Melanchton)[19]의 시대로까지 소급되는 중요한 과제였다.

이러한 종류의 학습 연습은 매우 드물었던 것으로 보였지만, 나는 그것을 나쁘게 생각하고 싶지는 않다. 젊은이들의 정신은 아직까지 성숙하

(Handbuch der Metrik)』(1799)이 있다. — 역자 주
19) 멜란히톤(Philipp Melanchton, 1497~1560)은 하이델베르크(Heidelberg)와 튀빙겐(Thübingen) 대학에서 수학한 후 비텐베르크(Wittenberg) 대학의 그리스어 교수가 된 후, 인문주의자이자 개혁적 신학자로서 교회 개혁과 그 변호를 위한 많은 글을 발표하여 루터(Luther)의 협력자로서 활동했다. 그는 영국의 헨리 8세(Henry VIII)와 프랑스의 프랑시스(Franz I)로부터 초빙을 받았으나, 이를 사양하고 독일 내의 수많은 종교 협상에 개혁교회의 대변자로 참여했었다. 신학적으로 그는 루터(Luther)의 교리를 부분적으로는 형식적으로 적용시켰고, 부분적으로는 인문주의와 칼뱅주의의 영향 속에, 특히 성찬과 자유의지에 관한 교리를 얼마간 변형시킴으로써 한때는 루터와 불화를 겪기도 했었다. — 역자 주

지 않았을 것임이 틀림없었던 자신들의 생각들을 하나의 또 다른 형식의 옷으로 갈아입히기 위해 괴로워할 필요가 없었다. 이것은 학생들이 하나의 주어진 소재(素材)를 갖고서, 여기에서 바로 자신의 고대 언어 지식을 활용하며, 더욱이 자유로운 활동으로, 그리고 교육의 단계에 일치했던 주어진 토대 위로 작은 도약을 하는 것이었다. 운율(Metrum)은 또 다른 종류의 문법으로 보였다. 학생들은 양자를 통달해야만 했다. 교장 선생님은 우리에게 흥미를 돋우었던 소재들을 대부분 작센·튀링겐의 역사에서 선택할 줄 알았다. 그 역사에 관해서는, 가까운 차이플리츠(Zscheiplitz)의 지명이 'supplicium(간청)'이라는 단어로부터 유래했고, 그 기원은 루트비히 도약공(跳躍公, Ludwig der Springer)[20]에 연결되어 있다는 것을 우리가 배운 바 있었다. 한 번은 우리가 시험 주제의 명칭이 발표되기를 침묵 속에 기다리고 있을 때 그는 우레와 같은 목소리로 "사전 편찬자에 관해서(De lexicographis)"라고 말하여, 우리는 깜짝 놀랐다. 그러나 그것은 그에게서 훌륭히 달성되었다. 즉 그는 사전 편찬자들의 괴롭고 어려운 작업과 그들의 유명한 이름들에 대한 왕성한 관심을 우리들에게 불어넣었던 것이다. 모든 것은 단호하고 위엄 있게 일어났다. 그는 이 작은 왕국의 왕이었고, 더 나아가서는 절대적인 총독이었다. 왜냐하면 그는 대부분 자신이 스스로 불러왔던, 자신의 고위 관리인들의 명령들에 기꺼이 관계했기 때문이다. 그에게는 그 자신에게서나, 그의 가정에서도 우유부단한 면이 없었다.

---

[20] 루트비히 도약공(Ludwig der Springer, 1076~1123)은 튀링겐(Thüringen) 지역의 초대 방백(方伯, Landgraf: Graf와 Herzog 사이의 계급)이었던 루트비히(Ludwig)의 아들로서 당시의 황제당과 교황당 사이의 투쟁에서 황제당에 대립했다가, 황제 하인리히 5세에 의해 할레(Halle) 근처의 기비헨슈타인(Giebichenstein) 성에 구금되었다. 그는 이 성에서 잘레(Saale) 강을 뛰어넘어 도주했다는 전설에 따라 도약공(跳躍公)으로 불렸다고 한다. — 역자 주

그러한 것은 그가 누렸던 그의 절대적인 권위 앞에서 모두 다 사라졌다. 그는 마치 객관적인 법처럼 보였고, 그의 학문은 객관적인, 습득될 수 있는 학문으로 보였다. 그는 젊은이들을 자신에게로 끌어당기지 않았다. 그는 분노할 때는 흥분하여 두려울 정도였다. 언젠가 많은 학생들이 똑같은 위반을 저질렀을 때, 그는 자신이 격노했음을 알려주기 위해 학생 일동을 함께 소집했고, 그리고 나서 그의 불만이 터져 나왔으며, 학생들은 그가 분노에 떠는 것을 보았다. 그러나 그 일은 그의 과도함에도 불구하고 아무런 영향이 없었던 것은 아니었다. 비록 그것이 그가 기대했던 성과를 완전하게 거두지는 않았지만 말이다.

후일 일겐(Ilgen) 교장 선생님의 후임자가 되었던 테르티우스 랑게(Tertius Lange)는 전혀 다른 성격의 인물이었다. 그는 학생들과 개별적으로 관계했다. 그는 그들을 자기 주위의 작은 권역 속으로 모아 공부하도록 했으며, 그들 각자의 성향에 따라서 장려하고자 시도했다. 그의 일상적인 수업 시간들은 매우 매력적이지 않았고, 매우 풍부하지도 않았다. 그는 호메로스(Homer) 식의 문법을 일람표들을 통해 가르쳤다. 그의 라틴어 표현은 일겐 교장의 표현과 같은 계통의 것이 아니었다. 그러나 그는 하나의 전문 능력을 갖고 있었고, 이것을 통해 그는 고고학(Archäologie)으로 불리는 분야에서 최고의 경지로 주목을 끌었다. 그는 고대 예술의 잔존물들, 고대의 발굴물들과 수집품들에 대해 잘 알고 있었다. 그는 고대 사원들, 기둥의 양식(樣式)들, 조형 예술 작품들을 상세하고 명료하게 묘사했다. 후일 이 수업은 학교 수업을 앞질러 나가는 것이라고 간주되어 그에게서 삭제되었다. 그러나 이 수업은 그가 자신의 개성에 따라 제공할 수 있었던, 그리고 제공했던 가장 훌륭한 것이었다. 그는 예술에서와 같이 인생에서도 아름다움에 대한 감각을 갖고 있었고, 문학에 대해서는 매우 넓은 지식을 소유하고 있었다. 고대 문학에 관한 그의 강의들은 마찬가지로 학교가 필요로 하는 장르에 비해 너무 상세했다. 그러나 그가 개별적인 글들을 더 많이 취급할수록, 그만큼 더 교육적이었다. 키케로(Cicero)의 몇 개의 글들에 대한 그의 설명은 우리를 감동시키지 못했지만, 저 연설가와 그의 작품들에 관한 그의 문학적 논의들은 우리의 왕성한 관심을 불러 일으켰다.

내가 이 포르테 학교에서 보냈던 5년 동안의 과정에서 나의 공부는 주로 고전 시대의 작가들에 관한, 특히 시인들에 관한 수업들에 집중되었었다. 우리는 젊은이들의 정신을 사로잡기에는 거의 너무 근세적인 것을 가지고 있는 오비디우스(Ovid)[21]로부터 우리가 읽기도 할 뿐 아니라 외우다시피 배웠던 베르길리우스(Virgil)[22]에게로 나아갔다. 우리들 중 몇 명

---

[21] 오비디우스(Ovidius, B.C. 43~ca. 18 A.D.)는 로마에서 칭송받는 시인이 되었으나, 50세 때에 아우구스투스(Augustus) 황제에 의해 이탈리아로부터 추방당한 채, 흑해 연안의 황량한 지역에서 생을 마쳤다. 그는 그리스의 전설·서사시·비극시 등을 소재로 하여 많은 시집을 발표했고, 그리스 신화를 동화 및 소설로 만들기도 했다. 그의 시는 괴테(Goethe)로부터 언어와 운율에 있어서 라틴 작가들 중 가장 품위 있다는 평가를 받았듯이, 세계 문학에서도 중요한 위치를 차지한다. 그의 시들은 르네상스 시기로부터 유럽 각국의 많은 인문주의적 시인들의 소재로서, 모델로서 활용되었고, 특히 그의 작품 「변형(Metamorphosen)」은 셰익스피어·밀턴·괴테에게도 직·간접적으로 영향을 주었다고 해석되고 있다. - 역자 주

[22] 베르길리우스(Vergilius, 70~19 B.C.)는 로마 최대의 시인이다. 그는 농민들의 행복과 농업의 가치를 예찬하는, 또한 자연 생활과 우주의 질서를 인정하는 시집 『농경시(Georgica)』를 발표한 후 거대한 서사시 「아에나이데(Aeneide)」를 썼다. 이 서사시는 그의 고향인 트로이(Troja)가 점령된 후, 그 주민들이 수많은 고초를 겪으면서 숙명적으로 라티움(Latium)의 새로운 고향에 정착했고, 라틴인들과 그들의 이탈리아 동맹군과의 투쟁을 통해 로마와 이탈리아의 통일이 이룩된 것으로

은 「아에나이데(Aeneide)」23)를 아마도 처음부터 끝까지 암송까지 할 수 있었고 그들은 적어도 그것을 자랑하기도 했으며, 다른 학생이 묻는 구절에서 계속 암송해 나갈 수도 있었다. 그러는 사이에 드디어 호메로스가 그리스어 수업 시간에 시작되었다. 내가 믿기로는, 나는 「일리아드(Iliade)」와 「오디세이아(Odysee)」이 두 시들을 세 번이나 통독했다. 돈도르프 학교 시절에는 항상 얼마간 낯선 색채로 파악되었던 것이 이제는 그 자체의 오래된 고유한 모습과 색채로 눈앞에 나타났다. 물론 그때에 모든 것이 정확하게 연구되지 않았다는 것은 사실이다. 그러나 가장 오래된 세계의 지평선이 우리를 에워쌌으며, 우리의 영혼 전체는 그 속에서 살고 있었다. 고백하건대 나는 차갑고 김빠진 설교들이 진행되었던 저녁 예배 시간을 별로 따르지 않았으며, 그 시간을 오히려 『성경』을 가능한 한 전체적으로 독파하는 데 더 많이 활용했다. 나는 서신서(書信書: 『신약성서』의 Episteln)보다는 복음서(福音書: 『신약성서』의 Evangelium)를, 예언서(豫言書: 『구약성서』의 Prophetischen Bücher)보다는 시편(『구약성서』의 Psalmen)을 훨씬 더 많이 읽었다. 이것들은 내가 항상 새로 읽었던 『구약성서』의 역사서들(Historische Bücher)이다. 이것들은 호메로스의 시들이 지닌 것과는 완벽하게 구별되는, 그러면서도 가까이 놓여 있는 지평선이었다. 이것은 후세의 모든 교양의, 모든 관념들의 배경이거나 더 나아가 기반이다. 젊은

묘사했다. 여기에서 그는 로마 귀족들과 그들의 특성을 예찬하고 로마가 세계사적으로 사명을 지녔던 것으로, 아우구스투스(Augustus)를 그러한 발전의 완성자로 보았다. 그는 이미 생전에 로마의 고전적 시인으로 칭송받았고, 학교들에서는 그의 시구, 소재 취급, 도덕적 행위 등이 고전 시대의 모범으로서 학습되었으며, 중세에는 최고의 명성을 누렸다. 그의 열렬한 숭배자였던 단테(Dante)는 자신의 「신곡(神曲)」에서 그를 지옥의 안내자로 설정했다. 그는 서유럽과 이탈리아에서는 라틴 문학에 지속적으로 영향을 주었다.—역자 주
23) 역주 22) 참조.—역자 주

영혼은 불쾌한 것, 이해할 수 없는 것을 쉽사리 넘어가 버린다. 그러나 그 영혼은 그 어떤 전혀 다른 것을, 적어도 이해되는 것에 대한 예감 (Ahnung)을 자체 내에 지니고 있는 비밀에 가득 찬 것에 의해, 웅대한 것에 의해, 현상의 힘에 의해, 이것의 강력하고도 직접적인 표현에 의해 그 심연 속으로 사로잡힌다. 그 영혼은 불멸하는 것의 숨결을 호흡한다. 루터(Luther)의 번역이 지닌 고풍스러운 색채는 더욱 특별하게 일상적인 대화와 일반적인 양식의 저술들을 넘어 하나의 또 다른 차원으로 제고된다.

이러한 교양의 단계에서는 클롭슈토크(Klopstock)[24]는 우리가 도달할

---

24) 클롭슈토크(Friedrich Gottlieb Klopstock, 1724~1803)는 18세기 후반의 독일 시인이다. 그는 시인으로서의 대표작인 서사시 「메시아(Messiade)」와 송가집(頌歌集) 『오데온(Oden)』(1771) 외에도 드라마 작가로서 「아담의 죽음(Der Tod Adams)」 (1757)을 발표하여 여러 언어들로 번역되는 성공을 거두었다. 희곡 형식의 「헤르만의 전투(Hermanns Schlacht)」(1769)·「헤르만과 군주들」(1784)·「헤르만의 죽음」 (1787)에서는 게르만 민족시와 문화에 관한 그의 관념들이 결정적으로 표현됨으로써 민족 음악 드라마를 위한 선구적인 모델이 되었다. 그는 또한 비판적·이론적인 글들도 발표하여 「독일 학자들의 공화국(Die deutsche Gelehrtenrepublik)」(1774)에서와 같이 미래 예시적인 사상도 보여주었으며, 자신의 시대를 의식하면서 프랑스혁명을 예찬하는 송시(頌詩)를 발표하여 1792년에는 '국민회의'로부터 프랑스 명예시민증을 받기도 했으나, 그 공포정치의 과격성에 대한 거부 감정도 거리낌 없이 표명하기도 했다. 오랫동안에 걸쳐 완성된 그의 대표작인 「메시아(Messiade)」의 첫 부분을 그는 1745년에 산문(prosa) 형식으로 기초했다가, 이를 6각운(6脚韻, Hexameter)으로 고쳐서, 1774년에 4권의 대서사시로 완성시켰다. 그의 시는 장엄하고도 열정적인 문장 구성, 호라티우스(Horaz)와 시편(詩篇, Psalmen)을 기반으로 하여 세워진 율동적인 표현 능력과 고귀한 내용을 담고 있는가 하면, 그의 시에는 구체적인 조망과 명료함이 결여되어 있다는 평을 받고 있다. 전반적으로 그의 송시들은 우정과 사랑, 신과 불멸성, 자연, 조국의 자유와 위대함을 예찬하고 있다. 그의 시의 자유로운 율동성은 괴테와 횔데린에 계승되었고, 독일 문학에

수 있었던 근대 작가들 중에서 가장 고결한 시인임이 틀림없었다. 그는 바로 우리 학교에서 교육을 받았다. 숲을 통해 나아갔던 작은 오솔길에 가까이 있는 한 샘터는 그의 이름을 본떠 명명되었다. 고전적인 운율(韻律, Metrum)을 독일 민족에게 정착시키고자 했던 그의 시도들은, 우리도 역시 그것을 시도했던 바대로, 그를 우리들에게 특별히 친숙하게 했다. 천사와 악마와 최초의 인간들에 관한 그의 긴 이야기들은 물론 우리들에게 항상 어떠한 특별한 관심을 줄 수는 없었다. 그것들은 고전 작품에 대립해 월등하게 함축적이지는 않았다. 그의 감정들 속에 있는 그 자신의 개인적인 것은 전반적으로 가장 큰 약점이다. 그러나 전체적으로 그의 거대한 기독교적 시가(詩歌, Dichtung)[25]는 무엇보다도 프로테스탄트적인 관념 속에 놓여 있다. 이 관념은 많은 세기들이 함께 작용하여 형성된 것이고, 밀턴(Milton)[26]에게서도 나타났지만, 클롭슈토크에게서는 그 자

찬가적(讚歌的)인 새로운 시 형식을 제공했다. 그의 예술에서의 진실한 경건성, 천국과 지옥을 아우르는 미래 전망, 감정의 고양, 모든 아름다움에 대한 순수한 열정 등은 자기 시대의 젊은이들에게 고무적으로 작용했고, 질풍노도(Sturm und Drang) 운동에 강력한 영향을 주었다. 그는 포르테 학교(Schulpforte)를 졸업했으므로 랑케에게는 더욱 친근함을 주었을 것이다. - 역자 주

25) 거대한 기독교적 시가(詩歌)란 클롭슈토크(Klopstock)의 대서사시 「메시아(Messiade)」를 지칭한다. 주 24) 참조. - 역자 주

26) 밀턴(John Milton, 1608~1674)은 케임브리지(Cambridge) 대학에서 문학과 고전 연구를 공부했으며, 1649년부터 크롬웰(Cromwell) 공화국의 외교관으로 활동했다. 그는 1652년 장님이 되었다. 1660년의 영국의 왕정복고 후에 그는 비록 사면받았으나, 고독하고 가난한 말년을 보냈다. 그의 「아레오파기티카(Areopagitica)」(1644)는 언론의 자유를 역설한 유명한 글이며, 「왕과 지배자의 권리에 관하여(Of the Tenure Kings and Magistrates)」(1649)는 찰스 1세(Charles I)의 처형을 국민주권설을 근거로 하여 정당화한 글이다. 특히 그는 명쾌하고 웅변적인 걸작으로 인정되고 있는 「영국 국민을 위한 변호(Defensio pro populo Anglicano)」(1650)에서 최고의 지배권

신이 그것을 의식하고자 했던 것보다 더 많이 나타났다. 이 시가에는 그 자체의 고유한, 하나의 무한한 힘이 있다. 이 시가는 외경(外經: Apokryphen)27)과 부분적으로는 『신약성서』 위로 떠돌고 있는 시문학적 요소가 계속 형성된 것이다. 이 시가는 그러한 작용으로부터 결코 벗어나 있지 않다. 클롭슈토크는 또한 다른 소재를, 즉 독일 역사의 첫 시기들을 다룰 줄 알았으며, 그러한 시도를 했다. 이 시도가 그 자체에 있어서는, 즉 그 형식에 있어서는 자신의 서사시 「메시아(Messiade)」28)에서보다는 덜 성공적이다. 그렇지만 그것은 우리가 이전에 몰두했었던 기사(騎士) 이야기들

은 법에 있으며, 군주의 권력은 제한되어야 한다는 점을 종교적·법률적 근거 위에서 변호했다. 그의 「실락원(Paradise Lost)」은 1674년에 완성된 대표작으로서 천사의 몰락과 인류[아담과 이브]의 타락을 노래한 대서사시이다. 여기에서 그는 신과 사탄과의 투쟁을 그리면서 낙원을 섬세하게 묘사했고, 엄격한 퓨리턴의 신조에서 악의 근원에 대한 문제를 다루었다. 이것은 자신의 정치적·종교적 이상이 조롱당하고 있던 영국 왕정복고 시기의 변덕스러운 세계로부터 이 장님 시인이 영원한 것, 사라지지 않는 것을 추구하면서 교훈적인 사고 과정들을 제시하고 있는가 하면, 사탄을 착란에 빠지면서도 굽힐 줄 모르는 모습으로 그리고 있다. 이것은 말하자면 그가 보는 인간사의 끝없는 이원적인 대립 과정이다. 그는 영국에서 정치적으로는 휘그(Whig) 편으로부터 항상 주목을 받아왔고, 문학적으로는 초기 낭만주의자들에게 영향을 주었다. 독일에서는 그의 '실락원'의 천사의 타락과 악마의 모습이 시문학의 작품들에서 초이성적인 것이 아닌, 오직 이성적인 것만을 가치 있게 만들고자 하는 민족문학의 방향에 영향을 주었으며, 클롭슈토크의 「메시아(Messiade)」에 영향을 주었다고 해석되고 있다. 역사가인 랑케가 여기에서 양자를 연관적으로 언급하고 있는 모습은 마치 그가 문학사가인 듯한 인상을 주고 있다.—역자 주

27) 외경(外經, Apokryphen)이란 성서에 포함되지는 않지만 성서와 동일한 시대에 형성되어 그에 견줄 만한 내용들로서 『구약성서』와 『신약성서』에 수록되어 있는 여러 기록서들이다.—역자 주

28) 주 24) 참조.—역자 주

에 비하면 진보한 것이 아니었던가! 그 속에는 위대함과 민족성과 야생의 자연에 대한 감정이 들어 있다. 진실은 당연히 이 감정에 속해 있다. 그의 송시들(頌詩들, Oden)은 이와 동일한 정신을 호흡하면서 좀 더 정교하며, 작은 소재들에서는 좀 더 기력이 넘치며, 동시에 옛 시절의 한 선하고 용감한 남자의 개인 생활 속으로 눈길을 열고 있다. 클롭슈토크의 「파니와 시들리(Fanny und Cidly)」, 그의 거부된, 또는 수용된 애정 깊은 성향들, 스위스와 후일 오이틴(Eutin)에서의 체류, 그의 인생 운명의 작은 변화들, 그의 빙상 활주(Schlittschuhlaufen), 그리고 그의 교우 관계 등은 우리의 관심과 대화의 대상이 되었다.

젊은이들에게서는 그들이 함께 있었을 때처럼 교우 관계들의 매력적인 것들, 거부감이 드는 것들, 종결과 중단 등이 있었고, 이것을 위해 사람들은 일정한 원칙을 세웠으며, 여기에 충실했었다. 클롭슈토크를 열렬히 좋아했던 나의 친구 하운(Haun)은 후일 뮐하우젠(Mühlhausen)에서 교장이 되었고, 그의 마지막 시절에는 자신의 학생들 중 한 명으로부터 최고의 성자(vir sanctissimus)로 지칭되었다. 그는 이미 학생 시절에 엄숙함과 친절함, 그리고 위엄을 갖추었고, 자신에게 명예를 안겨주었던 클롭슈토크의 양식으로 한 번은 성금요일(聖Charfreitag)29)에 긴 시를 공개적으로 낭독했었다. 비슷한 의미의 또 다른 한 친구는 일찍이 사망했던 하르츠만(Harzmann)이었다. 진지하고 얌전했던 이 두 친구들이 나를 인정해 줌으로써 나는 내가 활동하고 노력했던 모든 것에서 확신을 갖게 되었다.

그러나 모든 개인적인 만남들 중에서 월등하게 가장 가치 있고 가장 유용했던 것은 보좌 교사들 중 한 사람인, 뒤에 메르세부르크(Merseburg)에서 교장이 되었던 비크(Wiek)가 당시 나에게 보여주었던 우정이었다.

---

29) 부활절 직전의 금요일로, 그리스도 수난의 날이다. ― 역자 주

그는 깊은 안목이 있었고, 그의 표정은 약간 어두웠다. 특히 그가 대화에서 열정에 사로잡혔을 때 그러했다. 그러나 동시에 그는 시대정신의 영향들에 매우 개방적이었고, 새로운 것을 수용할 줄 알았으며, 항상 하나의 문제를 다른 문제와 종합하고자 노력했다. 그곳 사람들 중에서 그는 괴테에 관해 하나의 개념을 갖고 있었던 유일한 인물이었다. 그는 나에게 처음으로 『파우스트(Faust)』에 관해 설명해 주었다. 그는 오랫동안 쉴러를 좋아했고, 때때로 쉴러의 훌륭하게 표현된, 자신의 마음에 들었던 격언들 중 몇 개를 우리에게 번역해 보라고 주었다. 우리는 쉴러의 문장들을 읽었고, 그것들에 감탄하면서, 또한 평가해 볼 수 있다고 생각했다. 그것들은 젊은이들의 관점에 아주 적절한 것들이었다. 왜냐하면 그것들은 사람들이 자기 앞에서 바라보는 거대한 객관적인 모습들을 눈앞에 제시하기 때문이다. 그 언어들의 색채와 어조(語調)는 기억에 새겨진다. 그러한 모든 것이 괴테에게서는 그렇지 않았다. 괴테에게는 오히려 세계가 말하자면 하나의 개인적인 사건이 되어버렸다. 이것을 괴테는 독창적인 방식으로 종합해 재현했던 것이다. 여기에서는 모든 것이 좀 더 주관적이다. 그것에서 만족을 찾기 위해서는 좀 더 성숙된 연령이 필요하다. 그러므로 본시는 나 역시도 괴테에게서는 당연히 감동을 느낄 수 없었다. 또한 그러한 모든 것은 단지 일시적인 것이었고, 나의 진지한 공부는 오로지 고대 세계에 관해서였다.

그리고 그때 비크 교사가 나를 고대 그리스의 서정시인들, 특히 비극 작가들에게로 인도해 주었던 것에 대해 나는 무한히 감사하지 않을 수 없다. 나에게는 아직도 그가 갖고 있었던, 그리고 우리가 그것을 함께 읽었을 때 자기 앞에 두었던, 에어푸르트(Erfurt)에서 출판되었던 소포클레스(Sophokles)[30]의 작품이 눈앞에 선하다. 우리는 계속해서, 나에게는 물론 당시까지 생소했었던 아이스킬로스(Aeschylus)[31]에게로 나아갔다. 그러나 우리가 대체로 파악하고자 했던 것 외에도 더욱 그 무엇을, 즉 피안(彼岸)에 있는, 그리고 미래를 위해 남아있는 바를 인식했다는 것은, 이미 충분한 것이다. 비크는 세 명의 비극 작가들의 차이점에 관해 하나의 완벽한

---

30) 소포클레스(ca. 496~406 B.C.)는 아이스킬로스(Aschylos)·에우리피데스(Euripides)와 함께 3대 그리스 비극 작가로, 드라마 속에 페리클레스(Perikles) 시대의 정신을 직접적으로 나타냄으로써 그리스 고전문화의 완벽한 대변자로 간주되고 있다. 그는 비극경연대회에서 18번이나 우승을 차지했고, 특히 「안티고네(Antigone)」(442)는 그리스 민중을 열광시켰다. 그는 이전의 아이스킬로스와 뒤의 에우리피데스의 중간에 서 있었다. 즉 그는 이전보다 더 많이 행위를 등장시켰고, 복합적인 사건의 묘사를 가능하게 함으로써 영웅으로 하여금 대립적인 의미의 말을 하도록 하여, 작품의 작용을 언어를 통해 강화시켰다. 또한 그에게서는 개별 개성이, 비록 여전히 신의 권력 아래 있지만, 이전보다는 더 강하게 나타났다. 그의 영향은 에우리피데스의 성공으로 그만큼 약화되었으나, 그의 작품들은 항상 공연되어 왔고, 18세기 후반에는 새로운 평가를 받았으며, 독일의 레싱(Lessing)은 그로부터 근본적인 영향을 받았다고 한다. 그의 작품은 123개로 알려졌으나, 「아이아스(Aias)」·「엘렉트라(Elektra)」·「오이디푸스(Ödipus)」·「안티고네(Antigone)」·「필록테트(Philoktet)」 등 7개의 비극들이 완전한 상태로 전해지고 있다.—역자 주
31) 아이스킬로스(Aschylos, 525~456 B.C.)는 3대 비극 시인들 중 맨 먼저 활동했던 시인이다. 그는 귀족 출신으로 페르시아와 치렀던 마라톤(Marathon)·살라미스(Salamis)·플라태에(Platäe) 등의 전쟁들에 직접 참여했었다. 이러한 실천적인 삶에서 그는 모호했던 비극 예술의 발전에 명확한 시작을 마련했었다. 즉 그는 인간 행위를 비극의 주된 대상으로 만들었고, 한 사람이 이야기하는 형식으로부터 두 사람, 또는 세 사람이 이야기하는 형식을 채택함으로써 드라마에서의 대화 형식을 새로이 발전시켰다. 그의 드라마에는 복합적인 혼선들과 해결들이 없고, 그가 제시하고자 하는 것은 간단하지만 거대한 것이었다. 그의 모든 작품들은 하나의 높은, 엄숙한 정서를 나타내며, 언어는 대담하고 비장하며, 흔히는 폭발적이다. 그의 작품은 90여 편이라고 하지만, 「결박당한 프로메테우스」·「아가멤논」·「7명의 장군들」·「복수의 여신」 등 7편이 남아 있다.—역자 주

개념을 세우고 있었다. 나는 에우리피데스(Euripides)[32]에게, 특히 그의 「페니키아 여인들」에 흥미를 느꼈으며, 그러면서도 내가 처음부터 소포클레스에 더 많이 몰두했던 것은 물론 비크를 통해서였다. 말할 것도 없이 나는 소포클레스를 통독했다. 친구의 참여 없이 오직 혼자서 나는 몇 개의 작품들을 번역해 보고자 했다. 나는 그의 「엘렉트라(Elektra)」를 완전히 번역했고, 이를 정서(淨書)하여 아버지의 생일에 선물로 드렸다. 번역은 물론 5각운(5脚韻, fünffüßige)의 약강격(弱强格, Jamben)이 되었으며, 그것이 나에게는 이 운율이 허락하는 자유로운 운동 속에 잘못되지 않은 것으로 보였다. 그러고 나서 나는 아이스킬로스의 「필로크테트(Philoktet)」를 6각(脚)의 약강격(弱强格)으로 번역했으며, 그러나 합창들(die Chöre)을 좀 더 자유롭게, 쉴러의 「메시나의 신부(Die Braut von Messina)」를 모범으로 하여 운문시(韻文詩)로 번역해 보겠다는 별난 생각을 하게 되었다. 괴테로부터의 몇 개의 영향들이, 그것도 가장 좋은 것이라고 볼 수는 없지만, 두 번째 작업에서는 나타나게 되었다. 첫 번째 작업이 좀 더 소박하고 검소하

---

32) 에우리피데스(ca. 480~406B.C.)는 3대 비극 시인들 중 마지막 시인으로서 그의 선배들의 관점을 의식적으로 벗어났다. 즉 그는 전체에 대립하여 개별적인 것을 정당화했고, 신앙과 관습의 옛 전통을 벗어남으로써 시문학에서 그리스 정신의 거대한 변화를 대변했던 시인이었다. 그의 강점은 열정에 대한, 특히 사랑과 복수에 대한 탁월한 묘사에 있는가 하면, 그의 약점은 작품의 구성에 있어서 흔히 행위의 통일성을 결여하고, 사건들이 느슨하게 연결되면서 구성되었다는 데 있다. 그의 사후에 그는 그리스 비극 작가들의 모범으로 되었으며, 그들 모든 작가들 중에서 세계 문학에 가장 큰 영향을 주었다. 그의 작품은 90여 편으로 알려지고 있으나, 「안드로마케(Andromache)」· 「헤카베(Hekabe)」· 「헬레나(Helena)」· 「엘렉트라(Elektra)」· 「광란의 헤라클레스(Der rasende Herakles)」· 「이피게네이아(Iphigenie)· 「메데아(Medea)」· 「페니키아의 여인들(Phönikerinnen)」 등 19편이 남아 있다. —역자 주

며, 아마도 좀 더 좋은 것이었다. 그러나 중요한 점은 고대 시인들의 불가사의한, 미치기 어려운 작품에 근본적이고 철저하게 몰두했다는 사실이다. 번역들에는 어쩌면 가끔 모방이 이어질 수도 있는 것으로 보였다. 나 자신도 그것을 당시의 젊은 시절에는 때때로 믿어버리곤 했다. 그러나 나에게는 그것을 위한 타고난 재능이 없었다. 나는 그러한 시도를 하지 않았다. 모든 노력은 공부하는 데 집중되었고, 주로는 문헌학적인 것이었다. 산문가들(die Prosaiker)은 별로 다루지 않았고, 가장 적게는 역사가들이었으며, 그러나 플라톤은 그의 평이한 대화록에서 취급되었다. 그래도 그것으로써 충분했다. 내가 그래도 언급해 두고자 하는 바는 라틴어 작가들, 특별히 그리스어 작가들에 대해 주석을 단 문헌들, 특히 학교 도서관에 어느 정도 비치되어 있었던 홀란드 문헌들, 즉 룬케니우스(Ruhnkenius)·발케나리우스(Valkenarius)·그로노비우스(Gronovius)·그라에비우스(Graevius) 등33)을 우리가 모르지는 않았다는 사실이다. 이들은 후기 라틴어 서법(書法, Latinität)과 그리스어 서법(Gräcität)의 포괄적인 지식에 대한 눈길을 열어주었다. 그것은 알려지지 않은 채 남아 있었던, 그러나 역시 미래를 위해서는 주목을 끌었던 저자들을 언급하는 인용문들의 세계였다.

이러한 공부들, 집으로의 휴가 여행, 유쾌했던 또는 달갑지 않았던 많은 만남들과 사건들 속에 5년이라는 세월이 포르테 학교의 조용한 담벽 안에서 흘러갔다. 그 속에서의 생활이 그렇게 엄격하지는 않았으므로, 우리는 수차례의 소풍들을, 즉 다수가 참여했던 작은 소풍들을, 또는 각자가 몇몇 친한 친구들과 함께했던 좀 더 큰 소풍들을 할 수도 있었다. 그때 우리는 수풀들과 들판들을 헤매면서 돌아다녔고, 자연 공부도 얼마간은

---

33) 이들은 17세기와 18세기에 활동했던 홀란드의 고전 문헌 학자들이었다.—역자 주

했으며, 우리에게는 산들처럼 다가왔던 가까운 언덕들을 오르기도 했었고, 인접해 있었던 성채 유적들을, 무엇보다도 사람들이 발견할 수 있는 가장 잘 보존된 것들 중 하나인 루델스부르크(Rudelsburg)를 이기도 했다. 우리는 우리의 라틴어로 된 이름들, 즉 체사리오(Caesarius)·팔미티오(Palmitius)를 폐허가 되어버린 옛 기사들의 성벽에 우리가 할 수 있는 만큼 높이 쓰기도 했다. 잘레 강(die Saale)은 마치 하나의 큰 강처럼 보였고, 나움부르크(Naumburg)는 하나의 큰 도시로 보였다. 그것이 나에게는 내가 당시까지 보아왔던 가장 큰 도시였다. 탑들과 광장을 지닌 둥근 지붕의 대성당, 그리고 다시금 견본 시장의 활발한 군중은 우리에게 많은 인상을 주었다. 이미 언급했듯이, 특별한 것은 우리들에게 모든 학교들 중에서 가장 귀중한 곳으로 묘사되었던 이 학교와 연결되는 여러 관계들이 통일성을 이루고 있었다는 점이다. 그리고 이것은 이 학교의 역사와 함께, 또한 스콜라적인 활동들의 권역에서 나온 유명한, 그러나 곧 극복될 것으로 생각되었던 많은 이름들과 함께 우리의 마음들을 묶어주었다.

그러나 우리가 고대 세계에 관해 공부하면서 활동하며 살아가고 있던 사이에, 당시의 현재는 일찍이 일어났던 가장 거대한 투쟁들 속에 움직이고 있었고, 이 투쟁들은 세계를 뒤흔들면서 다시 일으켜 세웠다. 우리는 러시아를 향해 진격하는 연대들이 학교의 담벽과 접해 있는 큰 국도로 행군하는 것을 보았다. 1813년 봄에 연합군의 첫 번째 진출[34])에서는 이미 작은 깃발이 매여 있는 창(槍)을 거머쥔 카자크 기병들(Kosak)이 우리의 눈앞에 나타났다.

---

34) '연합군의 첫 번째 진출'이란 나폴레옹이 1812년 말에 러시아 원정으로부터 퇴각하자, 1813년 2월에 프로이센은 러시아와 동맹을 맺고 프랑스에 선전포고를 한 것을 일컫는데, 이로써 '해방전쟁(Befreiungskrieg)'이 시작되었다.-역자 주

그러고는 쾨젠(Kösen) 옆의 가까운 언덕들이 다른 쪽으로부터 다가오는 프랑스의 새로운 연대들로 뒤덮였다. 그 광경을 노년의 수학 교사는 지극히 만족스럽게 받아들였고, 자신의 값비싼 소유물인 망원경으로 창문을 통해 바라보았다. 곧이어 젊은이들이 눈에 띄는 보병 대대들이 우리 학교의 교정을 메웠다. 그러고는 곧바로 멀지않은 뤼첸(Lützen)에서 전투35)가 일어났으므로, 우리는 기대와 성과를 말하자면 번갈아가며 체험했다. 이전에는 물론 프랑스 장군들이 우리들에게 흥미로웠고, 우리는 볼링 놀이에서 그들의 이름들을 사용했다. 그러다가 점차 그러한 호감이 사라졌고, 사람들은 연합국들의 선언문들을 기꺼이 찬성하면서 환영했다. 나는 당시에 타키투스(Tacitus)36)의 『연보(Annalen)』37)와 특히 『아그리콜라(Agricola)』38)를 읽고 있었다. 브리타니아인들(Briten)과 로마인들 사이의 대립이 나에게는 너무나도 새롭게 보였다. 비크(Wiek)는 나에게 이러한 동일성(同一性)을 주목하도록 강조했다. 즉 사람들은, 우리가 그렇게 곧바로 그 시대를 직접적으로 살지는 않았지만, 알 수 있다는 것이다. 드디어 라이프치히에서 전투39)가 일어났다. 틸만(Thielmann)의 군단

---

35) 러시아로부터 퇴각하여 파리로 돌아온 나폴레옹은 프랑스 군대를 다시금 규합하여 연합군에 반격을 가했으며, 이때 이곳 뤼첸(Lützen)에서도 1813년 5월에 전투가 벌어졌다. ─ 역자 주
36) 역주 75) 참조. ─ 역자 주
37) 타키투스의 『연보(Annalen)』는 아우구스투스(Augutus)의 사망부터 네오(Nero) 황제까지의 시기를 연대적으로 요약하여 16권으로 서술한 작품이다. ─ 역자 주
38) 『아그리콜라(Agricola)』는 타키투스가 갈리아 지방과 브리타니아의 총독이었던 자신의 장인 율리우스 아그리콜라(Julius Agricola)의 죽음을 애도하여 그의 생애를 서술한 것으로서, 본격적인 역사 작품은 아니지만, 저항하는 로마 속주들의 봉기를 로마군이 진압했던 역사적 내용들을 담고 있다. 그가 로마 최대의 역사가로 출발하는 데 동기가 되었던 작품이다. ─ 역자 주
39) 프로이센이 러시아·오스트리아, 그리고 독일의 여러 국가들과 연합하여 1813년

은 이미 오랫동안 우리들 가까이에서 맴돌고 있었다. 학교 문 앞에서는 몰려든 군중에게 지휘자가 그 전투에 관한 첫 번째 보고서를 낭독했다. 우리는 오직, 넘을 수 없는 것으로 보였던 쾨젠(Kösen)의 고지들이 적의 퇴각을 저지하기 위해서는 연합국들에 의해 점령되었어야만 했는데도, 오히려 그렇지 않았다는 것을 놀라워했을 뿐이다. 프로이센의 젊은이들을 이 시기에 사로잡고 있었던 전쟁의 열의(熱意)가 우리들에게서는 별로 감지될 수 없었다. 단지 몇몇 학생들만이 그러한 열의에 감염되어 학교를 떠났을 뿐이었다. 내가 그러한 것을 생각하기에는 나의 몸이 너무 허약했었다. 모든 힘을 쏟아야만 다시금 세워질 수 있는, 몰락한 한 거대한 국가의 감정이 불러일으켰던 특별한 자극이 우리 학교의 담벽 안에서는 어떠한 공감도 발견하지 못했다. 우리는 대지를 뒤흔들면서 전개되는 세계사건(Weltbegebenheit)에 참여하지 않은 채, 그것이 완료되도록 두었다. 나는 학교 졸업에 필요했던 과제들에 몰두했고, 1814년 부활절에 학교를 마쳤다. 나를 이곳 학교로 데리고 왔던 아버지가 나를 다시 데리고 가기 위해 나타났다. 내가 관습적인 행렬 속에 포르테 학교에 도착하여 졸업하는 학생들에게 베푸는 환영을 받았을 때, 아버지는 눈물을 흘리셨다. 나는 그 장소에서 별다른 특별한 것을 발견하지 못했다. 왜냐하면 그것은 관습적인 것이기 때문이다. 나의 생각들은 앞으로의 공부와 미래를 향해 있었다.

대학 시절

나는 그때까지 고향의 권역을 실제로 넘어보지 못했다. 상업과 연구

10월 16일부터 18일까지 라이프치히에서 나폴레옹을 포위하여 프랑스군을 결정적으로 격파했던 전투였다. ─ 역자 주

의 좀 더 큰 중심지로서 이 지역에서 도달될 수 있는 곳은 라이프치히로 간주되었다. 내가 몇 주간 집에서 휴식을 취한 후 그곳으로 향하는 길로 나아갔던 것은 하나의 사건이었다. 아버지는 그곳으로도 나를 인도해 주고자 했다. 마차는 통행이 별로 없는 삼림을 지나 크베어푸르트(Querfurt)로 향하는 길에서 우리를 내려놓았다. 그것은 그러나 나와 옛 고향과의 연결이 항상 더 단절될 것이라는 예시(豫示) 이외의 다른 의미가 있지는 않았다.

  어머니는 여전히 충분히 건강했으므로, 자신의 친정아버지의 고향이라고 생각하는 크베어푸르트로 향하는 넓은 길을 다시 한 번 걸어서 가고자 하는 행복한 희망을 품고 있었다. 그곳에는 한 상인과 결혼하여 좋은 환경 속에서 몇 안 되는 가족들과 살고 있는 자매가 있었다. 그 집은 그 이후 내가 라이프치히와 비헤 사이를 여행할 때 들르는 숙소가 되었다. 어머니의 손위 이복형제도 역시 그곳에서 고풍스럽게 잘 정돈된 소시민적인, 그러나 안정된 집안에서 살고 있었다. 그 집의 안마당은 아름다운 꽃들이 있는 정원과 연결되어 있었다. 그러고는 연이어 과일 나무들이 가득 들어서 있는 이른바 개천으로 길이 나 있었다. 나이가 많은 여주인은 사과들이 담긴 광주리 하나를 가게에 놓아두었고, 지나가는 사람들은 거기에서 과일을 사기도 했다. 그 집에서는 어떠한 변화도 일어나지 않았다. 의자들로 둘러싸여 있던 오래된 목재 식탁은 내가 아주 어렸을 때부터 알고 있었던 것으로, 나는 그것이 오랜 세월 동안 여전히 그곳에 서 있는 것을 보아왔다. 나무 상자의 괘종시계는 세월이 흘러도 변함없는 그 집의 생활에 째깍거리는 소리를 더해주고 있었다. 외숙부는 십여 년 동안이나 항상 같은 상의(上衣)를 입고 있었다. 단지 그 자신도 역시 외부를 방문했던 일요일에는 예외였다. 왜냐하면 그는 성실한 농부였고, 그동안 매각되었던 외할아버지의 기사령(騎士領)의 소유자들에게 경작에 관한 가장 좋은 조언을 제공해 주기도 했기 때문이다. 여주인은 조용히, 옛날식으로, 부지런히, 검소하게 집안을 꾸려나갔다. 큰 딸은 모든 일들을 거들었다. 막 꽃피고 있었던 그 아래 딸은 나를 정원의 이곳저곳으로 끌고 다녔다. 그 모든 것들은 함께 그 시절의 세계에서 전적으로 유일한 하나의 모습을 이루었다. 어머니의 남동생은 토지를 상속받았지만, 전쟁 기간에 행해졌던 징발로 인해 재산이 분할된 후에는 견뎌낼 수가 없었으므로 도시로 이사했으며, 그곳에서 얼마 동안은 매우 화려하게 살았다. 그는 레미케(Lehmicke) 남작으로 불렸다. 그는 다른 집안의 명망 있는 한 농업가의 딸과 결혼했으므로, 그의 가족은 일정한 행세를 했고, 이에 대해 우리는 다른 사람들 뒤로 물러났다. 모든 것이 넉넉했다. 조용하게 정착된 가정생활, 화려함과 분주함, 상인으로서의 활동, 이것들은 당시에 그의 가정에서 통합되어 있었다. 문학과 학문에 관해 이야기하는 경우는 없었고, 오로지 돈벌이, 금전 보유, 농업 경영, 그리고 한 작은 도시에서 가능할 만한 호화로운 생활에만 관심이 있었다.

나는 아버지와 함께 라이프치히로 가는 우편마차를 탔다. 이 마차는 물품 궤짝들과 상자들을 높다랗게 쌓이도록 실었으므로 여행객들을 위해서는 겨우 두어 개의 자리가 있을 뿐이었으며, 이것도 겨우 마련된 것이었다. 라이프치히에서는 노년의 한 지인이 우리를 맞이해 주었다. 그는 시 경비원으로 새로운 구역의, 개천 옆에 있는 한 작은 예쁜 집에서 살고 있었다. 그곳에서 멀지 않은 기사(騎士) 거리에 나는 거처를, 나를 위해 특별하게 마련되었던 나의 첫 번째 공부방을 정했다. 아버지는 자신의 대학 시절에 대한 기억을 떠올렸으며, 수강했었던 교수들 중 한 분으로 여전히 살아 계셨던 플라트너(Platner) 교수를 나와 함께 방문한 후에는 우리와 작별했다. 아버지는 잠깐이나마 더 머무르고 싶었을 것이다. 나는 포르테로부터 온 몇 명의 친구들을 발견했고, 나의 생활을 준비했다.

내가 입학 수속을 신청하고서, 학장실 문을 들어섰을 때, 그는 막 새로운 상의를 입으려 하고 있었다. 문을 열어주었던 하인은, 마치 마땅한 듯이 꾸지람을 받았다. 나는 뒤로 물러섰다가, 포르테에서 가져온, 양피지 비슷한 한 장의 큰 종이에 가장 우수한 평점이 기록된 나의 뛰어난 증명서를 제출했을 때 곧바로 매우 인자로운 대우를 받게 되었다. 학장은 신학자 디트만(Dittmann)이었다. 그는 나이가 많은 만년학생(萬年學生)들만이 참석했던 실천신학(die praktische Theologie)에 관한 콜로키엄(Colloquium)을 이 사람, 저 사람에게 한 줌의 담배를 부탁하면서 쾌활하고, 온화하게 진행시켰다. 내가 포르테 출신의 친구들과 함께 방문했던 첫 번째 강의들 중 하나는 빌란트(Wieland) 교수의 역사 강의였다. 여기에 참석했던 것은 이 학문에 대한 열성 때문이었다고 말하기는 어렵다. 사실 나는 이 학문에 관해 어떤 개념도 당시에는 가지고 있지 않았으며, 오히려 우리가 등록을 할 때 교부받았던 인쇄된 안내문을 통해 그렇게 권고받았기 때문이었다. 역사 서술을 발생적으로 취급하는 문제에 관해 하나의 관념을 전달했던 그의 입문강의는 자극적이기에 충분했다. 그러나 우리는 곧바로 세계사의 발전 속에서는 그 실마리를 완전히 잃어버렸다. 역사책들에 관해 당시까지 나를 위협했던 것은 수많은 본래 그대로의 비망록들, 그것들이 전달했던 이해되지 않는 사실들이었다. 우리의 교수님은 엄청난 열정을 갖고 있었으나, 우리가 사건들에 관해 이해하는 것을 촉진시켜 주지는 못했다. 그의 강의실과 강의 방식은 매우 특별했었다. 그의 강의실은 그의 연구실과 바로 붙어 있었고, 연구실 문 옆에 그의 강단이 있었다. 그는 일반적으로 그 문으로 나타나기 전에 우리를 오랫동안 가다리게 했다가 갑자기 강단 위로 등장했다. 바로 그의 앞에 앉았던 학생들은 고통스러웠다. 왜냐하면 그는 말을 하면서 침을 튀겼고, 그것이 너무나 격렬했으므로, 그 학생들이 받아쓰고자 펼쳐두었던 노트를 축축하게 적셨기 때문이다. 그러한 학생들은 조용히 받아쓰기 위해 빨간 우산을 펼쳐드는 일조차 일어났다. 그는 그것을 기꺼이 허락했다. 그는 18세기의 학파에 속하는 인물이었다. 고대에 관해 그는 매우 개략적인 개념만 갖고 있었다. 그가 로마 군대의 부사령관(Legat)을 아무렇지도 않게 육군 중장(Generalleutenant)으로 부르는 등, 모든 고대 관명(官名)들을 근세적으로 표시하는 데 있어서 그러했다. 물론 이 강의들은 나에게 아무런 영향도 주지 않은 채 지나가 버렸다. 그리고 우리는 이 장소로부터 다시금 벗어났던 것에 기뻐했다. 왜냐하면 이 교수의 부인이 좋아했던 고양이들이 강의가 열리지 않을 때는 그곳을 돌아다니면서 냄새를 피워댔고, 그 냄새는 그곳에 오래 머무를수록 더욱 더 참을 수 없게 밀려왔기 때문이다. 빌란트 교수가 자신 및 자기 부인과 가까웠던 몇몇 젊은이들에게 자극을 주었다는 것은 사실이다. 왜냐하면 그에게는 다방면의 많은 지식들이 있었기 때문이다. 그러나 나는 그를 가까이하고자 시도하지는 않았다.

나에게 훨씬 더 많은 만족을 주었던 내용은 취르너(Tzschirner) 교수의 교회사 강의들에 있었다. 독일에서는 전반적으로 교회사가 발췌된 것이며, 일반 역사보다 여러 권으로 좀 더 잘 편집되어 있다. 그 대상은 좀 더 제한된 경계들을, 하나의 결정적인 교의적(教義的) 교육 관심을, 큰 사건들을 통해 윤곽이 구획된 하나의 정확한 진행을 갖고 있다. 그리고 문헌과의 연관 관계는 전체를 더 잘 파악될 수 있도록 만든다. 취르너 교수는 슈뢰크(Schröckh)[40]의 교회사를 완성시켰지만, 이 사람에게는 훨씬 미

---

40) 슈뢰크(Johann Matthias Schröckh, 1733~1808)는 독일의 교회사가로서 1767년부터 비텐베르크(Wittenberg) 대학의 교수를 역임했다. 그는 방대한 작품인 『기독교

치지 못했으며, 너무 수다스러웠다. 그러나 그는 자신의 대상에 관해 하나의 감각을 갖고 있었다. 우리는, 그가 그리스 교회와 라틴 교회의 대립에 관하여 설명하는 과정에서 많은 훌륭한 점과 명백한 점을 이야기했을 때, 그리고 자신이 완수하지 못했던 것을 서술할 것이라는 자신의 의도에 관해 설명했을 때는, 우리는 물론 그에게서 불만을 느꼈다. 그리고 나서 내가 집으로 갔을 때, 나는 중세와 근세의 문헌들에서 거대한 작품들과 강력한 주도적 인물들을 연구해 보겠다는 자극을 느꼈다. 우리는 거대한 지식의 들판이 그곳에서 열릴 것이라고 예감했다.

나는 대학 공부에서 처음의 몇 년 동안에는 신학에 몰두했다. 그러면서도 내가 진행시켰고, 또한 내 마음을 끌었던 그 외의 분야들이 있었다. 즉 『구약성서』와 『신약성서』의 여러 기록서들에 대한 문헌학적 입문, 『신약성서』의 몇 개의 기록서들에 대한 설명이 그것들이었다. 나는 그 내면 속으로, 교의(敎義) 그 자체에로까지 깊이 들어가지는 못했다. 나의 학우들의 엄청난 노트들, 그들이 받아쓰셨던 두 개의 두꺼운 책들은 나를 놀라게 했다. 그러나 전반적으로 나는 그곳 신학의 정신과는 명백한 모순을 발견했다. 도처에서 지배하고 있었던 것은 중도적 합리주의였다. 사람들은 그것이 실천적으로 나타났을 때는, 그것과 조화할 수 있었지만, 그러나 이론적인 확신이 중요했을 때는 그렇지 않았다. 대립된 원리들을, 즉 성서로서 고지되어 있고, 인정되어 왔던 절대적으로 가치 있는 것과 일순간의 이성적 판단(Raisonnement)을 통합하고자 하는 것은 세상에서 가장 중요한 잘못된 견해이다. 나의 모든 감정들은 전자에게로 향해 있었다. 나는 어째서 그렇게 되었는지를 내 스스로도 모른다. 내 주위에서는 일찍

교회사(Christliche Kirchergeschichte)』, 45Bde.(1768~1812)을 저술했다. 이 작품의 마지막 2권은 취르너(Tzschirner)가 편집했다.―역자 주

부터 모든 것이 합리주의에로 나아가는 성향을 띠고 있었지만, 그러나 이 합리주의가 나에게는 만족스럽지 못했고, 피상적이며 공허했다. 나는 무조건적으로 믿었다. 그렇지만, 그것이 본시 얼마나 넓게 미치는지를 말한다는 것은 나에게 어려운 일이었던 것 같다. 왜냐하면 사람들이 그렇게 표시하듯이, 초자연주의적인 것은 모든 체계로부터 자유로우면서도, 그 사실에 대해 확신할 수 있는 정신의 한 방향일 뿐이기 때문이다. 나는 바울(Paul)의 서신들에 많이 몰두했었고, 예를 들면 갈라디아인들(die Galater)에게 보낸 바울의 서신이 지닌 연관 관계를 해명하기 위해 나 자신이 몇 개의 편지를 써보기도 했다. 나에게 큰 만족을 주었던 것은 시편(詩篇, die Psalmen)을 히브리어로부터 율동적으로, 그러나 가능한 한 원문에 충실하게 번역하는 시도였다. 나는 고대 전성기의 사상과정을 이해하고자, 이 진기한 잔존물들의 각 단편이 지닌 가장 고유한 내용을 파악하고자 노력했다. 나는 그 하나, 하나를 열왕기(列王記)의 개별 순간들에 관계시킬 수 있다고 생각했다. 나는 몇 개의 오래된 참고서들을 통해 스스로 시도해 본 후에야 데 베테(De Wette)[41]를 읽었다. 나는 그때 이후로, 시편 속에서는 개인적인 방식의 종교적 감정뿐만 아니라, 객관적인 종교 일반을 또한 볼 수 있다는 생각을 항상 갖게 되었다.

사람들은 시편을 다비드(David)의 노래들로 간주하는 태도를 이미 벗어났으며, 그리고 나의 정통파 신앙은 그렇게 멀리 나아가지 않았으므로,

---

41) 데 베테(Wilhelm Martin Leberecht De Wette, 1780~1849)는 독일 신학자로서 하이델베르크 대학과 베를린 대학의 교수를 역임하고 1822년부터는 스위스의 바젤(Basel) 대학에서 교수 생활을 했다. 저서로는 『구약성서 입문(Beiträge zur Einleitung in das Alte Teatament)』, 2Bde.(1806~1807)·『역사학적·신학적 성서교본(Lehrbuch der historischen und theologischen Einleitung in die Bibel)』(1817)이 있다. - 역자 주

내가 오래된, 명확한 근거들을 통해 논박당했던 견해로 되돌아갈 정도는 아니었다. 그러나 사실에 있어서는, 대부분 그것을 노래하는 사람은 한 명의 왕이다. 사람들은 그가 저항하고 있는 요소들과 투쟁하고 있는 것을 본다. 그는 자신이 거의 몰락할 지경이라는 것을 느낀다. 그는 자신의 눈을 자신에게 길을 제시하는 영원한 북극성을 향해 설정하고 있다는 사실을 통해서만 구원받는다. 미리 말해두자면, 내가 후일에 프리드리히 빌헬름 4세(Friedrich Wilhelm IV)[42]를 좀 더 가까이 알았을 때, 비록 그는 그렇지 않아도 저 신앙적·행동적인 영웅들이 보여주었던 태도로부터는 여전히 멀리 떨어져 있었지만, 그가 개별적으로 표현했던 말들 속에서 나타냈던 비슷한 정서는 나의 주의를 끌었다. 그러나 국왕이 그 자신의 고유한 개인으로서, 사람들이 주목한다면 충분하게 느껴지는 그 자신의 특별한 상태에서 말할 때, 그는 동시에 마치 한 사람의 일반적인 남자처럼 이야기한다. 즉 그는 모든 사람들에게 이해될 수 있고 파악될 수 있는 인물이다. 아무리 그가 종속되어 버린 상황들 속에 있다 해도, 그는 사람들을 대표한다. 이제 나는 회색빛의, 신이 내재하는, 그리고 신을 믿었던 고대의 탁월한 기념물들에 몰두했고, 대학 강좌들이 몰두했던 신학적 문제들로부터는 물러났다. 그렇지만 나는 이 문제들을 조금도 경멸하지는 않았다. 나는 단지 그 문제들의 습관적인, 주제 넘는 해결에 만족을 느끼지 못했을 뿐이다. 설교가들 중에는 숙달된 설교 능력을 지니고 있는 사람들이 있지만, 나에게는 규범들을 별로 따르지 않았던 한 사람이 깊은 인상을 주었다. 그의 이름은 핑케(Finke)였으며, 그는 개혁된 교회에서, 그 외의 라이프치히 교회들에서는 일반적이었던 장엄한 방식과는 다르게 예배를 주재했다.

---

[42] 프리드리히 빌헬름 4세(Friedrich Wilhelm IV)는 프로이센 국왕으로, 1840~1861년 동안 재임했다. ― 역자 주

교수들 중에서 가장 유능한 학자들은 문헌학자들(Philologen)이었다. 가장 확대된 학문에서, 특히 역사와 문학에서 크리스티안 다니엘 베크(Christian Daniel Beck),[43] 그리고 자기 시대에서 제일의 문법학자이며, 운율학자이자 문법비판가인 고트프리트 헤르만(Gottfried Hermann)이 그러했다. 헤르만은 그리스어 문법에 관해 탁월한 강의를 했다. 특히 그는 자신이 탁월하게 해석했던 핀다로스(Pindar)[44]를 이해될 수 있도록 가르쳐 주었다. 『신통기(神統記, Theogonie)』에 관한 강의에서는 그는 한 사람의 위대한 언원학자(言原學者, Etymolog)로 보였다. 나는 내가 그 절반만을 순수한 것으로 인정하고자 했던 테오크리토스(Theokritos)[45]의 작품에서 나의 실력을 시험해 보고자 시도했다. 그리고 나는 나에게 명백한 단편들을 번역했다. 그다음으로 나는 산문가들(Prosaiker) 중에서는 내가 철저하게 통독했던 투키디데스(Thucydides)에게로 나아갔다. 나는 그의 정치 이론들

---

43) 베크(Christian Daniel Beck, 1757~1832)는 문헌학자·신학자·역사가로서, 1779년부터 라이프치히 대학의 교수를 지냈다.—역자 주
44) 핀다로스(ca. 518~446 B.C.)는 시인이자 올림피아(Olympia)·델피(Delphie) 등에서 열리는 그리스 민족 축제들의 경연대회에서 승전가의 작곡으로 여러 번 우승했던 축제 음악의 작곡가였다. 시인으로서 그는 엄숙하고 힘이 넘치는 귀족적 품위를, 신들에 대한 경건한 신앙을 보여주었다. 그의 시는 후일에 동로마에서 많이 읽혔고, 서유럽에서는 르네상스 시기에 보급되었으나 제한적이었다. 독일에서는 그의 송시(頌詩)가 17세기의 독일 인문주의자들에 의해 알려졌다. 그의 언어 활용에서의 열정적인 비약, 자유로운 운율 등은 괴테(Göthe)와 횔더린(Hölderin)으로부터 주목을 받았다.—역자 주
45) 테오크리토스(ca. 270~? B.C.)는 민속 노래를 활용하여 목가시(牧歌詩, 田園詩)의 모델을 세웠던 그리스 시인으로, 짧은 서사시, 연애시, 풍자시도 썼다. 자연적인 것, 민속적인 것을 표현했던 그의 목가시들은 로마인들에게서 애송되었고, 베르길리우스의 모델이 되었으며, 이로써 라틴어권의 모든 목가시들에 영향을 주었다.—역자 주

을 발췌했다. 그는 번역 시도를 통해 그에게 접근하지 않고서도 내가 머리를 숙이는 강력한 위대한 정신의 소유자이다. 핀다로스의 경우에서도 마찬가지이다. 그의 독창성에 대한 감명, 그에 대한 최대한의 이해는 내가 의도하고 있었던 모든 것이었다. 고대에 대한 연구들은 니부르(Niebuhr)[46]의 『로마사』를 통해 나에게서 강력한 자극을 얻었다. 그의 이 작품은 첫 번째의 독일어 역사 저술이라는 인상을 나에게 가져다주었다. 그 속에는 내가 당시까지 어떠한 예감도 갖고 있지 못했던 많은 것들이 들어 있었다. 나는 또한 하우볼트(Haubold)[47] 교수에게서 유스티니아누스(Justinianus)의 법제도(Institutionen)[48]에 관한 강의를 듣고자 하는 생각도 가끔씩 했었다.

그러나 이러한 공부들에 나는 충분하게 몰두하지 못했다. 철학이 또한 그사이에 나의 관심을 끌었고, 무엇보다도 피히테(Fichte)가 그러했다. 그 당시의 시대가 주었던 인상들은 우리로 하여금 중세의 위대한 작품들

---

46) 니부르(Barthold Georg Niebuhr, 1776~1831)는 코펜하겐 출신으로 킬(Kiel) 대학에서 수학한 후 덴마크에서 공무원 생활을 하던 중에 슈타인(Freiherr von Stein)의 요청으로 프로이센의 재정 고문이 되었다가, 1810년에 베를린 대학이 창설되자 이 대학에서 로마사를 강의했다. 이 강의를 토대로 하여 그는 『로마사(Römische Geschichte)』, 2Bde.(1811~1812)를 발표했고, 제3권은 그의 사후인 1832년에 출판되었다. 이 작품은 그가 문헌학적·비판적 방법을 역사 연구에 처음으로 활용함으로써 랑케로부터 높은 평가를 받았거니와 19세기의 역사 연구에 새로운 초석을 마련한 획기적인 작품이 되었다. 그는 1816~1823년 기간에는 로마 주재 프로이센 공사를 지낸 후 다시금 본(Bonn) 대학의 역사 교수가 되었다. — 역자 주
47) 하우볼트(Christian Gottlieb Haubold, 1766~1824)는 1789년부터 라이프치히 대학의 교수였다가 1816년부터는 프로이센 사법부의 판사가 되었다. — 역자 주
48) 동로마 황제 유스티니아누스(Justinianus)의 주도하에 편찬되었던 『로마법대전(大典)(Corpus juris civilis)』의 제3부로서, 초학자들을 위한 로마법 주석서이다. — 역자 주

에 접근하도록 작용했다. 나는 친구 안톤 리히터(Anton Richter)를 통해 조형 예술에 관심을 갖게 되었다. 이에 대한 흥미에서 나는 1817년 가을에는 라인(Rhein) 강 지역을 도보로 여행했고, 하이델베르크(Heidelberg)에서는 부아스레(Boisserée)49)가 수집한 회화들로부터 깊은 인상을 받았다. 독일어에 대한 관심을 나는 1817년에 일반적으로 새로이 일어났던 루터에 대한 기억을 통해 그의 저술들을 공부함으로써 갖게 되었다. 이전에 나타났던 그에 관한 빈약한 대중적인 서술들은 나로 하여금 순수한 문서들을 연구하면서, 그의 생애기를 서술해 보겠다는 시도를 하도록 만들었다. 나는 너무 많이 착수했고, 너무 많이 시도했다. 나에게서는 수단들이 모자란다는 문제가 나타나기 시작했다. 프랑크푸르트(Frankfurt an der Oder)에서 훌륭한, 영예로운 자리가 나에게 제공되었던 것은 하나의 행운이었다.

일찍 시작했던 교사 생활

나의 교직 생활은 가르친다는 의무가 부가되었을 뿐 본시는 대학 생활의 연속이었다. 나는 매우 탁월한 친구들도 만났다. 슈탕게(Stange)는 타고난 자연연구자, 하이들러(Heydler)는 철학적인 고고학자, 포포(Poppo)는 박학과 조숙함으로 출중했던 그리스어 연구자였다. 나의 고향이 그 사이에 프로이센 국가로 편입되어 버린 것은 하나의 새로운 거대한 순간이

---

49) 부아스레(Sulpitz Boisserée, 1783~1854)는 예술품 수집가이다. 그는 1803년에 파리를 여행하면서 슐레겔(Schlegel)로부터 영향을 받아 옛 예술품에 대한 관심으로 독일 예술품들을 수집하기 시작했고, 이 수집품들을 1810년에는 하이델베르크에 보관했으며, 괴테(Goethe)는 이를 보고서 크게 감명을 받기도 했었다. 그 후에 바이에른(Bayern)의 루트비히(Ludwig) 1세 국왕은 이 수집품들을 구입했었고, 뮌헨의 피나코테크(Pinakotheke)에 소장시켜서 지금까지 전해지고 있다. - 역자 주

었다. 젊은 공무원들과의 점심식사, 정신적으로 활기찬 관료 행정, 체조협회(Turner), 얀(Jahn)50)의 출현, 쉽사리 흥분하는 동생 하인리히(Heinrich)와의 지극히 친밀한 우정과 대립 등등. 하인리히가 할레(Halle)에서 대학을 다닐 때, 우리는 서로를 찾아갔고, 일반적인 방식의 공부에서는 서로 가까이 접근했었다. 종교에서 나는 당시에 그보다 더 적극적이었다. 그러나 이제 비로소 나는 일반적인 역사 공부를 시작했고, 이 공부를 우선 문헌학적 연구와 연결시켰다. 나는 고대 역사가들을 방법론적으로 철저하게 읽었다. 나는 크세노폰(Xenophon)51)도 파악할 수 있다고 믿었다. 나에게 전적으로 새로웠던 것은 그리스 역사가들이 로마사에 관해 서술한 것이었다. 그다음으로 나는 라틴어의 도움으로 중세 시대로 넘어갔다. 나는 모든 편람서(便覽書)들을 무시했다. 휴고 그라티우스(Hugo Grotius)52)에 의

---

50) 얀(Friedrich Ludwig Jahn, 1778~1852)은 대(對)나폴레옹 전쟁에 참가했다가 그 이후로는 문학 활동과 특히 체육 운동을 통해 독일의 민족의식을 고취시키고자 했으며, 체육협회를 조직하기도 했다. 여기에는 독일의 통일과 자유주의적 헌법을 요구하는 독일학생연맹(Burschenschaft)이 중요한 역할을 했으며, 따라서 이 운동은 자유헌법운동에 거부적인 당국으로부터 탄압을 받기도 했었다. 이 운동은 옛 게르만의 민족혼을 숭배함으로써 청년층으로부터 열광적인 호응을 불러일으켰으나, 대중적인 민족의식을 고취하는 저급한 성격을 띠고 있었다. - 역자 주
51) 크세노폰(B.C. 430~350)은 『일만 명의 퇴각기(Anabasis)』라는 성공적인 대중적 작품과 그리스 말기의 역사를 스파르타의 관점에서 서술한 『헬레니카(Hellenica)』를 저술했다. 그는 다재다능한 문필가였으나, 본격적인 역사서술가는 아니었다. 그가 자신의 스승인 소크라테스(Sokrates)에 관해 기록한 『회상록(Memorabilia)』은 그리스 시대의 가장 탁월한 회상록 저술로 인정되고 있다. - 역자 주
52) 그라티우스(1583~1645)는 정치가이자 국제법을 창건한 법학자로서 네덜란드에서 인문주의적 역사 서술을 보여주었던 역사가이기도 하다. 그는 타키투스를 모범으로 삼으면서 고트족(Goths)·랑고바르드족(Lombards)·반달족(Vandars)의 역사를 서술했다. - 역자 주

해 발간되었던 중세 라틴 역사가들의 작품은 고트족(Gothen)과 랑고바르드족(Langobarden)에 관한 개념을 처음으로 제공해주었다. 도서관은 많은 게르만 연대기들(Scriptores rerum Germanicarum)[53]을 보유하고 있었다. 여기에서 나는 독일 황제권을 알게 되었다. 중세 후기에 관해서 나는 옛 프랑스의 자료들을 발견했다. 나의 모든 관심들은 15세기와 16세기 초의 시기들을 일깨워주었다. 여기에서 나는 나의 첫 작품을 저술하기 위한 관점을 세웠다. 나는 이미 26세가 되었다.

---

53) 19세기 초 유럽의 각국에서 왕성하게 작용하고 있었던 민족의식 속에 각국에서는 자기 민족의 과거 역사에 대한 관심이 어느 때보다 강하게 일어났고, 그에 관한 문헌 수집 작업이 활발하게 진행되었다. 독일에서는 1820년부터 『게르만 역사 문헌집(Monumenta Germaniae Historica)』의 편찬 작업이 시작되었고, 이 작업의 제1부로서 중세 게르만족의 연대기와 역사 서술을 수집한 것이 바로 '게르만의 연대기들'이다. — 역자 주

2. 1869년 5월의 구술

프랑크푸르트 시절: 1818년 가을부터 1825년 봄까지

내가 프랑크푸르트(Frankfurt a. O.)[54]에 있는 김나지움의 공로교사 (Oberlehrer)직에 부임했을 때, 나는 아직 매우 젊었고, 더욱이 더 젊어 보

---

54) 프랑크푸르트(Frankfurt an der Oder)는 프랑크푸르트(Frankfurt am Main)와는 다른 북부 독일의 도시이다. 프랑크푸르트(Frankfurt a. O.)는 독일 북부의 오데르(Oder) 강을 끼고 그 양편으로 형성된 도시로서 프로이센 국가의 근거지인 브란덴부르크(Brandenburg)의 수도이다. 그러므로, 이 도시는 정치적·문화적으로 중요한 역할을 해왔으며, 특히 경제적으로 상업 도시로서 번영을 누려왔다. 이 도시는 1368년에 한자(Hansa)동맹에 가입했었고, 7년전쟁 시기였던 1759년에는 러시아에 의해, 1806~1808년과 1812~1813년에는 프랑스에 의해 점령당하기도 했었다. 랑케의 아버지는 아들이 정치적·경제적·문화적으로 중요한 이 도시에서 프로이센의 공무원이 된 것을 기뻐했다.

그런가 하면 프랑크푸르트(Frankfurt a. M.)는 역시 프로이센의 통치 지역인 비스바덴(Wiesbaden)의 가장 큰 도시로서 마인(Main) 강을 끼고 그 양편으로 형성되어 있다. 이 도시는 독일의 가장 중심 지역에 위치해 있으며, 1562년부터 1806년까지 독일 황제들이 대관식을 가졌던 유서 깊은 곳이거니와, 1848~1849년에는 이곳의 파울 교회(Paulskirche)에서 독일민족회의(Nationalversammlung)가 개최되었던 역사를 갖고 있다. 랑케는 이곳의 도서관에 보관되어 있는 제국의회 문서들(Reichstagsakten)로부터 자신의 저술들을 위한, 특히 『종교개혁 시기의 독일사』를 위한 많은 자료들을 발견할 수 있었다. - 역자 주

였다. 나는 여름 방학이 끝날 무렵에 도착하여 아직 시간이 있었으므로, 교외 지역을 둘러보았으며, 사람들보다는 나무들 및 언덕들과 더 많이 친해질 수 있었다. 이 지역의 상태는 나를 완벽하게 만족시켜주었다. 큰 강이 흐르고 있고, 우거진 숲으로 뒤덮인 언덕들이 연결되어 있고, 이 연결 맥(脈)은 이 도시가 세워져 있는 지역의 왼편을 둘러싸고 있으며, 작은 계곡들을 통해, 또는 그것들 사이로 실개천들이 흐르고 있다. 도시 외곽의 한쪽 방향으로는 보리수들이 늘어선 긴 길이 넓은 광장으로 연결되어 있다. 또한 황량해져 버린 한 교회의 정원에는 옛 시기들을, 예를 들면 브라운슈바이크(Braunschweig)의 레오폴트(Leopold) 대공55)의 시기들을 회상시키는 여러 개의 기념물들이 서 있었다. 그 대공의 장례는 한 편의 장려한 시로써 칭송되면서 애도의 물결 속에 바로 이곳에서 치러졌던 것이다. 프랑크푸르트(Frankfurt)가 먼 지역들과 교역을 하면서 활동했던 한자(Hansa)동맹56) 시대를 눈앞에 보여주는 시장광장도 있다. 장엄한 교구 본당 교회도 역시 마찬가지로 이 도시가 강력했던 시기들을 상기시켜 준다. 마지막으로 나는 부속학교를 갖고 있었던 하나의 작은 교회도

---

55) 레오폴트 대공(Herzog Leopold von Braunschweig, 1752~1785)은 프랑크푸르트에서 연대장으로 복무하던 중에 제방이 터지자 주민을 구하려다 익사했다. 그의 행위를 괴테·헤르더 등이 시를 통해 찬양했다. — 역자 주
56) 중세 후기에 도시들의 발달과 상업 활동이 왕성해짐에 따라 도시들은 자치권을 확보해 나갔으며, 또한 도시들끼리 동맹체를 만들기도 했다. 이것은 도시들이 상업 활동에서 제국의 공권력으로부터 안정을 보호받기 어려워짐으로써 정치적·경제적·군사적인 자구책을 강구할 필요성에서 나온 것이다. 한자동맹은 14세기 초에 결성되어 중세 후기 이래로 가장 중요한 도시동맹체로서 전성기에는 100여 개의 가맹 도시들로 구성되었고, 그 활동 범위는 동쪽으로는 노브고르트(Novgords)에, 서쪽으로는 런던에까지 이르렀다. 이 한자동맹은 16세기에 대서양 무역 시대가 시작되면서 사양길로 들어섰다. — 역자 주

언급하고 싶다. 이 학교는 내가 나의 후일의 동료들이 되었던 몇 사람들과 처음으로 만났던 곳이기도 하다.

내가 발견했던 가장 호감이 가는 곳은 베스터만(Westermann) 도서관이었다. 이 건물은 옛 대학57)의 건물들이 있는 공간에 세워져 있었다. 그 외에도 물론 이 건물은 비록 아직도 자체의 종교적 재단의 휘장(徽章)을 과시하고 있었지만, 당시에는 이미 매우 황폐해져 버린 상태에 있었다. 예전에는 이 건물이 경제적인 목적들을 위해 활용되고 있었다. 짚더미와 유물들의 무더기들, 그리고 여러 가지 나무들 사이로, 그리고 널빤지들을 깔아서 보완시킨 통로 위로 나아가면 책들로 가득 찬 한 거대한 회당(會堂)에 이르게 되며, 이곳은 좀 더 훌륭한 인상을 만들었다. 이전의 한 대학 교수가 많은 책들을 수집해 자신의 개인적인 목적으로 사용했었으나, 그것들을 유언을 통해 김나지움에 남겼다. 나는 비록 학문적인 도시로부터 왔지만, 한 번도 거대한 도서관에 자유롭게 들어가 보지는 않았으므로, 그만큼 더 큰 만족감으로 이 건물을 바라보았다. 이 건물은, 사람들이 나에게 말했듯이, 전적으로 교육 기관의 교사들을 위해 세워진 것이었다. 나는 당시까지 단지 듣기만 해왔던 수많은 책들을 이곳에서 만날 수 있게 되었다. 그것들 중에서도 라이마루스판(Reimarus版)의 잘 보존된 카시우스(Dio Casius)58)의 작품은 나에게 깊은 인상을 주었다. 그러나 또한 나는 역사학적·문헌학적, 그리고 일반적인 학문의 모든 다른 세부 분야들에서

---

57) 프랑크푸르트에는 본래 브란덴부르크 선제후가 1506년에 설립했던 대학이 있어왔지만, 이 대학이 1811년에는 브레슬라우(Breslau) 대학에 병합되었다.―역자 주
58) 카시우스(ca. 150~185 B.C.)는 소아시아의 니케아(Nicea) 출신으로서 로마의 통령으로 활동하다가 은퇴 후에 『로마사(Romania historia)』, 80Bde.를 저술했다. 이들 중에서 17권, 36~54권이 남아 있으며, 이것들은 로마공화정의 몰락과 제정(帝政) 초기에 관한 중요한 자료가 되고 있다.―역자 주

도 나의 앞으로의 연구들에 대한 전망을, 내가 그것을 수행하고자 바랐던 바대로, 나에게 제공했던 가장 중요한 작품들을 발견했다. 왜냐하면 나의 영혼은 온통 그것을 지향하고 있었기 때문이었다. 비록 내가 라이프치히의 문헌학적·교육학적 세미나에서 이미 어느 정도 준비되었던 나의 직책을 사실상 내가 가장 중요한 직업으로 생각하고 있었지만 말이다.

방학이 끝났다. 교장이 도착했다. 그는 역사세미나 때부터 내가 알았던 나의 오랜 지인(知人)인 에른스트 포포(Ernst Poppo)였다. 이미 그때에 그는 자신의 투키디데스(Thucydides)[59] 연구를 통해 이름을 알렸지만, 이제 겨우 24세의 청년으로서 이 학교에 교장으로 임명되었으며, 이곳에서 자신이 생각하는 바의 정당한 업무를 수행하겠다는 생각을 하고 있었다. 그는 사람들이 나에게 되풀이해서 말하곤 했던 바와 같은, 그렇게 오로지 문헌학에만 빠져 있는 학자는 아니었다. 그는 당시에 일반적이지 않았던 영어를 이해하려 했고, 즐겨 읽었다. 그는 젊은 시절에 구벤(Guben)의 부목사인 자신의 아버지가 참여했던 한 독서 클럽에서 당시 읽히고 있던

---

[59] 투키디데스(ca. 456~395 B.C.)는 자신이 직접 참여했던 펠로폰네소스 전쟁(431~404 B.C.)을 다룬 『역사(Historia)』에서 단순히 전쟁 과정을 서술하지는 않았고, 페리클레스 시대의 아테네의 내분과 갈등 및 그 제국주의를 혐오하면서 인도주의와 평화를 애호하는 관점에서 서술했다. 사료를 다루면서 그는 사실과 상상한 것을 구별하여 역사 그 자체와 서술된 역사를 구분하는 비판적 방법을 세웠고, 역사 파악에서는 신적 요소와 운명을 배제하고 인간 행위를 역사의 작용 요소로 보았다. 또한 그는 역사 진행을 순환적인 것으로 이해하면서 역사에 교훈적 의미를 부여했으며, 무엇보다도 인간을 '정치적 동물'로 봄으로써 역사를 정치사 중심으로 파악하는 그의 고유한 모습을 세웠다. 그는 그리스 역사 서술을 산문 작가들의 서술 경지로부터 비판적 서술로 제고시켰을 뿐만 아니라, 고대 역사가들 중에서 가장 탁월한 역사 파악을 보여주었던 그리스 최대의 역사가였다. — 역자 주

정치적·일반적인 문헌을 익혔고, 일반적인 의미로 자유주의적이었던 자신의 방향을 세웠다. 그리고 나서 그는 라이프치히에서 대학 공부를 하면서 매우 단호하게 헤르만(Hermann) 학파의 문헌학적 연구들에 헌신했으며, 그러면서도 다른 학생들이 모두 다 완벽하게 받아들였던 시인들보다는 자신이 수정하고자 시도했던 산문 작가들에 더 많이 몰두했었다. 나는 지금도, 그가 어떻게 당시에 젊은 석사학위자(Magister)로서 강단 위에 서서, 논박들을 물리치며 모든 경쟁자들 위로 우뚝 서게 되었는지를 기억하고 있다. 그는 명예의 검(名譽刀, Ehrendegen)을 왼편에 차고 있었던 키가 크고 듬직한 모습이었다. 그는 우리들 모두보다 그리스 문학에 더 정통했고, 그리스어로 말할 줄도 알았다. 그가 그리스어 학습을 학교 수업에도 도입하고자 시도했던 일은 그 자신의 교육적 명성을 해쳤다. 그러나 그는 사람들이 말했던 바처럼 그렇게 현학적인 사람은 결코 아니었다. 그는 그 학문의 본질적인 분야들에서 학습을 위한 결정적인 재능을 갖고 있었으며, 모든 관계들에서 큰 권위를 누리고 있었다. 게다가 그는 실수가 없는 출중한 인물이었다. 그의 영혼 속으로는 다른 어떠한 생소한 노력도 들어오지 못했다. 학교를 진흥시키는 일이 그의 유일한 생각이었다. 그가 이 과제를 수행하는 데 있어서 자기를 지원하는 데 적합한 인물로서 나를 적임자로 간주했다는 사실은 나에게 과분한 만족이었으며, 나는 그것을 위해 최선을 다하기로 결심했다.

 교장 다음으로는 맨 먼저 마찬가지로 존경스러운 사람이 있었다. 그가 교감이었던 수학교사 슈마이서(Schmeißer)였다. 그는 수업 방법에서 가장 크게 공헌했으며, 나는, 수학자 야코비(Jacobi)가 후일에 그를 수학 교육에서 새로운 길을 개척한 인물로 지칭했던 일을 기억하고 있다. 나의 가장 가까운 동료는 공로교사(Oberlehrer) 슈탕게(Stange)였다. 그는 교장보다 나이가 훨씬 더 많지는 않았으며, 이미 오래전부터 기숙사ㅡ이 학교에는 작은 기숙사가 부속해 있었다-의 사감 직을 맡고 있었다. 그는 할레(Halle) 대학 교수의 아들로서 조용한 외모를 지녔고, 얼마간 활기가 없었으며, 별로 기대가 가지 않는 편이었다. 그러나 그는 지극히 광범위한 지식을 갖고 있었고, 우리에게는 항상 하나의 생소한 영역으로 남아 있었던 자연 과학들에 관해 특히 그러했다. 그는 꽃을 좋아하여 직접 재배했으며, 교외에 작은 경작지를 소작하고 있었다. 가까운 언덕들이라고 불리던 그곳을 그는 자신의 소질을 충족시키기 위해 친구와 공동으로 그렇게 했던 것이다. 그는 명예욕을 벗어난, 깊고도 숨김없는, 참으로 정직한 본성을 지녔고, 결코 내면적으로 동요되지 않는 사람이었다. 우리는 가끔씩 밤에 얼근하게 한잔을 하고서 교외의 저 보리수나무 길로 산책을 나갔으며, 마치 어느 한 노인이 말하듯이, 그 빛나는 어두움을 즐겼을 뿐만 아니라, 또한 동시에 지극히 다양한, 다른 방향들로부터 일어나는 견해들도 주고받으면서 세계가 우리의 개념들에 따라 우리 앞에서 실현되기를 희망했었다. 그는 얼마 안 되어서 나에게 자기 거처의 한 부분을 맡겼고, 나는 그곳으로 이사를 갔다. 우리들 네 사람은 공로교사(Oberlehrer)들이었고, 모두 미혼이었으며, 이것은 도대체가 대학 생활을 여전히 상기시키는 관계를 만들어냈다. 본시 나는, 라이프치히에서보다는 프랑크푸르트에서 내가 그러한 생활을 더 많이 향유했다고 말하지 않을 수 없다. 나는, 비록 많지는 않았지만, 일정한 봉급을 받으면서 그곳 라이프치히에서보다는 얼마간 더 활기 있게 생활했다. 우리가 활발하게, 여러 가지 면에서 일치하면서, 그리고 끊임없이 대화하고 논쟁하면서 산책을 할 때는, 주민들이 바라보기도 했었다.

사교 관계들에 관해서도 이야기해 보자면, 나의 아우 하인리히(Heinrich)가, 사람들이 말하듯이, 내가 아직 그곳에 충분하게 적응하기도 전에,

우리에게로 찾아와 나에게서 살았다는 사실은 나에게는 물론이거니와 특히 슈탕게(Stange)에게는 하나의 큰 사건이었다. 하인리히는 그때에 막 20살이었다. 사람들은 그가 대학을 이미 졸업했다는 사실을 거의 믿으려고 하지 않았다. 그는 말하자면 완벽하게 아름다웠고, 사랑스러움과 젊은이의 우아함으로 모든 사람들의 마음을 얻었다. 그는 전반적으로 대학 공부를 나와 함께 나누었으며, 그러나 나보다 더 많이 타고난 교육자였다. 실제로 그는 곧바로 교육 업무에 복무하게 되었다. 그다음으로 그는 자주적으로 시(市)의 한 교육 기관에 관여했다. 그는 당시에 젊은이들의 정서를 지배하고 있었던 운동에 나보다는 한걸음 더 접근해 있었다. 그는 단호하게 체조협회원들과 어울렸고, 이것을 통해 처음으로 나를 그 조직의 행동과 실천에 일정하게 연관시키기까지 했다. 우리는 얀(Jahn)이 열렬하게 동행하는 젊은이들을 거느리고 슐레지엔(Schlesien)으로 체조협회 수련여행을 갔다가 돌아왔을 때, 그를 프랑크푸르트의 한 여관인 '황금사자'에서 보았다. 그는 의연하게 신뢰 있는 모습으로써 나에게도 역시 하나의 확고한 인상을 주었다. 나의 젊은 아우는 그에게 무조건적으로 헌신했다. 마찬가지로 아우는 교회의 동향들에도 나보다 더 활발하게 접촉하고 있었다. 그런데도 그는 근본적으로, 내가 이 점을 누설해도 된다면, 기존 교회로부터 벗어나는 성향들을 더 많이 보이고 있었다. 그는 프리스(Fries)[60]의 철학에 좀 더 많이 접촉해 있었다. 내가 잘못 생각하고 있지 않는 한, 나는 그보다는 더 신앙적이었다. 그러나 곧바로 그의 내면에서는 그에게

---

[60] 프리스(Jacob Friedrich Fries, 1773~1843)는 예나(Jena) 대학의 교수로서 칸트(Kant) 철학을 심리학적으로 해석하여 논리적인 사상을 제창했다. 그는 독일대학생연맹(Burschenschaft)운동의 정신적 지도자가 되었으며, 대학생연맹이 라이프치히 승전기념일에 독일의 자유와 통일을 위해 개최했던 바르트부르크(Wartburg) 축제(1817. 10.18)에 참가했다는 이유로 교수직에서 해임되었다. -역자 주

심어져 있었던 종교적 신념이 가장 강력한 내면적인 영혼의 운동들을 통해 뚫고 나왔다. 이것 때문에 그는 앓기도 했다. 얼마 후에 사람들은 그가 찬송가집을 팔에 끼고서 열심히 교회에 다니는 것을 보게 되었다. 그렇다고 그가 그곳에서 자신의 감각 방식을 위한 자양분을 많이 발견했던 것은 아니었다. 나는 그 반대로 사람들이 말했던 바를 결코 교회를 위주로 하여 생각하지는 않았다. 비록 어떤 누구도 『신약성서』를 나보다 더 높이 아끼고, 더 깊이 존중할 수는 없었지만 말이다.

이제 나는 나의 주된 업무였던 수업 참여에 관해서도 당연히 한마디 해야만 하겠다. 아무리 내가 다른 것들에 대해서는 얼마간 능력이 모자랄 수 있었겠지만, 나는 3개의 최고급 학급들에서, 특히 세 번째 학급에서 가르쳤다. 나는 이 연령의 학생들이 내가 가르쳤던 세계사 내용에 관한 설명들에 대해 보여주었던 감수성이 나에게 얼마나 많은 만족을 가져다 주었는지를 이루 다 표현할 수 없다. 그들의 젊은이다운, 순진스러운 단순한 관심은 그러나 그들이 들었던 바를 필기로 재생산하는 과정에서 성과 있게 증명되었다. 세계사적 소재를 수업에 반드시 필요했던 만큼으로 철저하게 조사하는 것 자체가 나에게는 지극히 유익한 일이었고, 만족을 주었다. 다음으로 고급 학급들에서는 호메로스(Homer)와 호라티우스(Horaz)가 취급되었다. 호메로스의 저술들에 대한 젊은이들의 흥미는 단지 첫 번째의 어려움들이 극복된 후부터는 형언할 수 없을 정도였다. 우리는 몇몇 구절들은 매우 정확하게, 다른 것들은 빠르게, 그리고 우리에게 거대한 내용을 더욱더 가깝게 이해시켜 주는 것들은 아마도 신속하게 읽어 내려갔다. 문법적인 설명은 결코 빠뜨리지 않았다. 당시에 나왔던 티어슈(Thiersch)[61]의 문법이 열심히 학습되었다. 왜냐하면 그것은 바로 호메로스에 관계되는 것이기 때문이었다.

그 외에도 우리는 어형론(語形論, Formenlehre)에서뿐만 아니라 구문론(構文論, Syntax)에서도 부트만(Buttmann)62)에 더욱 많이 충실했었다. 그는 진정한 재능이 있는 문법서(文法書)의 저자로서 문헌학적 연구의 옛 베를린 학파를 대변하는 인물이었다. 그는 자신이 말하는 바를 넘어서는 소견들을 제시해 준다. 그리하여 사람들은 고대 헬레네인들의 문법상의 조형적(造型的)인 창조성에 대해서는 단순한 규칙들을 통해서 가능할 수 있는 것보다 더 가까이 다가간다. 호라티우스의 송시들(頌詩들, Oden)에 대한 연구에서는 언어와 사상이 형성된다. 왜냐하면 여기에서는 모든 단어가 각각 자신의 자리에 있으며, 모든 시는 그 자체로서 완결된 하나의 작은 전체이기 때문이다. 여기에서는 많은 모방이 일어날 수도 있다. 그러나 그 모방은 더 멀리 이끌고 나아감으로써, 모방 자체가 자극되면서, 동시에 로마 본성의 숨결에 의해 깊게 고취된다. 우리를 가장 황홀하게 했던 것은 제3권의 첫 번째 송시들이다. 이것들은 로마사를 거대하게 조망할 수 있게 해주며, 황제권을 로마의 명칭과 동일하게, 그리고 그 필요성에 따라 묘사하고 있다. 이에 대해서는, 즉 그리스적인 것으로부터의 유래와 로마적인 것에 대한 표현에 있어서는 베르길리우스(Virgil)가 역시 우리에게는 가장 중요했다. 사람들은 그 당시에 이 시인을, 농업에 관한 작품을

---

61) 티어슈(Friedrich Thiersch, 1784~1860)는 1809년부터 뮌헨 김나지움의 교사였다가, 1826년부터는 뮌헨 대학의 교수가 되었다. 그의 저서 『그리스어 문법(Griechische Grammatik)』(1812)은 당시에 활용되었던 대표적인 그리스어 문법 교본이었다.—역자 주

62) 부트만(Philipp Karl Buttmann, 1764~1829)은 고전어 학자이자 그리스어 학자로서 1811년부터 베를린 아카데미의 도서관 사서로 재직했으며, 특히 호메로스의 어휘 연구자로 권위를 누렸다. 그의 저서로는 『문장론(文章論, Lexilogus)』, 2bde. (1818~1825)와 『그리스어 이론(Ausführliche griechische Sprachlehre)』(1819~1827)이 있다.—역자 주

제외하고서는 더는 애호하지 않았다. 나의 친구들은 내가 「아에나이데(Aeneide)」에 대해서도 흥미를 느끼고 그것을 학교에서 전체적으로 읽도록 했던 사실에 주목했다. 나는 나의 견본 책의 가장자리에 여러 가지의 좋은, 또는 나쁜 해석들을 적어두었다. 나는 그의 시에 보편사적 의미를 부여했던 것이다.

그러나 여기에서 나는 2년 정도 후부터 우리와 함께 교제했던, 페르디난트 하이들러(Ferdinand Heydler)라는 한 친구에 대해 언급하지 않을 수 없다. 그는 내가 포르테에 있을 때부터 이미 나와 알고 지냈으며, 우리들 사이의 지극히 친밀한 이해는 여러 가지의 논쟁을 주고받을 정도였으며, 그때의 여러 가지 실수들로부터 나는 결코 벗어나지를 못할 것이다. 그러나 나는 그를 깊이, 그리고 마음으로 좋아했다. 그는 드레스덴으로부터 가까운 곳에서 목사의 아들로 태어났고, 그의 아버지가 일찍 사망한 후에는 드레스덴에 있는 한 공공 기관에 수용되었다. 그가 항상 나에게 말했던 바로는, 그곳에서 그는 너무 많은 소설책들을 읽었다. 그러나 그다음에는, 사람들이 그가 재능이 있다는 것을 알고는 그로부터 무엇인가를 만들어보고자 했으므로, 그를 포르테 학교로 보냈다. 그의 재능과 구속됨이 없이 사람의 마음을 끄는 그의 천성은 그곳에서 그를 인기 있게 만들었다. 그때 우리는 곧 공동의 독서 모임을 만들었다. 그는 모든 생소한 것들에 대해 보여주었던 이해력 있는 정신을 통해 항상 나로 하여금 외경의 마음을 갖도록 했다. 나에 대해서는 그는, 언급되었듯이, 친절하게 헌신적으로 대해주었지만, 그러나 모든 것에 동의하지는 않았다. 라이프치히에서 나는 그와 가까이 지내지는 못했지만, 결코 서로 멀어지지는 않았다.

나는 1817년에 라인(Rhein) 지방으로 떠났던 대학 시절의 도보 여행 때 그를 뷔르츠부르크(Würzburg)에서 발견했다. 그는 그곳에서 이미 하나의 직장을 잡았지만, 그가 속해 있었던 연구소가 유지될 수 없었기 때문에 다시 떠나야만 했었다. 당시에 우리는 다함께 가톨릭교회를 전적으로 존경하면서 바라보았고, 성당에서 예배당의 계단들을 함께 올라갔다. 그러고 나서 그는 나의 저 도보여행의 한 긴 구간을 동행했다. 그 후로 그는 할레(Halle)에서 하나의 임시직을 발견했었고, 그곳에서 처음으로 맞이하는 휴가 때에, 나의 도움도 있었거니와, 프랑크푸르트로 초빙되었다. 그는 실로 전적으로 훌륭한, 비교될 수 없는 양식의 천성을 지닌, 귀족적인 신념에 가득 찬, 그리고 항상 금전적으로 궁핍을 겪으면서도, 자신의 고정되어 있는 수입 정도를 넘어서면서 조금도 인색하지 않는, 또한 인류의 최고의 이념들과 관심 사항들에 대해 철저하게 호의적인 인물이었다. 연구에서 그는 확고한 기초를 갖추고 있었고, 매우 훌륭한 라틴어 교사였다. 그는 포르테에서 배운 양식으로 탁월한 운문(韻文)들을 만들었으며, 몇 개의 아름다운 송시들을 라틴어로 작성할 수 있었고, 또한 독일어로도 즐거이 시도했다. 사람들은 당시대의 사건들이, 즉 스페인과 나폴리에서 혁명 정신이 첫 번째로 다시금 일어났던 사건들[63]이 우리를 어떻게 움직였는지를 상상할 수 있을 것이다. 우리는 슈탕게가 나를 두고 떠난 후에 한 집에서, 그는 아래층에 나는 위층에 살았다. 때때로 새로운 소식들이 아래층 창문을 통해 위로 전달되었다. 그는 어쨌든 여전히 나보다 더 큰

---

[63] 나폴레옹이 몰락하기 전부터 스페인과 이탈리아에서는 프랑스 지배에 저항하면서 자유와 독립을 추구하는 운동이 일어나고 있었고, 특히 스페인에서 1812년에 성립된 코르테스(Cortes, 국민의회)는 남부 유럽에서 혁명운동의 모델이 되었다. 1815년의 빈(Wien) 체제가 성립된 후로 스페인과 이탈리아에서 구(舊)체제가 부활하자, 스페인에서는 1820년에 혁명이 일어나서 코르테스가 재건됨으로써, 스페인 국왕은 이에 양보했다가 퇴위하고, 헌법이 공포되었다. 그러나 스페인과 이탈리아의 혁명운동은 당시의 국제 정치를 주도하던 메테르니히(Metternich)가 동원한 오스트리아와 프랑스 군대에 의해 진압되고 말았다. —역자 주

열성으로 학교에 헌신했다. 그는 학생들의 숙제들을 나보다 더 많이 고쳐 주어야만 했으므로, 시간이 최소한 나에게보다는 그에게 더 많이 필요했었다. 그는 느리게 작업했으므로, 일을 많이 끝낼 수는 없었다. 그는 철학과 신학의 경계 영역에서 활동했다. 후일에 그는 엄격한 신앙인이 되었지만, 그 당시에는 아직 그렇지 않았다. 그가 나에게 보여준 우정, 그가 나의 실수들에 대해 베풀었던 관용은 나로 하여금 그를 잊을 수 없게 만들었다. 그 위에다 더한 것은 그의 본질의 핵심이다. 그의 핵심은 역사가 보여주는 모든 위대함 및 선함과 비슷한 것이었고, 처음에는 이상적인 비약을 통해, 후일에는 교회의 구원의 교리에 종속됨으로써 그것을 추구하는 것이었다.

우리의 판단들 사이에 있었던 또 다른 차이점들 중에서 하나는 베르길리우스의 가치와 관계되는 것이었다. 그는 내가 세계사를 오리엔트(Orient)와 서양(Occident), 로마와 카르타고(Carthago), 그리고 하나의 무한한 세계숙명(Weltgeschick)을 시문학적으로 파악하면서 구성에 대해, 정당한 근거 위에 세워지지 않은 것으로 보고자 했다. 이와는 반대로 그는, 내가 호메로스의 서사시들을 여러 부분들로 해체시키고, 그것들이 다양한 노래들로부터 유래되었음을 부인하지 않으면서도, 그것들이 통일성을 이루고 있으며, 수정 및 배합되어 왔음을 증명하고자 시도했을 때는, 나에게 전적으로 동의했다. 나는 개별 노래들이 근원적으로 등장했을 때, 그것들에 관한 하나의 이념이 지배했을 것임이 틀림없었다고 생각했던 것이다. 나는 이에 관한 초안(草案)을 만들었고, 그는 찬성했다. 그의 문필 활동은 몇 개의 기획적인 글들을 넘어서지는 못했지만, 그래도 나는 매우 중요하게 보였던 철학적인 문법학의 기초들을 그에게서 발견했다. 내가 슈탕게와 함께 밤 소풍을 나갔을 때마다, 그는 항상 동행했었다. 그들의 친밀함은 나에게 때때로 질투심을 불러일으키는 원인이 되기도 했다. 그들은 내가 학교에서 퇴직한 후에는 함께 작업했으며, 하이들러의 영향에 감동하기를 잘했던 성실한 교장 아래에서 항상 더욱더 큰 성과를 이룩하기 위해 서로 도왔다. 몇 년 후에는 포프·슈마이서, 그리고 슈탕게 모두가 각각 결혼했다. 하이들러는 내가 떠날 때 비로소 약혼을 했다. 오직 학문들과 이념들에만 바쳤던 공동 작업의 시절은, 내가 떠나지 않았다 해도, 그들의 결혼으로 인해 끝났을 것이다. 나의 연구들은 필연적으로 나를 하나의 또 다른 곳으로 불러들였다.

그 자체 속에 이미 역사학적 연구들을 내포하고 있는 문헌학적, 일반 학문적 연구들로부터 본래적인 역사학적 연구들로 나아가는 전환은 무한히 쉽게 이루어진다. 나에게서는 그러한 전환이 특히, 내가 1학년 학생들에게 고대 문학의 역사를 가르치는 과제를 맡게 됨으로써 중개되었다. 이 과제를 일반적인 편람서들로써 수행한다는 것은 나의 감정과 본질에 맞지 않았다. 나는, 그러한 책들의 편집자들은 원저자들의 작품들 자체는 말할 것도 없고, 그들의 머리말들조차 한 번도 정확하게 읽지 않았다고 믿고 있었다. 나는 이러한 궁핍한 점들을 내가 바랐던 대로 그렇게 빨리 극복할 수는 없었다. 그러나 그러한 상태로부터 역사와 문학 일반에 대해 어떠한 조망이 열렸겠는가! 그러나 그때에 나는 나에게 위임된 수업 시간들과의 관계 속에서 고대 역사가들에 대한 연구를 마찬가지로 계속했지만, 이러한 좁은 테두리 안에서는 파악될 수 없었다. 고대 역사가들을 나는 이제는 체계적으로 읽고 있었다. 왜냐하면 나는 투키디데스에게만 어느 정도 몰두한 바 있었고, 헤로도토스를 이제 막 완전히 읽었기 때문이다. 전설적인 것과 역사적인 것의 연결은 나에게 충분한 영향력을 행사했다. 언어의 우아함, 서술의 투명성, 그러나 주로 역사 지식으로 가득 찬 이 기본서에 각인된, 세계에 대한 무한한 포용 등에서 그러했다. 도서관에는 프랑스어로 번역된 것에 라르슈(Larche)의 주석들이 첨부되어 있는 판본이 있었다. 그러나 그것들은 실제적인 이해를 위해서는 아직도 많은 것을 남겨두고 있었다. 이집트의 고대 시기에 관한 크로이처(Creuzer)[64]의 서술들은 많은 것들을 좀 더 깊이 있게 안내해 주었다.

그런데도 역시 사람들은 그것들로써는 정확한 인식에 도달하지 못했다. 크로이처의 나머지 작업들은, 특히 상징론(象徵論, Symbolik)·신화론(神話論, Mythologie)에 관한 저술은 나에게는 새로운 지식의 한 권역을 열어주었다. 그러나 나는 그와 같은 방법들을 따를 수는 없었다. 왜냐하면 그러한 서술들은 그 구성들에 있어서 지나치게 나를 헷갈리도록 위협했기 때문이다. 그러한 서술들 속에서는 나는 내 발이 딛고 서 있는 기반을 상실해 버릴까 봐 두려워했다. 오트프리트 뮐러(Otfried Müller)[65]의 『헬레네 부족들과 도시들』의 경우조차 그러했다. 우리의 교장은 원칙적으로 그러한 것에 거부적이었다. 그는 만조(Manso)[66]나 괴틀링(Göttling)[67]이 방향을 잡고 나아가면서 세운 장(章)들을 훨씬 더 선호했다. 나에게는 여기에도 신화들이 너무 많이 포함되어 있다. 그러나 이 신화와 고대 기념물

---

64) 크로이처(Friedrich Creuzer, 1771~1858)는 하이델베르크 대학의 고대학 교수로, 저서로는 『고대 민족들의 상징과 신화(Symbolik und Mithologie der alten Völker)』, 4Bde.(1810~1812)가 있다.—역자 주
65) 뮐러(Karl Otfried Müller, 1797~1840)는 고전학자인 뵈크(Böckh)의 제자로서 1817년부터 괴팅겐 대학의 고전학 교수로 있었다.—역자 주
66) 만조(Johann Kaspar Friedrich Manso, 1760~1840)는 문헌학자로, 대표작은 『스파르타의 역사와 국가 체제(Sparta, ein Versuch zur Aufklärung der Geschichte und Verfassung dieses Staats)』, 3Bde.(1800~1805)이다.—역자 주
67) 괴틀링(Karl Wilhelm Göttling, 1793~1869)은 라틴언어 학자로서 예나 대학 교수였다. 저서로는 『그리스어의 액센트에 관한 일반 이론(Allgemeine Lehre von Akzente der griechischen Sprache)』가 있다.—역자 주

들과의 연결, 신과 세계에 관한 모든 관념들 속에 함께 관계하고 있는 각각의 부족 고유성들에 관한 이념, 그리고 가장 멀리 떨어져 있었던 지역들로부터 설명들을 도출했던 박학한 지식 그 자체에 나는 경탄을 금할 수 없었다. 그러나 이것을 나는 열심히 본받으려고 하지는 않았다. 왜냐하면 나의 감각은 근본적으로 신화적인, 지방자치 도시적인, 또는 지역적인 연구들에, 그리고 뮐러에게서 나타나는 화려함에 온통 주의력을 쏟아붓는 것보다는, 본래의 역사적인 것들, 거대한 사건들 자체에 대한 이해를 더 많이 지향했기 때문이다. 나는 뮐러에게서조차도 이것들에 대한 좀 더 자세한 설명이 결여되어 있다는 것을, 그리고 사실적인 것에 관계되는 연구들에 충실하는 데 그쳤다는 것을 깨달았다, 또한 나는 오래된 뫼르시위스(Meursius)[68]와 그의 총서들을 열심히 자세하게 연구했다. 비록 함께 제시된 주석들로부터 하나의 충분한 이해를, 예를 들면 아테네의 상태들에 대한 이해를 확보하는 일이 나에게는 이루어질 것 같지는 않았지만 말이다. 그리고 나는 투키디데스에 관해, 또한 특수한 것을 훨씬 넘어서는, 지극히 전문적인 것에 대해서조차도 거대한 조망들을 열어주는 그의 서술들에 관해 이미 너무 과도하게 파악했으므로, 나는 그를 그의 선배들과는 물론 후배들과도 연결시켜 보고자 노력하지는 않았던 듯하다. 크세노폰(Xenophon)의 『그리스사(Hellenica)』에서 호메로스와 헤로도토스의 세계 파악에 연결되는 신지학(神智學, Theosophie)적인 계기들에 대해서는 나는 전적으로 특별하게 접근할 수 있었다. 그에게서는 모든 이교(異敎, Heidenthum)와 나란히, 역사적 상태들에 관한 『구약성서』적인 파악과 일치되는 바가 말하자면 함께 활동하고 있었다. 이것을 통해 나는 하나의 실증적·종교적인(positiv-religiöse) 관조 양식으로 내가 강화되었음을

---

68) 뫼르시위스(Johannes Meursius, 1579~1639)는 네덜란드의 고대학자이다. — 역자 주

느꼈다. 그것을 그렇게 차례차례로 연구하는 사람은 그 후에 일어난 역사 서술이 모든 것을 설명하고 이해할 수 있게 하는 중심점으로부터 엄청난 간격으로 벗어나 버렸다는 것을 지각한다. 크세노폰은 그의 선배들과는 결코 같지 않으면서도, 후배들 위로 무한히 제고된다. 나는 니부르(Niebuhr)가 어째서 그를 그렇게도 싫어했는지를 이해할 수 없었다.

로마인들 중에서 비로소 이에 필적할 만한 천재들이 다시금 나타났다. 나는 리비우스(Livius)69)의 첫 작품들이 나를 얼마나 매혹했는지를 설명할 수 없을 지경이다. 그 서문은 학교에서도 감탄 속에, 거의 경건한 마음으로라고 말할 정도로 읽었다. 제1권에서 전설과 시의 혼합은, 헤로도토스를 제외하고는, 누구의 것과도 비교될 수 없으며, 헤로도토스와 비교한다 해도, 그 내용은 세계를 극복해 왔던 그의 생애의 기반을 내포하고 있는, 더욱더 거대한 역사적 내용을 전제하고 있다. 이 작품은 첫눈에, 할리카르나소스의 디오니시우스(Dionysius von Halicarnaß)70)가 여기에서는 비교

---

69) 리비우스(Livius, B.C. 59~A.D. 17)는 로마 공화정 말기의 혼란, 카이사르의 피살에 뒤따른 내란, 아우구스투스(Augustus)에 의한 제국의 성립 등의 전환 과정을 겪으면서 로마의 위대함을 확인하고, 이에 애국적인 관점으로 『로마 건국 이래의 역사』를 서술했다. 그는 자료를 다루면서 비판적이지 못했고, 로마 자체의 경제적·사회적 관계를 고려하지 못했으며, 더욱이 수사학적이었다. 그에게 중요했던 것은 비판적 작업이나 진실 추구보다는 도덕적 교훈과 애국심을 고취하는 것이었다. 그는 로마의 성공 이유를 정직·소박·청렴의 덕성으로 보면서, 본래는 공화정을 정치적 이상으로 삼았으나, 제정의 성립에 대해서는, 로마는 세계 지배를 통해 신의 계획을 실현해 왔고, 문명 세계를 통합하는 숙명적인 사명이 있다고 합리화했다. 공화정에 대한 그의 이상은 르네상스 인문주의자들의 이상으로, 문명 세계의 통합에 대한 이상은 가톨릭의 이상으로 계승되었다. - 역자 주

70) 할리카르나소스의 디오니시우스는 아우구스투스 시대를 살았던 수사학자이자 역사 서술가로, 로마 건국 시기부터 제1차 포에니 전쟁(B.C. 264) 시기까지를

될 수 없다는 점을 가르쳐준다. 그는 생성되고 있던 로마에 대해, 한 그리스인으로서 지닐 수 있었던 만큼의 공감을 갖고 있었다.

그렇지만 나는 이러한 관계에 대해서는 후일에 가서야, 즉 내가 좀 더 깊이 상세한 연구들을 할 수 있었던 나이에 도달했을 때, 더욱더 잘 이해하게 되었다. 그 당시의 연구들에는 나의 아우 하인리히도 역시 참여했다. 그는 니부르에 대해 나보다 더 많이 이의를 제기해야만 했다. 나 자신은 니부르를 가능한 한 따랐으며, 항상 주된 문제를 주목하는 연구의 깊이와 다면성에 의해서뿐만 아니라, 그러한 것이 시도되는 서술의 거대함에 의해 그에게 외경(畏敬)의 마음을 갖게 되었다. 나는 그사이에 체제에 관해 논쟁의 여지가 있는 연구들 속으로는 니부르를, 오트프리트 뮐러(Otfried Müller)가 그리스 역사와의 관계 속에서 행했던 것보다는 더 많이 따랐지만, 단지 유연하게만 그렇게 했다. 아테네의 국가 경제에 관해서는 뵈크(Boeckh)[71]는 그를 보다 더 적게 따랐다. 이 사람들은 생존하고 있었고, 고대의 실제 상태들을 연구하는 데 있어서 그들의 고유한 재능이 매우 유사했다는 사실은 함께 노력하고 있던 젊은이들을 그 당시 내내 지배했었던, 그들에게 존경과 동시에 용기를 불어넣어 주었던 하나의 현상이었다. 니부르에 관해서는 그 자신에 의해 시민전쟁 시기까지 취급되었어야 했던 로마사에 대한 연구가 계승되지 못하고 있는 점이 가장 가슴 아픈 일이다. 왜냐하면 그의 체계는 그 시기에 비로소 확인되어야만

다루면서 기원후 7년에 발표했었던 그의 『고대 로마사(Antiquitqtes Romanae)』는 신빙성을 결여하고 있다. 그러나 20권 중 일부만 전해지고 있는 이 작품의 특징은 간결하고 우아한 아티카 문체(Attizismus)로 서술되었다는 점에 있다. —역자 주

71) 뵈크(Philip August Böckh, 1785~1867)는 고전학자로 하이델베르크 대학 및 베를린 대학 교수를 역임했다. 그의 『아테네의 국가 재정(Der Staatshaushalt der Athener)』(1817)은 그리스 경제사 연구에서 획기적인 작품이다. —역자 주

하는 것일 뿐만 아니라, 그가 그 시기에서 비로소 자신의 위대한 재능에 걸맞은 대상을 발견했을 것이기 때문이었다. 이것을 위해서 좀 더 넓게 포괄하는 고전적 모델이 이전에는 없었다. 나는 이 시기들을 다루는 요하네스 뮐러(Johannes Müller)[72]의 『일반 역사』의 장(章)들이 나에게 큰 인상을 주었다는 사실을 고백하지 않을 수 없다. 그러나 그 장들은 하나의 만족할 만한 견해를 이끌어내기에는 너무 단편적이고 간결하다. 우리가 배웠던 고전 저자들은 모든 계기들에서 우리를 계속 인도해 나갔다. 나는 그러한 계기들에 많이, 그리고 상세하게 몰두했다. 이제는 연구들이 아피아노스(Appian)[73]와 카시우스(Dio Casius)에게로도 나아갔다. 이들은 어떠한 것도 충분하게 갖고 있지 않지만, 그러나 가장 주목할 만한, 가장 중요한 주석들을 제공한다.

우리는 살루스티우스(Sallust)[74]와 카이사르(Cäsar)에 훨씬 더 많이 몰두

---

72) 뮐러(Johannes von Müller, 1752~1809)는 독일의 역사가로, 스위스에서 스위스 역사를 연구하여 발표한 『스위스 연방의 역사(Geschichte der Schweizerischen Eidgenosseuschaft)』, 5Bde.(1786~1808)는 그의 대표작이다. 또한 그는 18세기의 세계사적 서술을 계승하여 『보편사(Allgemeine Geschichte)』, 24Bde.(1809)를 저술했다. - 역자 주
73) 아피아노스(Appian)는 2세기경의 알렉산드리아 출신의 로마 역사가로, 그의 『로마사(Romatika)』, 24 Bde.는 아우구스투스 시기까지의 로마 역사를 다룬 작품으로 그 절반이 전해지고 있다. - 역자 주
74) 살루스티우스(Crispus Caius Sallustius, 86~34 B.C.)는 정치가로서 원로원 의원, 호민관이었다가 카이사르를 따라 아프리카로 가서 누미디아(Numitia)를 통치했다. 카이사르가 피살당하자 그는 정계를 떠나 역사 저술에 몰두했다. 『카틸리나 전기(Bellum Catillinae)』·『유그르타 전기(Bellum Jugurthinum)』·『역사(Historiae)』 등을 저술했다고 전해지는데, 앞의 두 작품들은 현존하지만, 『역사』는 단편적으로만 남아 있다. 그는 로마의 덕성(Virtus)을 파괴하고 위기로 몰고 가는 것은 권력욕과

했었다. 전자의 『카틸리나(Catilina)의 모반』은 연관 관계를 맺고 있는 하나의 전체가 파악되고 서술됨으로써 항상 하나의 걸작으로 간주될 것이 틀림없다. 이 작품은 로마 역사 서술의 특징을 두 개의 견지에서 결정적으로 보여준다. 그것은 그 이후로 우세해졌던 도덕적 역사 서술의 첫 작품이었다. 그것은 저자가 자신의 생애 기간에서는 묘사하지 않았을 것이라는 점이 매우 가능할 수 있는 하나의 도덕성을 부각시키고 있다. 그러나 그 도덕성은 로마의 창조적 정신이 어떻게 강력한 지배자들 사이의 그러한 분쟁들 속에서 국가의 작용 아래 형성되었는지를 완벽하게 표현하고 있다. 그것은 각 개인의 소유물이 되지 않는, 로마의 전체성 속에서 작용했던 이념이다. 왜냐하면 모든 문학적 작품들 속에는 정신적이고 도덕적인 본질의 공통점이 동시에 나타나고 있기 때문이다. 카틸리나(Catilina)가 여기에 묘사되고 있는 바대로 바로 그러했었다는 것을 누가 믿고자 했겠는가? 그러나 그는 풍습과 관례와 헌법이, 또한 이념이 제공했던 바로부터 벗어나면서, 하나의 대표적인 인간으로서 출현했었다. 그가 지배자가 되었다면, 그는 로마적 체제를 근본적으로 파괴했을 것이다. 키케로(Cicero)에게서는 이러한 이념들과 관습들의 보존이 가치 있고 적합한 것으로 나타난다. 이것들은, 비록 키케로가 다른 고유성들을 갖고 있기도 했겠지만, 가장 귀중한 것들이었다. 그러므로 카틸리나는, 보편적 생활의 한 필연적인 특징이 그의 인격 속에 나타나는 한에 있어서는, 불멸의 인간이다.

 나에게는 위대한 웅변가인 살루스티우스의 양식에 관해서도 관심을

소유욕이라고 고발하면서 공화정 말기의 부패와 정치적 악덕을 비판하는 한편, 카이사르의 이상을 찬양했다. 그의 역사 서술의 특징은 당대 역사를 비관주의적으로 전망하면서 도덕주의를 내세웠다는 점에 있으며, 이것은 타키투스와 그 후의 도덕주의적 역사 서술의 모델이 되었다. - 역자 주

두는 것이 당연한 일이었다. 나는 문장들의 구성에서, 그것들의 내면적 구조에서 내가 그 외의 어떤 라틴어 작가들이나 그리스어 작가들에게서도 만날 수 없었던 것을 발견했다. 그것은 주제(主題) 속에 부수적인 사항이 짜여 있다는 점이다. 왜냐하면 사람들이 무엇을 말하든 간에, 바로 거기에서는 모순이, 또는 적어도 이미 표명된 바가 충분한 가치를 지니고 있는지에 대한 의심이 제기될 수 있기 때문이다. 그리하여 이제 키케로에게서는, 제기될 수 있는 이의들을 그가 미리 간단하고 명확하게 배제했고, 이로써 자신의 문체에다가 하나의 이례적인 풍부함을, 그리고 모든 시대에 모범적인 것을 부여했다는 점이 발견된다. 인간의 상식이 그에게서는 찬란한, 위엄 있는 방식으로 발언할 기회를 얻는다. 이 경우에는 편지들이 당대 역사를 위해 필수 불가결한 것들이다. 우리는 수년 동안의 역사를 위해서는 편지들에 가장 많이 의지한다. 그것들은 살루스티우스의 설명들을 보완하는 데 모든 방면으로 기여한다.

이제 그러나, 모든 이러한 공화적(共和的)인 체제를 세습적인 것으로 만들어 붕괴시켰던 인물이 등장한다. 그렇지만 카이사르의 작품들은 우리가 연구했던 국내 상태들과 내란에 관해서는 별로 보고하지 않는다. 왜냐하면 그의 작품들이 주로 묘사하는 전쟁 행위들은 국가 생활의 내면이 발전하고 있는 모습은 아니기 때문이다. 전쟁 행위들은 오직 그것들이 하나의 거대한 결과로 나아가는 곳에서만 자신들의 위치를 갖고 있으며, 그곳에서만 완벽한 주목을 받고 있다. 무엇이 카이사르가 갈리아를 정복했고, 본시는 이로써 서로마제국을 세웠으며, 다른 민족 요소들과 충돌했으나, 이들을 극복하지는 못했다는 사실보다 더 거대하고 세계사적인 것일 수 있겠는가? 갈리아 지방 내부에 있는 켈트(Kelt)족의 국가 체제, 그리고 인접해 있었던 게르만족의 국가 체제에 관한 그의 묘사들은 모든 시기들에 관한 가장 중요한 문헌들에 속한다. 왜냐하면 카이사르는 자신이 보았고 체험했던 것만을 묘사했기 때문이다. 이와 같이 자세하게 알고 있는 것에 예리하게 제한시켜서 정확하고 명쾌한 언어로 묘사했다는 점은 그의 작품에 그 자체의 고유한 성격과 가치를 부여한다. 카이사르의 『갈리아 전쟁기』는 그 후의 유럽 역사에 관한 기본 원전이다. 젊은이들이 지금은 카이사르가 묘사하는 모든 것에 공감할 수는 없다. 성숙한 사람조차도 그렇게 할 수는 없다. 그것은 군사전문가적인 능력에 좀 더 많이 속하는 일이다. 그러나 누구든, 최대의 관심을 갖고 있다면 저 기도들의 전반적인 진행, 여러 가지 출정(出征)들의 성과들·승리들, 이에 대치했던 고대 켈트족의 민족정신의 진동, 그리고 그 정복을 추적할 수 있을 것이다. 그의 책은 세계 정복과 황제 체제의 창건 일반에 관해서는 실로 상징적이다.

그러나 이제 황제 체제가 세워졌을 때, 그것으로부터 무엇이 일어났었던가? 타키투스(Tacitus)[75]가 그것을 서술했고, 그것도 승리자를 철저하게 예찬하려는 연설가로서가 아니라, 오히려 승리자에 대해 대내적으로나 대외적으로 반대하는 사람으로서 서술했다. 카이사르[76]에게서는 게

---

75) 타키투스(Tacitus, ca. 55~120)는 브리타니아 총독이었던 장인의 생애를 기록한 『아그리콜라(Agricola)』, 게르만족의 가족 및 사회 제도와 풍습 및 도덕을 보고한 『게르마니아(Germania)』, 본격적인 역사 작품들로는 아우구스투스부터(A.D. 14) 네로(Nero)까지(A.D. 68)를 다룬 『역사(Historien)』와 네로부터(A.D. 68) 도미티아누스(Domitianus)까지(A.D. 96)를 다룬 『연보(年譜, Annales)』를 저술했다. 그는 공화정(共和政)을 제정(帝政)보다 더 좋은 정치 제도로 보았는가 하면, 제정의 출현을 필연적인 것으로 인정하면서도, 제정 시기의 혼란과 황제권에 대해서는 비판적·고발적이었다. 그는 로마제국을 전체적으로 관조할 줄은 몰랐으며, 자신의 도덕적 기준을 역사 사실에 적용시키기도 했으나, 황제권에 대한 비판적 태도는 역사를 비당파적으로 관찰하도록 하여, 결국 객관적 서술로 나아갔던 로마 최대의 역사가였다. ─ 역자 주

르만인들에 관해 단지 인종학적인 해설로서만 나타나는 바가 타키투스에게서는 그들의 풍습에 관해 찬탄하는 묘사가 된다. 고대 역사 서술의, 살루스티우스가 제시했던 것과 같은 도덕적인 어조(語調)가 타키투스에게서는 좀 더 높은 강도로 나타난다. 로마에서는 어느 곳에서도 더는 발견되지 못했던 도덕적 이상(理想)이 게르만인들에게 기원을 두고 있는 야만 민족들 속에서는 완벽한 현실로 나타났다. 문화와 도덕은 말하자면 분리된다. 전자는 타락과 함께, 후자는 자연 그대로 지칭될 수 있는 태초의 상태들과 함께 각각 공동체적인 상황을 만들어낸다. 뒤따르는 시기들을 지배했었던 이러한 대립 속에 타키투스는 거의 예언자로서, 그것도 미래로 향했던 한 사람의 예언자로서 등장한다. 전적으로 이러한 감정 속에서『아그리콜라(Agricola)』가 서술되었으며, 이것은 단절되지 않은 구(舊)공화제적 정신의 항변이다. 그러한 한 그 정신은 여전히 존재했었던 것이며, 그 정신이 존재하지 않았다면, 어떻게 타키투스가 율리우스(Julius) 가문의 전제주의에 대립하여 그렇게 서술할 수 있었겠는가? 그러나 그렇게 그의『연보(Annalen)』와『역사(Historien)』도 서술되었던 것이며, 그의 생애는 바로 그러한 저항들 속에 놓여 있었다. 문화는 타락과의,

---

76) 카이사르(Cäsar, 100 B.C.~44 B.C.)는 로마의 위대한 장군이자 정치가로서 자신의 갈리아 지방 정복 사업과 통치에 관해 로마 원로원에 항상 보고했던 바, 이것이 바로『갈리아 전기(戰記)(De bello galico)』이다. 이 기록에서 그는 갈리아 전쟁을 거대한 역사 진행의 한 과정으로 보면서, 그것은 자신의 정치적 야망 때문이 아니라 불가피하게 강요당했던 일이며 결국 애국적인 사업이라고 주장했다. 따라서 이 작품은 정적들로부터 자신을 변호하고 일반 독자들에게도 영향을 주고자 했던 정치적 의도를 내포하고 있다. 이 기록들은 전쟁에 관해서뿐만 아니라 고대 게르만인들의 관습과 생활양식에 관해서도 객관적으로 보고하고 있으므로 사료적 가치를 지니고 있으며, 고대의 훌륭한 회고록들 중 하나로서 인정되고 있다.-역자 주

전제주의와의 결합 속에 비극적인 사건들로 나아갔고, 이것들에 대한 타키투스의 서술들은 비할 바 없이 탁월하다. 어떠한 시대도 타키투스가 아그리피나(Agrippina)[77])의 죽음에 관해 서술한 것에 비교될 만한 것을 가져오지는 못했다. 이와 동시에 그는 일찍이 살았던 모든 역사가들 중에서 가장 구체적이며, 가장 화가적이었다. 그 후의 어떤 시대도 그와 대등한 인물을 낳지는 못할 것이다. 사건들은 세계 속에서 단 한 번 자신들의 실존을 완전하게 표현한다. 그러므로 사건들도 또한, 시대들의 행운이 그것을 원할 때, 단 한 번 서술될 수 있을 것이다.

그 당시에 할레(Halle)에서 대학을 다니고 있었던 나의 아우 페르디난트가 나를 방문했을 때, 나는 바로 그러한 연구에 빠져 있었다. 그는 젊은 이로 성장한, 당당한, 사랑스러운 청년으로서 문헌학적 공부에 몰두하고 있었으며, 나와는 마음 가득히 결합되어 있었다. 자주 우리는 커피를 마시면서 타키투스의 난해한 곳들을 서로 설명해 보고자 시도했었다. 그리고 우리는 자주 풀밭에 누워서 고대의, 또는 새로운 고전 저자들을 읽었으며, 함께 즐거워했다. 우리는 타키투스를 철저하게 요약했다.

---

[77]) 아그리피나(?~A.D. 33)는 티베리우스(Tiberius) 황제의 양녀(養女)이자 게르만 지역의 로마군 사령관인 게르마니쿠스(Germanikus, B.C. 15~A.D. 19)의 아내이다. 게르마니쿠스는 게르마니아(Germania) 지역을 평정한 후, 티베리우스의 명에 따라 오리엔트(Orient) 지역 사령관으로 갔다가 일찍 사망했다. 아그리피나는 남편을 따라 게르마니아와 오리엔트로 함께 갔다가 남편이 사망하자 자식들을 데리고 로마로 돌아와서, 남편의 죽음을 티베리우스에 의한 것이라고 비난하다가 나폴리 부근의 섬으로 추방당했고, 그곳에서 자살했다. - 역자 주

3. 1875년 12월의 구술

　나는 이제 나의 80세 나이가 거의 끝나고 있는 시점에 다다랐다. 1795년부터 1875년까지의 기간은 거대한 부침(浮沈)들이, 결정적인 사건들이 전개되었던 하나의 시기였다. 아무리 개별 인생이란 중요하지 않다 해도, 그 인생도 역시 보편적인 사건들의 반작용을 매 순간 경험한다. 거대한 사건들을 자신의 생과 연결시켜 보는 것은 불손한 일일 수도 있겠지만, 다른 면에서는 또한 불가결한 일이기도 하다. 그것은 말하자면 회상(回想)하는 사람의 한 의무이다.

　나는 1795년에 태어났고, 그해에는 일반적인 문제들과 독일의 문제들이 보다 더 확고하게 형성되고 있었다. 이것은 혁명을 극복하기 위한 이념들이 포기되었고, 프로이센의 중립적인 체제가 형성되었기 때문이었다.[78] 이러한 인상들을 받으면서 나는 성장했으며, 그때 나의 고향이 속해 있던 선제후령 작센(Sachsen)도 역시 프로이센의 정책에 완전하게 참여했다. 우리가 살고 있던, 위에 언급했듯이, 많은 내면적 생활을 갖고 있던 작은 도시에도 공적인 문제들과 연관된 여러 가지 관계들이 밀려들어 왔다. 나폴레옹이라는 이름이 우리에게는 생소하지 않았다. 어린이들은 우

---

78) 프로이센은 1795년 바젤에서 프랑스의 총재 정부와 협정을 맺고 나서 연합국들의 대(對)프랑스 전쟁으로부터 탈퇴했다. 주 112) 참조.—역자 주

리와 관계되지 않는 외부에서 등장한 엄청난 무력이라는 인상을 받았다. 이 무력은 그러나 적대적인 것으로 간주되지는 않았고, 오히려 그 웅대함을 통해 외경스럽게 받아들여졌다. 나는 크베어푸르트(Querfurt)에 있는 할아버지의 농장에서 가졌던 점심 식탁에서 한 학식 있는 가정교사가 그 인물을 설명하고자 시도했었던 때를 기억한다.

 1806년의 사건들은 우리와 직접적으로 가까운 곳에서 일어났었다. 처음에는 프로이센의 연대들이 그곳에 나타났다. 우리의 경기병들은 나폴레옹에 대한 전투를 측면에서 지원하기 위해 출발했다. 10월 14일에 우리는 극도로 긴장해 있었다. 나와 함께 있었던 나이 든 소년들은 땅 속으로 구덩이를 파고 있을 때 대포 소리를 들었다고 믿었다. 나는 아무것도 듣지 못했다. 그러나 후퇴를 알려주었던 마차 행렬들이 곧바로 나타났다. 며칠 후에는 프랑스 저격병들이 나타났다. 그들은 거만을 피웠던 외국 군대로서 공포 속에, 그러나 증오감 없이 받아들여졌다. 우리들에게는 작센(Sachsen)과 프랑스 사이에 평화협정이 맺어져 있다는 사실이 이제는 가장 큰 의미를 갖고 있었다. 튀링겐(Thüringen) 제후령은 우리의 선제후령과 행동을 같이했었다. 나는 튀링겐의 고타(Gotha) 출신인 제바흐(Seebach)라는 장교가 비헤의 광장에서 말을 탄 채 이 사건을 설명해 주었던 일을 기억하고 있다. 프로이센 국왕을 반대하는 일련의 악의적인 팸플릿들과 꾸며댄 이야기들이 사람들을 프로이센으로부터 소외시키는 데 또한 기여했다. 나는 그것에 대해 많은 분노를 느꼈던 것으로 기억한다. 이와는 반대로 선제후령이 왕국으로 승격했던 사실[79]은 좋은 인상을 만들어주었

---

79) 작센은 대프랑스 연합국 동맹에 참여하여 전쟁에 참여했으나 예나 전투에서 패배한 후, 나폴레옹이 조직한 '라인연방(Rheinbund)'(1806)에 가담해 프랑스의 위성국가가 되었으며, 동시에 바이에른·비텐베르크와 함께 왕의 칭호를 사용하게 되었다.—역자 주

다. 프랑스와의 협정은 내가 다니기 시작했던 학교를 공부하는 데 필요한 평온 속에 유지시켰고, 활발하지만, 그러나 매우 비당파적으로 되도록 했다. 나에게는 공식적인 보도의 내용보다는 그 어조가 더 많은 인상을 주었다.

그러나 전쟁의 진행 속에서 찬성 또는 반대를 위한 일반적인 참여도 일어났다. 여기에서는 유럽의 운명에 관해서보다는 프랑스 원수(元帥)들과 그들의 황제에 관해서 더 많이 언급되었다. 그러나 얼마 안 가서 우리는 다른 목소리들도 들었다.80) 나는 바로 그때 타키투스의 『아그리콜라(Agricola)』를 읽고 있었으며, 한 브리타니아 여왕의 생각들을 연합국들의 성명들 속에서 재발견했을 때는 영혼 속으로 매우 감동했다. 나의 특별한 후견인인 수학자 슈미트(Schmidt)는 매우 친프랑스적으로 생각하는 편이었다. 왜냐하면 그는 나폴레옹에게 보편사적 사명을 부여하고 있었기 때문이다. 그러나 젊은이들에게서는 역시 독일 문제를 위해 가장 활발한 공감이 일어났다. 나의 친구이자 보호자인 보좌교사 비크(Wiek)는 로마인들에 대한 브리타니아인들의 저항을 프랑스인들에 대한 연합국들의 저항과 비교하는 나의 생각에 찬성했다. 넓은 국도(國道)의 매우 가까운 곳에서는 거대한 충돌들이 연달아 일어났다. 우리는 나폴레옹이 뤼첸(Lützen)을 향해 진격하는 것을 보았고, 몇 달 뒤에는 그러나 작센과 함께 연합국들로 넘어간 틸만(Thielmann) 장군이 라이프치히 전투의 성공에 관해 포르테 학교 앞에서 소리 높여 낭독했던 소식에 귀를 기울였다.

나의 대학 생활의 첫 번째 시기는 이 사건들의 전개와 벨르-알리앙스(Belle-Alliance)에서의 결전(決戰)81)에 대한 지극히 왕성한 관심으로 채워졌

---

80) 독일 민족의식의 각성을 지칭한다.—역자 주
81) 벨르-알리앙스는 벨기에의 브뤼셀(Brüssel)에서 남동쪽으로 15킬로미터 떨어진

다. 이 사건들이 모든 개인들에게는 그들 자신의 개인적 체험들보다 더 많은 가치가 있었다. 사람들이 이제 깨달은 바는, 고대사 연구에 아무리 부지런하게, 헌신적으로 몰두했다 해도, 당시에 전개되었던 거대한 사건들은 정신을 사로잡았으며, 또한 나는 곧바로 말하지는 않겠지만, 정신을 지체시키는 데보다는 완성시키는 데, 정신에 공적 생활로 향하는 하나의 방향을 제공하는 데 기여했다는 사실이다.

우리들에게 이제 특별히 중요했던 일은, 튀링겐과 작센 지방이 평화협정을 통해 프로이센으로 귀속되었다는 사실이다.82) 라이프치히 대학에서 사람들이 이 사실을 지극히 고통스럽게 느끼고 있었을 때, 나의 아버지는 그것에 대해 찬성했다. 그는 자신이 속해 있었던 작센의 사법행정(司法行政)과 결합되어 있었던 모든 불편한 사항들을 개인적으로 지각해 왔으며, 프로이센의 주법(州法, Landrecht)83)을 작센의 법률들보다, 그리고 자기가 수고를 해야만 했던 프로이센의 소송 절차를 작센의 사법 체제보다 더 좋아했다. 그가 매우 바람직하게 생각했던 일은, 내가 나의 첫 번째의, 때 이른 교직 임용을 프로이센에서 찾아냈다는 사실이다. 나 자신을 위해서는 멀어지고 있던 관계들을 계속 고려하는 일이 중단되었다. 내가 전투들에 참여했었던 사람들, 그러니까 일차 사료라고 지칭될 수 있는 사람들

지역으로, 워털루(Waterloo) 전투 당시 월링턴(Wellington)이 진을 치고 있던 곳이었고, 이곳으로부터 남쪽으로 4킬로미터 떨어져서 나폴레옹의 진영이 있었다. 당시 프로이센은 동쪽으로부터 이곳을 향해 진격했으며, 1815년 6월 18일에 벌어진 이 전투에서 영국·프로이센·홀란드의 연합군이 승리하여 결정적으로 나폴레옹의 몰락을 가져왔다. – 역자 주

82) 작센은 '해방전쟁'에서 나폴레옹 편에 가담해 있었으므로, 프로이센은 빈(Wien) 회의에서 작센을 병합하고자 했으나, 프로이센의 강대화를 두려워했던 오스트리아의 반대 때문에 그 북부 지역만 합병했다. – 역자 주

83) 프로이센의 각 주(州)에서 공통적으로 적용되었던 보통법이었다. – 역자 주

로부터 들었던 이야기들은 나의 젊은 영혼을 독일의 애국적인 열망으로 채우기에 매우 적합했었다. 그러나 여기에서는 하나의 위험이 등장했다. 즉 이 감정들이 가져왔던, 편향(偏向)적인 열망으로부터 감동을 받게 된다는 위험이 그것이다. 젊은이들로부터 아버지로 불리는 얀(Jahn)이 프랑크푸르트에도 나타났다. 나의 아우는 자기에게 체질화되었던 이념들에 의해 억제할 수 없이 감동되었었고, 아버지라는 사람을 따라서 잠시 동안 베를린으로 갔다. 나는 이 일에 대해 민감했으나, 그렇게 높은 정도로 그러했던 것은 아니었다. 그러면서도 역시 나는 그 대립된 당파에 빠지지 않도록 조심했다.

나의 몇몇 친구들도 겪었던 폭력적인 억압 때문에 나는 필연적으로 주춤해졌다.

왕정복고가 수십 년 동안 우세를 유지했던 사실은 신념·생활·학문에서도 가장 큰 영향을 주고 있었다. 역사 연구들은 본시 나폴레옹 이념의 독재 정치에 대한 저항 속에서 발전했다. 바로 그러한 기반 위에서 니부르의 『로마사』는 지식인 권역의 내부 및 외부에 거대한 작용을 불러일으켰던 것이다. 하나의 보편적인 지배 체제에 대립하는 특수한 생활과 광범위한 국가 발전의 내면적 조건들은 학문적인 문헌에서조차도 보편적인 경쟁을 불러일으켰다. 오트프리트 뮐러의 작품들은 바로 그 동일한 기반으로부터 일어났다. 슈테펜스(Steffens)[84]가 브레슬라우(Breslau)에서 개최했던 강의들은 뮐러에게 아무런 영향을 주지 않을 수 없었다. 난해한 학

---

84) 슈테펜스(Heinrich Steffens, 1773~1845)는 노르웨이 출신의 낭만파 자연철학가이다. 독일에서 철학을 수학한 후 1811년부터 브레슬라우(Breslau) 대학의 교수를 지냈다. 그는 대(對)나폴레옹의 '해방전쟁'에 참전한 바 있으며, 베를린 대학 교수가 되었다. – 역자 주

문은 다소 일정한 정치적 경향과 결합되었다. 그 대립은 철학과 신학을 통해 얼마만큼 누그러지기는커녕, 오히려 더 깊이 자극을 받았다. 사람들은 모든 방향으로 나아가고 있는 활발한 운동의 한가운데 서 있었다. 베를린의 젊은 교수로서 나는 바로 그 운동의 한가운데에서 살고 있었고,[85] 당시까지 내가 아직 갖추지 못했던 학문적인 경향성들 속에 근세사 연구들을 채택했다. 이 연구들은 나를 빈으로, 그다음으로는 이탈리아로 문헌 조사 여행을 하도록 만들었다.

빈에서는 학술적 활동이 베를린에서보다 훨씬 더 제한되어 있었다. 정통주의적 체제가 정신을 지배했으며, 또는 지배하고자 시도했다. 나는 다행히도 프리드리히 겐츠(Friedrich Gentz)[86]와 매우 가까운 관계를 맺을 수 있게 되었다. 그는 이른바 극우파 지도자들 중 한 사람으로서 반혁명적 신조를 열성껏 유지하고 있었다. 그러나 그는 전적으로 자신의 세계적 위치 속에 살고 있었고, 그 위치를 매 순간 조망했던 정신의 소유자였다. 나는 그를 매주 한 번씩, 저녁 시간에 방문했다. 그에게는 정치적 대화가 일종의 욕구였으며, 잘 알려져 있었듯이, 그는 말을 매우 잘했다. 일반적

---

85) 랑케는 30세였던 1825년에 베를린 대학의 교수가 되었다. ─ 역자 주
86) 겐츠(Friedrich Gentz, 1764~1832)는 프로이센의 관리가 되었다가 1802년부터는 빈(Wien)에서 생활했으며, 1809년부터는 메테르니히의 비서가 되었다. 그는 쾨니히스베르크(Königsberg) 대학 시절에는 칸트로부터 영향을 받았고, 프랑스혁명을 지지했으나, 버크(E. Burke)의 『프랑스 혁명에 대한 고찰』을 읽고 나서 반(反)혁명적인 성향을 띠었으며, 1793년에는 이 책을 독일어판으로 출판했다. 그는 메테르니히와 함께 보수주의적·전통주의적 사상을 유지하면서 혁명운동을 저지하는 대표적 인물이 되었으나, 현실주의적 사상가로서 프랑스 7월 왕정의 반동 정책이나 오스트리아와 러시아의 동맹 관계를 추구하는 메테르니히의 정책에는 반대했다. ─ 역자 주

인 상황은 이른바 신성동맹의 결과 속에 기대되었던 바와 같이 그렇게 마련되지는 않았다. 영국의 지원 아래 일어난 그리스의 봉기는 모든 정서를 하나의 새로운 방향으로 몰고 갔다. 나는 그리스인들 및 그들의 옹호자들과는 관계를 맺지 못했지만, 그 동일한 체제에 또 다른 방식으로 속해 있었던 세르비아인들과는 관계를 갖게 되었다. 세르비아운동의 기원을, 빈에서 사람들이 생각했던 바를 개의하지 않으면서, 직접적인 보고로부터 알아보는 것은 나에게 흥미도 있었거니와 교훈적이었다. 내가 베를린에서 시작했던 이탈리아 연구들을 나는 항상 더 많은 열성으로써 계속했다. 왜냐하면 베네치아 문서들의 대부분이 빈에 있었기 때문이다. 이 문서들은 나에게 그다음의 수확을 제공했다. 그러나 동시에 나는 터키에서 일어나고 있는 슬라브운동의 요소를 깊이 연구하게 되었다. 나는 세르비아어를 배우기 시작했다. 그러나 큰 성과를 거두지는 못했다. 왜냐하면 내가 확보했던 보고는 독일어로 작성되었기 때문이다. 겐츠(Gentz)와의 대화로부터 나는, 강대 세력들의 관계가 매우 일치된 것은 결코 아니었다는 사실을 추측해냈다. 몇 년 후에 비밀문서들(Portfolio)87)을 출판했던, 그리하여 일반적인 의혹을 불러일으켰던 비망록들은 이미 당시에 나에게는 겐츠를 통해 알려져 있었다. 그는 흔히 상트페테르부르크로부터의 최근 전문을 받은 인상을 지으면서 그 내용과 어조를 다 같이 기피한 채 말하곤 했다. 거대한 사건들의 이러한 상태가 나에게는 최소한 생소한 것이 아니었고, 그러한 상태 속에서 나는 이탈리아로 떠났다.

베네치아의 상태들은 여전히 옛 체제를 전적으로 대변하고 있었다.88)

---

87) 영국의 반(反)러시아적인 외교관 데이비드 어쿼트(David Urquart)가 당시 유럽의 비밀 외교 문건들을 엮어 발간한 책자들이다. 여기에서 동유럽 보수주의 국가들의 알력이 폭로되었다. ─역자 주
88) 베네치아는 중세 이래로 독립된 공화국으로서 이탈리아 북부 지역을 지배해

내가 숙박했던 여관의 여주인은 옛 베네치아 공화국의 마지막 총독(Doge)을 보았던 사람이다. 산마르코(San-Marco) 광장89)에 대한 기억들은 아직도 사라지지 않았으며, 나는 생각할 수 있는 만큼으로 옛 공화국을 공감하면서 일에 몰두했다. 나의 이러한 작업에서는 프로이센의 왕세자90)가 고대와 예술에 대한 관심으로 젊은이다운 활기에 사로잡힌 채 이곳을 찾아왔던 사실이 어떠한 혼란도 만들지 않았으며, 오히려 그가 옛것을 바르게 보존하여 새로이 소생시킬 것이라는 희망이 되었다. 사람들은 그리스의 분쟁들을 극복하는 데 성공했던 왕정복고 시기의 이상들을 유지할 수 있었다. 나에게는 그리스인들은 베네치아에서 비로소 활기에 차 있었고, 그들에게는 막 도착했던 라이지히(Reisig) 교수가, 유감스럽게도 바로 그곳에서 사망했지만, 고대 그리스어를 유창하게, 또는 그들 자신보다 더 잘 말하는 사실이 적지 않은 인상을 주었다. 나는 그때 체류했던 일을 언젠가 되든 좀 더 상세하게 서술하는 데 수고를 아끼지 말아야만 할 것이다.

지금 나는 여기에서 단지 내가 그다음으로 플로렌스와 로마로 떠났을 때의 정치적 상황만을 서술하고자 한다. 그때는 1829년이었고, 모든 사람들은 왕정복고와 혁명 사이의 거대한 대립들 속에 빠져 있었다. 이 대립들은 당시에 프랑스를 동요시켰으며, 프랑스 신문들을 통해 온 세계에 알려졌다. 내가 로마에서 목격했던 사회에서는, 부르봉(Bourbon) 가문의 옛 노선으로는 더 나아갈 수 없다는, 오를레앙(Orlean) 가문의 지배가 프랑

왔으나, 나폴레옹 시기에는 나폴레옹이 국왕으로 되었던 이탈리아 왕국에 병합되었다가, 1815년의 빈 체제 이후에는 롬바르디아와 함께 오스트리아에 합병되었다. —역자 주
89) 이 광장은 옆에 총독의 관저가 있었으므로, 공화정치의 중심지라는 상징성을 띠고 있었다. —역자 주
90) 후일 프로이센 국왕이 된 프리드리히 빌헬름 4세를 지칭한다. —역자 주

스에서 비밀리에 준비되고 있다는 견해가 등장하고 있었고, 사람들은 오를레앙 가문에 관해서, 그들이 영국에서의 윌리엄 3세의 정책[91]을 채택하게 될 것이라고 가정하고 있었다. 그것은 실제적인 근거가 있지 않았으며, 왕정복고 체제는 온 세계에 너무나 훌륭하게 확립된 것으로 보였으므로, 사람들은 그 체제가 머지않아 전복될 것이라고 예상할 수는 없었다. 그러나 그 전복은 다음 해에 갑자기, 무력적으로, 철저하게 일어났다. 샤를 10세(Charles X)는 도망가야만 했고, 그의 자리에는 오를레앙 가문의 루이 필리프(Louis Philipp)가 실제로 들어섰다. 이것은 왕정복고 이념들의 내면적인 무력함에서라기보다는, 유럽의 변화된 상태에서, 오스트리아와 러시아 및 영국 사이에 들어섰던 오해들에서 일어난 것이다. 그러므로 사람들은 새로운 프랑스 정부에 대립하는 보수적 십자군을 시도하겠다는 생각을 일순간 할 수도 있었겠으나, 실제로 그것을 실행할 수 있는 상태에 있지는 못했던 것 같다.

내가 베네치아에 두 번째로 체류했던 1830년에도 그곳 문서고의 관리들과 도시의 많은 사람들은, 이 십자군은 일어나야만 한다는, 왜냐하면 오직 그렇게 함으로써만 옛것과 새로운 것의 연속이 유지될 수 있기 때문이라는 견해를 보여주었다. 그러나 사건들의 전개는 전혀 달랐다. 즉 혁명에 대한 공감들이 매 순간 더 넓게 확장되었고, 프랑스 국경 밖인 벨기에에서도 유지되었던 것이다. 그것과 유사한 공감들은 영국에서도 승리

---

[91] 영국에서는 청교도혁명을 통해 왕정(王政)이 중단되고 크롬웰(Cromwell)의 공화정 체제가 성립(1649)되었다가, 그가 사망한 후 왕정이 복고되었으나, 찰스 2세(Charles II)와 제임스 2세(James II, 1685~1688)는 반동정치로 의회와 갈등을 일으켰고, 이때 왕권파의 토리당(Tories)과 민권파의 휘그당(Whigs)이 주도하는 양당 체제가 성립되었다. 민권 의회파의 주도 아래 국왕의 장녀(長女) 메리(Mary)의 남편인 홀란드의 총독 윌리엄 3세(William III)가 국왕으로 영입되면서 제임스 2세는 프랑스로 망명했고, 이로써 무혈의 명예혁명(1688)이 이루어졌다. — 역자 주

를 축하했고, 독일의 군주국들과 정부들을 위협했다. 그것은 다름 아니라 세계를 에워쌌던 두 체제들의 대립이 다시 한 번 더 투쟁을 겪지 않을 수 없었다는 사실이다. 그렇지만 그 투쟁은 이전의 방식으로, 즉 모든 세력들이 세계를 휩쓸며 치르는 전쟁을 통해서가 아니라, 국내의 운동을 통해서 전개되었다.

이것은 1830년과 함께 들어섰던 시대의 기호(記號)였다. 살아 있는 어떤 인간도 이 거대한 투쟁으로부터 벗어날 수 없었다. 각자는 한쪽의, 또는 다른 쪽의 방식으로 당파적으로 되지 않을 수 없었다. 1831년 봄에 내가 강단에 다시 섰던 베를린으로 돌아왔을 때, 나는 이 투쟁의 한가운데로 들어섰으며, 『역사·정치잡지(Historische-politische Zeitschrift)』92)를 통해 그 투쟁에 참여하는 의무마저 지게 되었다. 그러나 여기에서 내가 취했던 방향은 혁명도 아니고, 반동도 아니었다. 나는 각자가 공개적으로, 또는 사적으로 자신들을 표명하면서 대치하고 있는 두 개의 경향성들 사이에서 제3의 방향을 표명하고자 하는 대담한 기도를 했다. 그것은 기존하는 것을 연결시켰고, 지나가 버린 것 위에 근거하면서 하나의 미래를 열었으며, 그 속에서는 사람들이 새로운 이념들에 대해서도, 그것들이 진실을 내포하고 있는 한, 공정하게 될 수 있었던 방향이었다. 그러한 기도는 본시 나의 능력을 넘어서는 것이었다. 내가 본시는 모든 사람이 나에

---

92) 프랑스의 7월혁명 이후 자유주의적 혁명 사상과 프로이센 자체 내의 과거지향적·반동적 사상을 조정하기 위해 프로이센의 외무장관 베른슈토르프(Bernstorff)가 주도했던 잡지로서, 랑케가 편집을 맡았다. 그러나 1832년 3월에 창간호를 발행했던 이 잡지는 기대했던 성과를 거두지는 못하고 1836년 8월까지 2권 8책을 내고서 종간되고 말았다. 기고문들의 대부분은 랑케에 의해 작성되었으며, 그중에서도 「강대 세력들」과 「정치 대담」은 랑케의 역사 및 정치 사상이 압축적으로 표명되었던 유명한 글들이다. ─역자 주

게 동의할 것임이 틀림없을 것이라고 생각했을 때, 나는 실로 얼마나 착각하고 있었던가? 전혀 반대의 상황이 일어났다. 세계의 구원을 혁명의 진보 속에서 보았던 파른하겐 폰 엔제(Varnhagen von Ense)93)와 알렉산더 폰 훔볼트(Alexander von Humboldt) 같은 나의 이전의 친구들은 나에게 노여움과 소원함을 나타냈다. 그때 곧바로 『정치 주보(das Politische Wochenblatt)』94)로 하나의 기관을 마련했던, 당시의 나의 친구들인 라도비츠(Radowitz)95)와 게를라흐(Gerlach)96)는, 내가 혁명에 전적으로 동의하는 것

---

93) 엔제(Varnhagen von Ense, 1785~1858)는 문학가이자 정치가로서 베를린 대학과 할레 대학에서 수학했고 슐레겔·피히테·슐라이어마허 등과 교유했으며, 대(對)나폴레옹 전쟁에는 오스트리아군에 종군했다가 부상을 입었다. 그 후 그는 베를린에서 문필 활동을 하면서 개혁정치가 하르덴베르크(Hardenberg)의 측근이 되었으며 빌헬름 폰 훔볼트(Wilhelm von Humboldt), 괴테와도 친교를 나누었다. 왕정복고 시대에 그는 청년독일파와 가까운 자유주의자로 알려졌다. 그의 『회상록』과 『비망록』은 당시의 상황에 대한 사료적 가치가 있다. -역자 주
94) 당시의 우익 기관지로서 정식 명칭은 '베를린 정치 주보(Berliner Politische Wochenblatte)'이다. -역자 주
95) 라도비츠(Josef Maria von Radowitz, 1797~1853)는 프로이센 군대의 장교로서 문필 활동을 하면서 왕세자 프리드리히 빌헬름 측근의 낭만주의적 보수주의자들 중 한 사람이었다. 그는 1830년대 후반부터는 현실에 대한 비판주의적 방향으로 나아갔고, 1848년 혁명에 의한 독일 통일 사업이 좌절된 후 1850년에는 프로이센의 외무장관이 되어, 프로이센의 주도하에 독일 각 국가들의 동맹을 통한 독일 통일 정책을 추구했다. 이 정책은 후일의 비스마르크(Bismarck)의 정책으로 되었지만, 그 당시에는 오스트리아의 반대와 보수주의자들의 저항으로 실패했었다. -역자 주
96) 게를라흐(Leopold von Gerlach, 1790~1861)는 융커 출신의 정치가이자 사상가로, 아우 에른스트 루트비히 폰 게를라흐(Ernst Ludwig von Gerlach, 1795~1877)와 함께 왕세자 프리드리히 빌헬름 측근의 정통주의적 보수파의 한 사람으로서 이전의 친구이자 동지였던 라도비츠 및 비스마르크와도 대립하는 극우적인 방향으로

이 아니었다는 것만으로 나를 우선 참아주었다. 나는 아이히호른(Eichhorn)97)·자비니(Savigny)·슐라이어마허(Schleiermacher)와 같은 사람들이 나에 대한 동의를 표시해 줌으로써 위안과 지지를 발견했다. 이들은 가능한 한 나를 지원했다. 나는 첫 번째의 두 사람들〔아이히호른·자비니〕과는 매일같이 모임을 가졌다. 그러나 내가 베네치아에서 알게 되었던 안실롱(Ancillon)98)과의 친분은 좀 더 중요한 역할을 했으며, 그를 중심으로 하여 다시금 하나의 보수적인 모임이 형성되었다. 안실롱에게서는 베를린에 있는 프랑스인들의 의식과 양식이 다시금 대변되었다. 그는 보편적인 교양, 역사적 사건들에 관한 항상 최근의 지식, 또한 철학의 교의사(敎義史)들을 자기 나름대로 탐구하고 있었다. 그는 자신의 저술에서보다는 자신의 대화에서 훨씬 더 보수적이었다. 그러나 그는 저술들에서도 역시 자신이 견해를 확고하게 지켰다. 그는 국왕을 드물지 않게 만났고, 왕세자99)인 자신의 제자를 거의 매일같이 만났다. 왕세자는 매일 저녁 지도해 주

나아갔던 인물이다.—역자 주
97) 아이히호른(Johann Albrecht Eichhorn, 1779~1856)은 프로이센의 정치가로서 '해방전쟁'에 참가했으며, 1831년에는 프로이센의 외무장관·문교장관을 역임했다. 이 아이히호른은 법제사가 아이히호른과는 다른 인물이다.—역자 주
98) 안실롱(Johann Peter Friedrich Ancillon, 1767~1837)은 16세기 말 프랑스의 앙리 4세(1589~1610)에 의해 선포되었던 낭트칙령(Edict of Nantes, 1598)이 17세기 말 루이 14세에 의해 철폐되었을 때(1685) 프로이센으로 이주한 프랑스 위그노샤를 안실롱(Charles Ancillon)의 손자이다. 그는 제네바에서 신학을 공부한 후 1792년부터 베를린 육군대학에서 역사 교수로 재직하면서 슈타인(Stein)의 개혁을 지지했으며, 1810년부터는 왕세자 프리드리히 빌헬름의 개인교수가 되었다. 그는 '해방전쟁'이 일어나자 민족주의적 경향에 반대하면서 메테르니히 정책을 지지했다.—역자 주
99) 프리드리히 빌헬름 3세를 이어 프로이센 국왕이 되었던 프리드리히 빌헬름 4세를 지칭이다.—역자 주

는 안실롱의 협력 아래 문학과 예술의 모든 작품들에 지극히 왕성한 관심을 나타냈다.

나는 이제, 하나의 특별한 정치적 문필 활동이 나의 직업을 채우지는 않는다는 사실을 깨닫지 않을 수 없었다. 그 잡지에서 일어났던 가장 좋은 것은 그것이 본시는 역사학적인 것이라는 점이다. 나의 영혼 전체는 내가 가장 풍부한 자료로써 집에서 작업했던 역사학적 연구들을 이제는 공개하도록 재촉했다. 나는 이탈리아에, 특히 로마에 체류할 때의 인상을 간직한 채, 『교황들의 역사』[100]를 저술했다. 나에게 특이하게 보였던 것은, 나와 입장을 같이했던, 그리고 정치적 기고문을 쓰는 작업들을 인정했던 분젠(Bunsen)[101]이 『교황사』의 1권에 대해 만족하지 않았다는 점이다. 그의 견해는, 역사가의 작업은 라틴계의 역사적 발전이 아니라, 게르만계의 역사적 발전에 바쳐져야 한다는 것이다. 『교황사』의 제2권에서 나는 독일 역사에 관해서도 많이 서술하지 않을 수 없었다. 이 작업의 장점은 나로 하여금 일반적인 관계들에 대해 충분하게 관조하도록 했다는 점에 있다. 이 작품이 일반적으로 받았던 갈채, 그리고 이 작품이 불러 일으켰던 반론이 나에게는, 그것들이 세계의 모든 공통의 노력들과 논쟁점들 속에 나에게도 하나의 위치를 마련해 주었다는 점에서 의미 있는

---

100) 원서명은 '16세기·17세기의 로마 교황들과 그들의 교회들 및 국가들(Die römischen Päpste, ihre Kirche und ihr Staat im 16. und. 17. Jahrhundert)'(3Bde., 1834~1837)이다. ─역자 주

101) 분젠(Christian Karl Josias von Bunsen, 1791~1860)은 프로이센의 역사가로, 괴팅겐 대학에서 신학과 문헌학을 공부한 후 로마 주재 공사로 임명되어 니부르를 따라서 1818년에 로마로 가서 교황청에서 근무했고, 1842년에는 주영 대사로 활동했으며 프리드리히 빌헬름 4세의 신임을 받았다. 그사이에 그는 고대 로마사에 관한 작품을 발표한 바 있고 은퇴 후에는 많은 역사 작품들을 저술했다. ─역자 주

것이었다. 나는 실증적인 것을 포기함이 없이, 최대한의 비당파성을 지키고자 노력했다. 나는 이러한 의식 속에 지금도 나의 강의들을 열고 있으며, 이것이 이제는 이전보다 더 많이 공감을 발견하고 있다. 프리드리히 빌헬름 3세(Friedrich Wilhelm III)[102]가 통치하고 있는 최근 몇 년 동안의 베를린은 혁명적인 경향성들이 학문적으로 작용했는가 하면, 그러나 또한 학문적으로 배척되었던 상황을 겪고 있다. 그렇지만, 대학에서 함께 활동했던 사람들은 상호간의 지속적인 반대 없이는 이러한 대립을 멀리 넘어서지 못했을 것이라는 데 그들의 중요성이 있다. 그들은 제1급의 인물들이었고, 대학은 그들의 왕성한 활동 속에 서 있었다. 왜냐하면 학문은 정치적 대립들과 관계되고 있지만, 그러나 그것들에 몰두하지는 않기 때문이다. 역사학적 학문의 고유한 생명을 나는 역사학적 연습들(die historische Übungen)을 통해 촉진시키고자 노력했다.[103] 그 연습들은 그 후 가장 훌륭한 성과를 거두었다.

『교황사』의 제3권이 출간되었을 때, 나는 언젠가 한 번 자비니(Savigny)와 함께 그의 정원을 거닐고 있었으며, 그는 나에게, "이제 당신은 무엇을 맨 먼저 기획하고자 하는가"라고 물었다. 나의 결심은 이미 서 있었다. 나에게는 가톨릭의 역사에다가 프로테스탄티즘의 기원에 관한 역사를 나란히 세워보겠다는 내면적인 욕구가 있었으며, 나의 감각 방식

---

102) 프리드리히 빌헬름 3세는 프리드리히 빌헬름 4세의 부왕으로, 재위 기간은 1797~1840년이었다. ― 역자 주
103) 랑케는 처음으로 베를린 대학에서 역사학적·비판적 방법(die historisch-kritische Methode)을 활용하여 과거 문헌들을 엄격하게 해명하는 세미나식의 강의를 개설하여, 이를 통해 19세기 독일의 많은 문헌학적·비판적 역사가들을 배출했다. ― 역자 주

에 따라 가장 철저한 연구들이 무엇보다도 선행되어야만 했듯이, 나는 이 새로운 작업을 위해 하나의 확실한, 광범위한 기반을 세울 수 있었던 자료들을 이미 발견했었다. 그것들은 프랑크푸르트(Frankfurt am Main) 시의 제국의회(Reichstag)[104]의 기록들이었다. 왜냐하면 종교적 노력들과 정치적 노력들을 일치시켜 볼 때만이 교회 개혁의 거대한 사건이 어느 정도 파악될 수 있기 때문이다. 다른 보고들은 베를린·바이마르(Weimar)·드레스덴(Dresden)의 문서고들이 제공해 주었고, 여기에 더해 분량이 많은 신학적 작품들이 또한 첨가되었다.

나는 가끔 제국의회 기록들과 신학적 문제들(Theologumenen)을 구성하는 데 있어서 전적으로 느긋함을 느끼지 못했다. 또 한편으로는 나의 모든 관심은 다시금 여기에 있었다. 역시 나는 계획을 바꾸지 않았다. 단지 한마디 언급해 두자면, 내가 작업하는 동안에 베를린에서는, 프리드리히 빌헬름 4세가 국왕이 됨으로써, 상황이 완전히 변했다는 사실이다. 그는 전적으로 그 시대의 인물이었다. 즉 그는 당시의 거대한 대립들 속에 살면서 숨 쉬고 있었다. 그러나 그는 동시에 기존하는 것과 역사적인 것을 위해서 편을 들었다. 그는 시대가 요구했던 형식들에 자신이 좀 더 가까이 접근함으로써, 자신의 국가와 프로테스탄트 교회에 하나의 지위를 영원히 보장할 수 있다고 생각했다. 그렇지만 혁명적인 경향성들은

---

[104] 제국의회는 신성로마제국의 한 제도로 형성되었으며, 본래는 각 영주 국가의 영주의 대표들로 구성되었으나, 15세기부터는 도시들의 대표들도 참여하게 되었다. 황제의 필요에 따라서 소집되었으며 장소는 때에 따라 달랐다. 종교개혁 시기의 보름스(Worms) 제국의회(1521), 스파이어(Speier) 제국의회(1529), 아우구스부르크(Augusburg) 제국의회(1533~1555) 등이 그러했다. 랑케가 여기에서 언급한, 프랑크푸르트에서 발견한 제국의회 기록들(Reichstagsakten)이란 15세기·16세기의 문서들이었다. 이 문서들은 후일에 랑케의 제안에 따라서 뮌헨(München) 아카데미의 역사위원회에 의해 간행되었다. – 역자 주

형식들만이 아니라 본질도 동시에 열망하고 있었다. 하나의 새로운 시대가 1848년의 혁명을 통해 시작되었다. 1830년에 상승했던 추진력들이 이제는 우위권을 확보했다. 그리고 일어난 투쟁은 항상 평화적인 수단을 통해서만 주도될 수는 없었다. 누가 여기에 자신의 모든 영혼으로 참여하지 않을 수 있었겠는가? 다시 한 번 말하자면, 나는 모든 부당한 행동을 끈기 있게 회피했다. 나에게 좀 더 중요한 것은 동일한 대립들 위에 근거하는 거대한 역사적 현상들을 관조될 수 있게 만드는 일이다. 프로이센 국가의 발전, 프랑스 권력의 형성, 마지막으로 영국의 17세기 역사가 그것들이다.

프리드리히 빌헬름 4세가 왕위에 오름으로써 입헌제적 경향성과 신분제적 경향성 사이의 대립이 명확하게 나타났다. 국왕이 정확하게 만들었던 구분은 그러나 시대의 정신에 어떠한 고유한 반작용을 하지 못했다. 오히려 동시대인들은 이전 시대에 연결되어 있던 하나의 거대한 사상에 물들여 있었고, 이 사상의 실현을 국왕에게 기대하고 있었다. 그것은 바로 독일 통일의 사상이었다. 국왕도 바로 그 사상 속에 살고 있었다. 그러나 그는 매 발걸음 오스트리아에 대한 고려 때문에 앞으로 나아가는 데 방해를 받았고, 이것은 필연적으로 민심의 동요를 증대시켰다. 나 자신도 역시 이 사상으로부터 접촉되지 않은 채 살고 있지는 않았다. 나는 오히려 독일 민족이 자신의 내면적 통일성을 가장 많이 표명했었던 종교개혁의 역사 속에서 독일 정신의 활동이 의식되도록 해야 한다고 믿었다. 왜냐하면 프로테스탄티즘은 한 시대 전체를 꿰뚫으면서 독일의 종교로서 가치를 발휘했기 때문이다. 그러나 독일의 이념은 뒤따랐던 시기들에서는 다른 편으로부터 지극히 광대한 긴장을 받음으로써 억제당했고, 자체 속에서조차도 부서져 버렸으며, 그리하여 역사적 관심은, 개인적 관계도 없이, 프로테스탄트 사상이 최대의 정치적 에너지로 발전해 나갔던 국가에로 향했다. 나에게는 프로이센의 역사 속에서 말하자면 종교개혁사의 제2장을 바라보았던 친구들이 있었다. 나는 이 소재에 관심을 쏟으면서도, 이 문제는 그러나 전혀 다른, 자신을 다시금 제한시켰던 생활력들을 자체 내에 지니고 있었다는 것을 인식할 수밖에 없었다. 나는 무엇보다도 프로이센 국가의 분립주의적 생활을 파악하면서 서술하고자 노력하지 않을 수 없었다. 왜냐하면, 프로이센을 세계 속에서 가치 있게 만들었던 위대한 국왕의 개성이 그것을 통해 전면에 나타났기 때문이다. 프리드리히 빌헬름 4세 국왕은, 내가 그를 자주는 아니었지만, 때때로 보면서 알고 있었던 바로는, 나의 이러한 계획에 전적으로 동의하지는 않았다. 그는 나에게, 내가 『프로이센 역사』의 제3권에서 독일 문제를 좀 더 자세히 다룰 때, 비로소 찬성을 보여주었다. 그는, 그 책이 이제 곧 완전히 독일적으로 되었다고 생각했던 것이다. 그렇지만 그는 독일적인 것(Deutschheit)을 동시대인들과는 다르게, 오로지 보수적인 면으로 파악하고 있었다. 연방제를 유지하고, 관료주의는 제한되어야 하지만, 군주권은 제한되지 말아야만 하는 방식으로 신분제적 권리들을 부활시키며, 절대적으로 프랑스적으로 되어서는 안 되도록 하면서 여러 사항들을 정비하는 것에서 그는 독일적인 것을 보았다. 그러나 1848년의 혁명을 통해 그는, 대립되어 있는 요소들이 자신이 생각해 왔던 것보다 훨씬 더 강력하다는 것을 알게 되었다. 그는 세계를 자신의 관념들에 굴복시켜야 한다고 생각해 왔지만, 그러나 자신이 방어에 몰렸다는 것을 곧바로 깨닫게 되었다.

그러나 그다음으로는 일반적인 사건들이 또 하나의 다른 방향을 확보했다. 7월 왕국으로부터 공화정이 일어났으며,—공화정으로부터는 나폴레옹 3세의 권위가 등장했다. 그러고는 프랑스와의 투쟁이 다시 한 번

더 임박한 것으로 보였다. 나는 이러한 생각들을 국왕에게 이미 1848년 5월에 예시했었다. 이 생각들이 12월에 현실로 나타났을 때,105) 국왕은 나에게 호의를 보였다. 그때부터 비로소 나는 그를 좀 더 자주 보게 되었다. 그사이에 나는 사건들로부터 자극을 받아서가 아니라, 나의 역사학적 연구들의 전체적인 순서에 따라서 16세기와 17세기의 프랑스사를 서술했다. 나는 이것을 저녁 시간마다 프리드리히 빌헬름 4세 국왕에게 대부분 낭독했다. 나는 그가 매우 주의 깊게, 통찰력 있게 듣고 있는 것을 보았다. 그가 논평했던 소견들은 가끔씩 나로 하여금, 책이 이미 인쇄되었다는 점을 유감스럽게 생각하도록 만들었다. 그렇지 않았다면 나는 그의 논평들을 이곳저곳에서 활용할 수 있었을 텐데 말이다. 내가 그에게 결국, 이제부터 나는 영국사 서술에 착수하고자 한다는 계획을 털어놓았을 때, 그는 전적으로 동의했다. 그는, 내가 아마도 이 일을 달성할 수 있을 것이라는 희망을 표현했고, 내가 1857년에 영국으로 떠날 때는 알버트(Albert) 공106)에게 추천서를 써주었다. 그 후 알버트 공은 나의 여행길에 얼마간의 편의를 돌보아주었다.

그러나 그의 살날은 이미 얼마 남지 않았다. 그의 생애의 마지막 몇 년 동안은 크리미아 전쟁의 갈등들 때문에 암울했었다. 이 전쟁을 그는 항상 혁명과 새로운 나폴레옹 제국에 대한 전반적인 투쟁이라는 시각에서만 바라보았다. 그러나 모든 이러한 문제들을, 즉 독일 문제, 일반적 문제, 그리고 입헌 문제 등을 그는 후계자에게 넘겨주었다. 이 후계자107)

---

105) 루이 나폴레옹이 프랑스 대통령으로 당선되었던 것은 1848년 12월이며, 황제 나폴레옹 3세가 된 것은 4년 후였다.—역자 주
106) 콘소트 알버트 공(Pince Consort Albert, 1819~1861)은 영국 빅토리아 여왕의 남편이다.—역자 주

는 일단 놓인 기반을 계속 구축해 나가면서, 그러면서도 좀 더 좌측으로 향하는 방향―이와 같이 일단 표현해 보자면―을 취했다. 말하자면 여론에다가 좀 더 큰 영향을 허용했던 방향이었다.

이러한 가벼운 전환은 동시에 종교적 견해에서는 하나의 이탈을, 바로 그러므로 단지 하나의 수정을 근거로 하고 있었으며, 이러한 전환 위에서 세계는 계속 발전해 나간다. 우리는 독일 문제와 유럽 문제, 이 두 개의 중요 문제들에서 결정을 해야만 했다. 다시 한 번 오스트리아와 프로이센 사이에는 투쟁이 일어났다. 자도바(Sadowa)에서의 전투[108]는 이 두 문제들 사이를 결정했으며, 동시에 이것은 프랑스에 의해 일어났던 전쟁[109]을 받아들이면서, 이를 가장 바람직하게 완성할 수 있도록 했던 상태들을 가져왔다. 프리드리히 빌헬름 2세(Friedrich Wilhelm II)가 1792년에 기획했었고, 그러나 1795년에 포기했던 바가 1870년에는 그의 손자[110]에 의해 완성되었다. 이 순간들의 사이에서 나의 생이 계속되었다. 그 순간들은 거대했었지만, 나는, 나의 생(生)이 그것들에 의해 지배되어 오지는 않았다고 생각한다. 나의 생은 역시 나 자신의 고유한 내면적인, 모든 외부 사건들로부터 독립적인 활동을 하고 있었으며, 나 자신의 고유

---

107) 이 후계자는 빌헬름 4세의 아우로서, 형의 사후에 프로이센 국왕이 되었던 프리드리히 빌헬름 1세를 의미한다.〔주 110) 참조.―역자 주〕
108) 자도바(Sadowa) 전투는 쾨니히스그래츠(Königsgrätz) 전투를 지칭한다. 이 도시의 서북부에 있는 촌락인 자도바에서 1866년 7월 3일에 프로이센 군대가 오스트리아 군대를 격파했다.―역자 주
109) 1870년에 일어났던 프로이센과 프랑스와의 전쟁을 지칭한다. 프로이센이 승리함으로써 1871년에는 프로이센이 주도하는 통일 독일제국이 수립되었다.―역자 주
110) 프리드리히 빌헬름 3세의 둘째 아들로서 형인 프리드리히 빌헬름 4세의 뒤를 이어 프로이센 국왕 빌헬름 1세가 되었으며, 이어서 1871년에 출범한 독일 제국의 황제가 되었던 인물이다.―역자 주

한 목표를 추구해 왔다. 최근의 과거에 대립하여 다시금 부당하게 되었던 일반적인 흐름을 반대하면서 나는 『프리드리히 4세와 분젠과의 왕복 서한』111)을 편집하여 제시했다.

---

111) 원서명은 Briefwechsel des Königs Friedrich Wilhelm IV(mit Bunsen, 1873)이다.
　－역자 주

4. 1885년 11월의 구술

나는 바젤(Basel) 평화협정[112]이 체결되었던 해에 태어났다. 이 협정은 혁명을 통해 변혁된 프랑스와 유럽 세계의 보수적 원리들을 지니고 있는 프로이센 국가 사이에 협력 관계를 세우기 위한 첫 시도였다. 이것은 평화협정이라기보다는 상호 이해를 위한 하나의 시도였으며, 이로써 두 개의 대립했던 요소들은 향후 10년 동안 서로 대치하면서 존속해 나갔던 것이다. 나는 사람들이 내가 나의 변변찮은 존재를 세계의 거대한 사건들과 연결시키는 것을 관대히 이해해 주길 바란다. 그러나 부득이한 경우도 있다. 모든 인간은 세계를 지배하는 성신(星辰, Gestirne)[113]의 영향 아래

---

[112] 바젤(Basel) 평화협정: 프로이센과 오스트리아는 혁명 프랑스에 군사적으로 공동 대처하는 동맹을 선언했으나, 혁명은 1793년 1월 루이 16세를 처형까지 함으로써, 군주제 원리를 고수하는 영국·네덜란드·스페인·포르투갈이 프로이센·오스트리아의 동맹에 참여하여 대(對)프랑스 연합국 체제가 형성되었다. 그러나 프로이센이 이 연합국 체제에서 오히려 미온적이었고, 로베스피에르가 몰락한 후 1795년에는 지롱드파의 프랑스와 개별적으로 바젤강화협정을 맺음으로써 연합국 체제는 와해되고 말았다. — 역자 주

[113] 랑케는 구술에서 "Einfluß der Gestirne"라고 표현했다. 직역한다면 '천체(天體, 星辰)의 영향'으로, 또는 '천체의 질서'라는 의미로 볼 수 있다. 랑케는 인간 생활이 거역할 수 없는 자연 질서 속에 전개되고 있는 것으로 파악하고 있었던 양, 다음 페이지에서도 1812년의 나폴레옹의 패전을 'Geistirne'라는 단어를 활용하여 표현했다. 결국 이 단어는 천체와의 관계 속에 있는 인간사의 '운명'이라는 의미를 내포하고 있다. — 역자 주

살고 있다. 나의 생애의 첫 번째 10년을 나는 내가 태어난 곳이 속해 있었던 선제후령 작센이 당시에 대내외적으로 누리고 있었던 평화 속에서 보냈다. 당시 작센은 프로이센과 긴밀한 동맹 속에 있었다. 그것은 고유한 양식의 조용한 생활이었다. 그러나 그 속으로는 독일 고전적 시기의 문학적 운동에 대한 관계들이 때때로 밀려들어 왔다. 내가 기억하기로는, 내가 즐겨 방문했던 한 집안 사람이 어느 날 나를 거울 아래에 걸려 있던 하나의 그림 앞으로 데리고 가서는, 그 그림 속의 인물—그것은 쉴러(Schiller)였다—이 막 사망했다고 알려주었다. 그는 쉴러를 독일에서 가장 위대한 인물이라고 칭했다.

    1806년의 그해를 나는 매우 긴장된 정신으로 체험하고 있었다. 나는 프로이센의 한 기병 연대가 처음으로, 도시 한가운데를 통과하려던 본래의 의도를 피하여, 도시 앞으로 지나갔던 일을 매우 생생하게 기억하고 있다. 그곳에 주둔하고 있던 경기병들(Husaren)은 전장으로 투입될 준비를 갖추고 있었고, 모든 것이 하나의 전반적인 결전(決戰)을 기다리고 있었다. 10월 14일에 사람들은 아우어슈테트(Auerstädt)에서 전투가 벌어질 것을 예감하고 있었다. 우리들 소년들은 가까이 있는 호헨로트(Hohenroth) 언덕으로 올라갔다. 우리들 중 몇몇은 땅에 구덩이를 파고 들어갔으며, 실제로 포성을 들었다고 생각했다. 고백하건대, 나는 아무것도 듣지 못했다. 그러나 얼마 지나지 않아 우리는 결전(決戰)을 경험하게 되었다. 그 첫 표시는 후퇴에 들어선, 특히 부인들로 가득 차 있었던 긴 행렬의 마차들이 보여주었다. 그러고는 피난민들이 들이닥쳤고, 나의 아버지는 그들을 집 안으로 받아들여 우리의 둥근 식탁을 내주었다. 그러나 곧이어 첫 번째의 프랑스인들이 나타났다. 사람들이 프로이센 기병들의 해골(骸骨) 표식들에 감탄했듯이, 이제는 프랑스 저격병들이 소년들의 관심을 자극했다. 사람들은 프로이센과 작센을 구분하면서, 패배는 본래 프로이센의 패배라는 것을 깨닫기 시작했다. 사람들이 어떤 예감도 느낄 수 없었던 일이 이제 일어났다. 세계의 두 강대 세력들 사이에서 결전이 일어났던 것이다. 작센은 그 첫 국면에서는 단지 온건하게만 관여했다.

나의 학업이 비헤의 교장과 교사의 범위를 넘어서게 되었던 시절이 다가왔다. 나는 돈도르프와 포르테의 두 수도원 학교들을 차례로 다녔었다. 이 학교들은 여전히 옛 교육 방식을 온전히 유지하고 있었지만, 나에게는 하나의 새로운 세계를 열어주었으며, 그 속에서 나는 숨 쉬며 살았었다. 세계의 사건들은 이곳에서도 일정한 반향을 불러일으켰다. 우리가 돈도르프에서 호메로스 세계의 전설들에 몰두하고 있을 때, 우리가 입수하여 읽어보았고, 때로는 석판(石板) 위에 서투른 글씨로 따라 써보면서 모방하기도 했던 나폴레옹의 포고문들은 가장 큰 인상을 주었다. 그리고 돈도르프에서 시작되었던 공부가 포르테에서는 좀 더 높은 단계로 계속되었다. 나는 얼마나 내가 포르테 학교에 감사해야만 했는지를 모두 다 설명할 수 없을 지경이다. 수업 그 자체에 대해서뿐만 아니라 그 학교에 감돌고 있었던, 그리고 고전 연구 속으로 깊숙이 스며들어 있었던 정신에 나는 감사하고 있다. 나는 그곳에서 고대 시인들의 대부분을 두 개의 언어들로 통독했고, 한 젊은 교사의 인도 아래 비극 작가들과, 핀다로스(Pindar)까지도 읽었다. 우리들 중 많은 학생들은 베르길리우스를 모든 책들에서 암송해 낼 줄 알았다. 그는 역시 우리가 친해질 수 있었던 역사가들 중에서 가장 고귀한 첫 번째 인물이었다.

곧이어 1812년에는 나폴레옹의 운명(星辰: Gestirne)의 거대한 격변이 뒤따랐다. 프랑스군이 패배했고, 그것이 가져왔던 대중 운동들이 알려졌을 때, 나는 막 타키투스(Tacitus)의 『아그리콜라(Agricola)』를 공부하고 있었다. 나는 타키투스가 보아디케아(Boadicea) 여왕[114]의 책임으로 전가시켰던 관점들이 지금의 현실과 동일하다는 점에 경악했다. 즉 가장 가까운 사건에 대해 가장 멀리 있는 사건이 지니고 있는 내면적 관계, 그리고 권력 행사와 이에 대립하는 저항 사이의 동일한 형식이 나의 눈앞에 나타났다. 위에 언급된 나의 친구이기도 한 교사는 내가 주목한 바에 동의했다. 역시 그러한 것이다. 우리는 당시까지 세상을 지배했던 동기들을 넘어서는 보편적인 역사적 관찰들에로 우리 자신들을 제고시켰던 것이다. 우리들의 눈앞에서, 우리들의 가까이에서 세계를 결정했던 거대한 투쟁이 지금 결판났던 것이다. 우리는 나폴레옹이 자신의 장군들과 원수(元帥)들에 둘러싸여 수도원 문 앞으로 지나가는 것을 보았다. 곧이어 뤼첸(Lützen)에서 전투가 벌어졌고, 다시 한 번 혁명적·제국주의적인 원리가 승리했다.[115]

그러나 동시에 연합국들의 동원에 관한 소식들을 우리는 열광적으로 환영했다! 우리는 거리 위에 나타났던 첫 번째의 카자흐(Kosak) 기병대를 이제 모든 사람들이 느꼈던 압박으로부터 곧 이루어질 구원을 알려주는 전령들로서 환영했다. 다만 결전(決戰)이 우리들에게는 너무 오랫동안 지체되었지만, 라이프치히에서의 전투는 승리를 거두었다. 우리는 이 전투에 관해서 틸만(Thielmann) 장군의 입을 통해 들었다. 그는 수도원 문 앞에 모였던 젊은이들 앞에서 그 비교될 수 없는 승리를 사망자들과 포로들로 입은 손실의 숫자와 함께 알려주었다. 이 숫자들은 우리를 경악에 빠뜨렸고, 틸만 자신도 연합국으로 넘어갔었으므로, 더욱더 동정심을 일깨웠다.

---

114) 보아디케아 여왕(~A.D. 62)은 브리타니아에 진격한 로마 군대와 투쟁할 것을 독려하며 전투에 임했으나 패전으로 전사했던 당시 브리타니아의 여왕이다.
115) 랑케에게는 나폴레옹 군대가 뤼첸(Lützen)의 전투에서 승리한 것이 프랑스 혁명 이념을 유럽 각국으로 확대시키려는 나폴레옹의 제국적 원리가 승리했던 것으로 보였던 것이다. - 역자 주

며칠 뒤에 우리는 프랑스 군대를 보았다. 그때까지 그들은 항상 동쪽으로 진군했으나, 지금은 서쪽으로 후퇴하고 있었다. 그들은 이전과 마찬가지로 언덕들을 뒤덮었다. 쾨젠(Kösen)으로 통하는 협로에서는 양쪽 편의 대포들이 교전을 벌였다. 나폴레옹을 신의 사명을 지닌 인물로 보았던 수학자인 친절한 노교수 슈미트(Schmidt)는 군대의 퇴각 행렬을 엄청나게 놀라운 눈으로 바라보았다. 그런데도 그는 나폴레옹을 포기하지는 않았다. 이로써 세계의 운명은 이제 결정되었다. 옛 상태들의 권력이, 수세기들을 통해 이룩되어 왔듯이, 다시금 살아났고, 모든 사람은, 세계의 미래는 그 반응이 얼마나 넓게 밀려오고 어디에서 그 경계를 발견하게 될 것인지에 달려 있다고 생각했다. 파리협정에서는 혁명적인 침략은 파기된다는, 그러나 혁명적 요소들이 자체 내에 지니고 있었던 입헌적 개혁은 존속할 것이라는 점이 살아났다.

이 시기에 나는 라이프치히 대학에 재학하고 있었다. 학문적인 강의들을 연관 관계 속에서 듣는다는 것이 나에게는 감동적이었다. 철학 공부와 여기에 더해 역사학 공부가 이제 처음으로 시작되었다. 사람들이 자주 말했듯이, 내가 대학을 일반적인 경우보다 더 일찍이 다녔다는 것은 사실이었고, 이것은 나에게 고유한 공부들을 위해 더욱더 많은 시간과 공간을 얻기 위해서였다. 헤르만(Gottfried Hermann)의 강의들조차도 나를 완벽하게 만족시켜 주지는 못했다. 왜냐하면 그는 내가 한 번도 정확하게 이해하지 못했던 운율학(韻律學, Metrik)에 가치를 두고 있었기 때문이었다. 그러나 나에게 잊을 수 없는 것은 내가 처음으로 이해하면서 배웠던 핀다로스(Pindar)에 관한, 그리고 헤시오도스(Hesiod)[116]와 그리스 신화에 관한 그

---

[116] 헤시오도스는 『노동과 날들(Werke und Tage)』과 『신통기(神統記, Theogonia)』를 저술했던 8세기경의 그리스 산문 작가였다. 이 저술들은 역사 서술은 아니지만,

의 강의들이었고, 언어 전체에 관한 하나의 충분한 이해를 지니고 있었던 그의 그리스어 문법에 관한 강의는 정신을 만족시켜 주는 문법 규칙들에 관한 논리적 기초를 많이 담고 있었다. 크루그(Krug)117)의 강의들은 변증법적인 명확함을 통해 나에게 유익했지만, 칸트 전공자로부터 칸트 자체에게로, 그리고 칸트의 좀 더 유명한 후계자들에게로 나아가야 한다는 욕구를 나에게 불러일으켰다. 나는 칸트의 『순수이성비판』에 몰두했고, 밤늦게까지 램프 아래에서 공부했다. 나에게 가장 거대한 인상을 주었던 피히테(Fichte)는 종교 및 정치와 연관된 그의 인기 있는 저술들의 대부분에서 당연히 그러했다. 그의 『독일 민족에게 고함(Reden an die deutsche Nation)』은 나에게 무한한 감동을 주었다.

그러나 나는 여전히 역사학에 대해서는 매우 생소해했었다. 역사 참고서들에서는 단지 무수한 주석들만이 나에게 보였고, 그것들의 불명료하고도 건조한 내용은 나에게 겁을 주었다. 니부르의 『로마사』는 나의 역사 공부에 가장 거대한 영향을 주었다. 리비우스(Livius)와 디오니시우스(Dionysius)로부터의 모방과 반복들, 그리고 여러 곳에서 하나의 진정한 고전적 정신을 보여주고 있는 니부르 자신의 묘사들은 나에게, 근세 시기에도 역시 역사가들이 있을 수 있다는 확신을 심어주었다. 그 시기에는 괴테의 이름이 모든 사람들 위에 우뚝 서 있었으며, 그 자신도 하나의 근대적인 고전성을 생활과 연구 속으로 도입했으며, 이러한 관계에서는

전자는 농업 및 인간 생활의 풍습과 도덕에 관하여, 후자는 신들의 탄생과 그 계보 및 인간들과의 관계에 관하여 서술한 것으로서 당시의 사회생활과 신화적 기반을 전해주며, 특히 전자에서는 역사 진행이 금·은·철·동의 시대로 구분되는 최초의 시대 구분 모델이 제시되었다.─역자 주

117) 크루그(Wilhelm Traugott Krug, 1770~1842)는 칸트의 뒤를 이어 쾨니히스베르크(Königsberg) 대학의 교수가 되었던 철학자로서 1809년에는 라이프치히 대학의 교수가 되었다.─역자 주

민족적 감정을 형성시키는 데 무한하게 많이 기여했다. 그는 당시에 자신의 명성에서 절정기에 있었다. 나는 나의 동료 학생들 중에서도 그를 가장 숭배했던 학생이었지만, 이미 당시에 나는 그를 모방하려는 용기를 갖지는 않았고, 정확한 자극도 갖지 못했다. 그는 실제로 나에게는 너무 근대적이었다. 이미 당시에 나는 좀 더 오래된 형식을, 민족의 심연에 놓여 있는 언어적 형식을 더 많이 탐구했다. 나는 루터를 채택했고, 처음에는 단지, 그에게서 독일어를 배우기 위해, 그리고 새로운 독일어의 문장어(文章語)를 숙달하기 위해서였다. 그러나 동시에 나는 곧 거대한 소재로서의 그와 그의 역사적 출현 그 자체에 의해 또한 매료당했다. 1817년에 실제로 나는 루터의 역사를 그의 언어로 요약하여 서술해 보고자 시도했다. 사람들은, 신학적인 문제들도 당시에 나의 영혼 속에 깊이 작용했었다고 보고 있다. 신학 공부를 나는 결코 포기하지 않았다. 취르너(Tzschirner)의 신학 강의들은 내가 가장 많이 감사했던 강의들에 속했다. 그리고 내가 그리스 작가들을 계속 번역하고 있을 때, 나는 히브리어 텍스트를 독일어로 번역하는 작업도 추가했다.

이러한 일관성이 없는, 그러나 각 분야에서의 열성적인 공부들로부터 나를 벗어나게 한 것은 내가 프랑크푸르트(Frankfurt a. O.)의 김나지움에 교사가 되었던 사실이다. 이것은 크리스티안 다니엘 베크(Christian Daniel Beck)의 문헌학 세미나에서 나와 함께 공부했고, 매우 일찍이 프랑크푸르트 김나지움의 교장으로 선발되었던 탁월한 문헌학자 덕분이었다. 이러한 점에서는 프로이센과 작센 사이에는 아무런 차별이 없었다. 그러나 다른 모든 관계에서 내가 라이프치히의 사회생활로부터 명성 있는 프로이센의 한 도시로 넘어갔다는 사실은, 내가 전반적으로 경험해 왔던 가장 큰 변화이다. 아무리 튀링겐과 나의 고향이 프로이센과 합병되었다 해도 그렇다. 나의 공적 생활은 매우 다양해졌다. 프랑크푸르트(Frankfurt a. O) 에서는 아직도 최근의 전쟁들에 대한 기억들이 살아있었고, 그 기억들은 식탁에서의 대화조차도 지배하고 있었다. 그것은 나를 끌어당기면서 사로잡을 수밖에 없었던 하나의 또 다른 정신적 분위기였다. 여기에서 나는 유럽 정신의 다양한 방향들에 대한 나의 구분으로 되돌아온다. 프로이센은 군주제적·보수적 방향에 속해 있었다. 그 방향은 그러나 승리들을 마련했었던 대규모의 개혁을 통해 다시금 중도적인 것이었고, 그 자체 내에 이질적인 요소들을 지니고 있었다. 1819년·1820년· 1821년의 날들에서 대립적인 물결들의 파도가 얼마나 왕성하게 맞부딪쳤는지를 많은 사람들은 알고 있다. 프랑크푸르트로 나를 따라왔던 나의 아우는 체조선수 얀(Jahn)에, 그리고 체조운동과 결합된 신념들에 참여했다. 나 역시 그들과 매우 가까워졌지만, 그러나 그들에게 가입하지는 않았다. 나의 공부는 그 사이에 실증적인(positive) 방향을 잡았다. 나는 이제 완전히 역사가가 되었으며, 나의 직책은 이를 위한 가장 가까운 동기를 나에게 제공해 주었었다. 그러나 나는 첫 순간부터 역사 공부를 고유한 연구와 또한 자기 것으로 만드는 습관과 결합시켰다. 나는 당시에 제일 먼저 그리스 역사가들과 라틴 역사가들을 통독했고, 그것도 최대 범위로 넓혔으며, 그들을 나의 서술들 속으로 접합(接合)시켰다. 이것은 나의 서술들에 보기 드문 색채를 부여했고, 일정한 갈채를 받았다.

그러나 나는 고대사 연구에 머물러 있을 수는 없었다. 공적인 상황들 자체가 나로 하여금 근세사로 나아가도록 만들었다. 로마 시대로부터 게르만 시대로 넘어갔던 바로 그 전이 과정의 시기들이 어떻게 나를 사로잡으면서 붙잡아 매었는지에 관해서는 아무도 그 어떤 생각을 해볼 수 없을 것이다. 나는 민족 이동의 시기라고 지칭되는 시기와 그다음의 시기에 관해 휴고 그라티우스가 편집한 보고들을 일종의 무아경에 빠져 읽었다. 나는 하나의 거대한 총서를 이용할 수 있는 행운을 누렸던바, 이것은 프랑크푸르트 대학의 한 도서관 사서가 모았던 것으로, 당시에 더는 활용되지 않고 있었다. 나는 이 총서 속에서 모든 세기들의 신빙할 만한 기념물들을 차례로 이용할 수 있었고, 그리하여 다른 사람들보다는 그 동기(動機)에 관한 논쟁들로부터 더 독립적으로 되었다.

그리고 또 다른 동기에 관해서 언급하는 일도 나는 소홀하지 않을 수 있었다. 19세기의 20년대에는 국가들과 제국들의 기반들 속으로 깊이 들어가는 것만이 미래를 만족시킬 수 있다는 점에 대한 확신이 일어났다. 월터 스콧(Walter Scott)의 낭만적·역사적 저술들은 모든 민족들의 언어로 번역되었지만, 주로 지나간 시기들의 행위들에 대해 관심을 일깨우는 데 기여했다. 나에게도 역시 그 저술들은 충분히 매력적이었고, 그 저술들의 여러 권을 왕성한 관심을 쏟으며 읽었다. 그러나 나는 그것들에서 기분을 상하기도 했다. 무엇보다도 그가 『퀜틴 더워드(Quentin Durward)』에서 모험공 샤를(Karl den Kühnen)[118]과 루이 11세[119]를 취급한 방식이 나의 감정

---

118) 모험공 샤를(Karl der Kühne, Chareles le Téméraire, 1433~1477)은 최후의 부르고뉴 공으로서 부르고뉴와 플랑드르 지방을 지배하면서 예술을 애호하는 호화로운 궁정 생활을 했다. 그는 프랑스와 독일 사이에 독립 국가를 건설하려는 야심에서 빈번히 프랑스 국왕과 전쟁을 했으나, 프랑스와 동맹을 맺었던 스위스 농민병들과의 전투에서 패배하여 사망했다. 그의 딸은 독일 황제 막시밀리안과 결혼했고, 플랑드르는 합스부르크의 영토가, 부르고뉴는 프랑스의 영토가 되었다. — 역자 주
119) 루이 11세(재위 1461~1483)는 잔인하고 음흉했다고 묘사되고 있지만, 강적인 모험공 샤를(Karl)을 물리치고 부르고뉴 지방을 병합했고 국내 귀족들을 제압했으며, 상공업을 육성하면서 프랑스를 통일적인 국가로 만드는 데 획기적인 공헌을 했던 군주로 전해지고 있다.

을 해쳤다. 그 취급은 역사적 전승에 전적으로 모순되었고, 개별적인 것에 서조차 그러했다. 나는 코민(Commines)120)을, 그리고 이 저자의 새로운 발간본들에 첨부되어 있는 그 당시의 보고들을 연구했으며, 스콧에게서 묘사되었던 모험공 샤를과 같은 인물이나 루이 11세와 같은 인물은 결코 실존하지 않았다고 확신했다. 이것을 품위 있는, 학식을 갖춘 저자 자신도 물론 잘 알고 있었다. 그러나 나는 그가 완전히 비역사적이었던 특징들을 자신의 서술들 속으로 채택했었고, 또한 그것들을, 마치 자기가 그것들에 대해 믿고 있는 것처럼, 설명했다는 점을 용납할 수 없었다. 나는 비교를 해보면서, 역사적으로 전승된 것 그 자체는 낭만적인 허구보다 더 아름답고, 어떤 경우에서도 더 흥미 있다는 점을 확인했다. 나는 이때부터 그러한 허구들을 외면했고, 나의 작업에서는 모든 고안해 낸 것, 꾸며낸 것을 회피하면서 엄격하게 사실들에 의지하겠다는 생각을 세웠다.

그리하여 이제 나는 해당 시대의 저자들과 그들의 신빙성에 의지했지만, 여기에서도 역시 하나의 비슷한 어려움이 나타났다. 우선 내가 그때부터 관심을 두었던, 근세사의 시작들에 관한 탁월한 저자들이었던 구이치아르디니(Guicciardini)121)와 조비오(Jovius)122)를 비교해 보았을 때, 나는

---

120) 코민(Philippe de Commines, 1477~1511)은 처음에는 부르고뉴의 모험공 샤를에게 봉사했으나, 그의 사후에는 루이 11세의 비서가 되었다. 그의 『회상록(Memoire)』 (1489~1498)은 루이 11세 시대의 프랑스 역사의 가장 중요한 사료로 평가받고 있다. 그는 역사가로서 근세 회상록적 역사 서술의 선구자이다.—역자 주
121) 구이치아르디니(Francesco Guicciardini, 1483~1540)는 마키아벨리(Machiavelli)와 함께 르네상스 시대 인문주의적 역사 서술의 대표적인 역사가로서 『이탈리아 역사(Istoria d'Italia)』, 20Bde.를 저술했다. 그의 중요한 의미는, 당대의 역사가들이 자신들이 속했던 도시들의 역사를 다루는 데 지방사적 서술 경향을 보여주었던 데 반해, 그는 『이탈리아 역사』에서 이탈리아에서의 사건들을 유럽과의 관계

더는 일치될 수 없는 그렇게도 많은 차이점들을 발견했으며, 그리하여 누구에게 내가 가장 많이 의존해야만 할 것인지를 알 수 없었다. 조비오가 훨씬 더 구체적이고, 개별적인 것에서 다양하고 훌륭한 정보들을 알게 해준다. 그 반대로 구이치아르디니는 그 시대의 정치에 관해서 훨씬 더 정통했고 교훈적이다. 그러나 진실 그 자체에 신중하게 유의하고자 할 때, 두 사람 사이에서 누구를 선택할 것인지의 문제는 두 사람을 통합하는 문제와 마찬가지로 거의 불가능했다. 거기에다가 당시에는 저 선환 시기의 다른 많은 저자들도 또한 언급되고 있었다. 그들에게서는 고유한 정보가 있을 것이라고 가정되었으므로, 확고한 근거와 기반을 얻기 위해서는 그들이 필수적으로 함께 연구되어야만 했다. 그리고 나서, 비록 구이치아르디니가 모든 저자들 중에서 가장 재능이 있었지만, 그들과 일치되지는 않았으며, 다른 면에서는 그들을 베끼기도 했다는 사실이 확인되었을 때는, 그 시대의 역사가들에 대한 하나의 비판이 불가피하게 필요하다는 점이 제기되었다.[123)] 그 시대의 몇몇 독일 저자들에 대해서조차도

속에서, 국내 정치를 국외 정치와의 관계 속에서 파악하여 국제 정치의 모습을 제시한 최초의 역사가였다는 점에 있다. 이로써 그는 후세에 마키아벨리를 능가하는 역사가로 평가받게 되었다. -역자 주

122) 조비오(Paulus Jovius, Palo Giovio, 1507~1556)는 당시 인문주의적 역사가들이 위탁을 받고서 위탁자를 찬양하는 경향을 보여주었던 것과는 달리 독자적인 서술을 했던 인문주의적 역사가였다. 그는 깊이 사고하지는 못했으나 상상력을 동원하여 흥미롭게 표현함으로써 독자들을 사로잡을 줄 알았으며, 저널리스트적인 감각으로 보도주의적으로 서술했다. 그러나 그는 경건한 태도로 서술에 임했으며, 누구에게도 비판적이었고, 오로지 윤리적 관점에서 판단했다. 이러한 점에서는 그는 당대의 유일한 역사가였고, 또한 당대의 지방사적인 범위를 넘어서서 보편사적으로 관찰할 줄 알았다. 그의 주요한 저서는 『현대사(Historiarum sui temporis)』(1550~1552)가 있다. -역자 주

123) 랑케가 1824년 발표한 자신의 첫 작품인 『라틴적·게르만적 민족들의 역사』에

그러한 비슷한 비판 시도가 행해져야만 했다. 그리하여 나는 이 시도를 통해, 칼 5세(Karl V)의 황제 선출에 관한 슬라이다누스(Sleidanus)[124]의 유명한 보고가 단지 하나의 일방적인, 대부분 꾸며낸 설명으로부터 추측되었던 것이며, 그는 사건들에 관한 철저한 지식이 얻어질 수 있는 진정한 기록 문서들을 조금도 알지 못했다는 사실을 밝혀냈다. 나는 여기에서, 본래는 전통에서 의미를 좀 더 많이 얻어내고자 했던 니부르도, 저자들을 개별적으로 비판했던 헤르만(Hermann)도 고려하지 않았다. 비록 내가 이러한 양식의 이 두 위대한 인물들에게서 동의를 기대했었지만 말이다. 내가 취급했던 방법은 모든 월권을 배제한 채 하나의 고유한 방법으로, 일종의 필요성을 통해 생겨난 것이다. 그리고 내가 우선 다룬 시대를 위해서는 그것이 상당히 만족스러웠다. 오래전부터 알려진 루이 12세(Ludwig XII)의 편지들은 가장 중요한 정치적 결단들을 평가하는 데 하나의 확실한 실마리를 제공해 주었다. 그 결단들이 끝나는 바로 그 시점에서 나도 역시 중단해야만 했다.

나는 1824년에 나의 첫 작품 『라틴적·게르만적 민족들의 역사들』[125]

부록으로 첨부했던「근세 역사가들에 대한 비판(Zur Kritik neuerer Geschichtschreiber)」은 바로 그러한 필요성에서 그가 근세 역사가들을 연구한 결과이다. — 역자 주

124) 슬라이다누스(Johannes Sleidanus, 1506~1556)는 주로 프랑스에서 성장하여 장 뒤 벨레(Jean du Bellay) 추기경의 비서가 되었다가 1542년에는 독일로 와서 루터파가 되었다. 그는 슈말칼덴(Schmalkalden) 동맹의 법률고문으로 활동하면서 이 동맹의 위촉으로『칼 5세(Karl V) 시기의 종교의 위치와 국가』25Bde.(1545~1555)를 저술했다. 그는 이 작품에서 세속 권력이 종교적 배경으로부터 해방되는 과정을 제시하고자 했으며, 무엇보다도 종교 문제와 정치 문제는 분리될 수 없으므로, 양자를 통일적으로 관찰하고 서술하고자 했다는 점에서 그는 종교와 정치의 밀접한 관계를 부각시킨 근세 최초의 역사가였다. — 역자 주

125) 원서명은 Geschichten der romanischen und germanischen Völker von 1494

을 통해 역사학계에 등장했다. 이 저술은 그 고유한 서술 양식에 있어서 여러 가지의 불쾌감을 불러일으켰다. 나는, 고전적 연구들로부터 가져온 어려운 구성들이 드물지 않게 문장 구조를 지배했는가 하면, 프랑스와 독일의 연대기 작가들의 표현 양식들이 그 속에서 발견된다는 것을 고백하지 않을 수 없다. 그러나 다른 한편으로는 연구의 방법, 서술의 내용은 그만큼 인정을 받았으며, 그리하여 나는 이 저술 덕분에 1825년 봄에는 베를린 대학으로부터 초빙을 받게 되었다. 나는 대학 강단에서의 내 첫 시도들에 관해 여기에서는 언급하지 않겠지만, 사람들은 단지 그 시도들로부터 내가 활동해야 할 기반을 내가 알지 못했다는 것을 너무 빨리 알아차렸을 뿐이다. 그렇지만 그 시도들은 결코 운 나쁘게 전개되지는 않았다. 그것들을 통해 나는 여러 친구들을, 또한 상당한 수강생들을 확보했었다. 나는 단지 연구의 출발점에 서 있었을 뿐이었다. 그때 이미 나에게서는, 착수된 작품을 계속 수행하기 위해서는 내가 필사본의 자료들이 없이는 더는 나아갈 수 없는 현상이 나타났다. 그러므로 나는 베를린 도서관에 소장되어 있는 16세기와 17세기 필사본 유품들의 거대한 수집 목록을 철저하게 연구할 필요가 있다고 생각했다. 이미 착수된 저술을 본래대로 진행시키는 일은 그것으로써도 실행될 수 없었다. 그러나 저 수집 목록은 나에게 하나의 새로운 세계를 열어주었다. 16세기의 국가들과 군주들에 관해서는 그 목록 속에 제공되어 있는 것처럼 그렇게 풍부한 보고들을 나는 결코 기대해 본 적이 없었다.

나는 16세기 역사의 몇 개의 장들을 이 정보들에 따라서 작업하는 것이 유익하다는 것을 발견했다. 그렇게 하여 1827년에 『남부 유럽의 군주들과 민족들』[126]이 출판되었다. 여러 인물들과의, 그리고 숨김없이

---

bis 1514, Beilage: Zur Kritik neuerer Geschichtschreiber(1824)이다. — 역자 주
126) 원서명은 Fürsten und Völker von Südeuropa in 16. und 17. Jahrhundert(1827)이

말하자면, 보편적 교양을 갖춘 부인들과의 교제가 나에게는 공식적으로 큰 영향을 주었다. 수도의 분위기가 이러한 점에서는 지방 도시에서의 생활보다 나에게 더욱 많이 작용했다. 새로운 책에서는 첫 번째 책에서 어려웠던 많은 것들이 예방될 수 있었던 것은 그러한 관계에서였다. 이 책은 독일에서는 가장 높은 수준의 독자권들에게서 가장 좋은 환대를, 그리고 심지어 프랑스에서는 가장 많은 독자들을 지닌 저자들로부터 찬사를 받았다.

그러나 나는 그것에 머물러 있을 수는 없었다. 왜냐하면 베를린의 저 수집 목록은, 비록 방대한 것이지만, 이탈리아의 도서관들과 문서고들이 틀림없이 제공할 자료들에 비하면, 별로 중요하지 않을 수도 있다는 점이 쉽게 추측될 수 있기 때문이었다. 나는 이 귀중한 소장품 자체의 발굴을 위해 여행을 떠나는 데 필요한 지원을 확보했다. 내가 우선 빈으로 향했던 것은, 베네치아 문서고의 한 중요한 부분이 그 도시가 점령됨으로써 빈으로 옮겨졌었고, 따라서 그것이 빈 문서고에 소장되었었기 때문이다. 오늘날에는 사람들이, 당시에 그 문서고의 출입을 허락받는다는 것이 얼마나 어려웠는지에 관해 상상할 수 없다. 메테르니히는, 명석한 겐츠(Gentz)의 조언을 듣고서 나에게 문서고를 이용하도록 허락해 줌으로써 영원한 공적을 세웠다. 이 문서고를 나는 철저하게 이용하는 데 소홀하지 않았다. 나는 바로 이곳에서 베네치아 보고문들(Relationen)의 풍부한 보물과 마리노 사누토(Marino Sanudo)127)의 방대한 비망록 원본을 발견했다. 그렇지만

다. - 역자 주
127) 사누토(1466~1536)는 르네상스 시대 베네치아의 연대기 작가로, 그의 일기(1496~1533)와 서간문 및 여행기는 당시의 사건들을 정확하고 상세하게 기록하여 당시의 역사를 위한 중요한 자료가 되고 있다. 그의 모든 기록들은 1879년부터

나는 이 문서고에만 제한하지 않았다. 궁정도서관에는 터키와 독일에 관계되는 베네치아의 신빙성 있는 보고문들이 얼마간 소장되어 있었다. 그것들을 나는 일단 근면하게 발동이 걸린 상태였으므로-왜냐하면 나는 매일 새로운 것, 기대하지 못했던 것, 교훈적인 것에 부딪혔기 때문에-, 지극히 부지런하게 조사했다.

1827년 10월부터 1828년 가을까지 이르렀던 빈에서의 체류는 다른 방식에서도 마찬가지로 생산적이었다. 기록으로 된 보고들에 구전(口傳)의 보고들이 연계되었다. 그 당시에 살았던 모든 세르비아인들 중에서 가장 박식한 인물이었던 카라지치(Karadzie)128)를 나는 알게 되었고, 그는 세르비아 역사에 관한 자신의 수집품을 알려주었던 친구가 되었다. 이 수집품은 가장 일반적인 역사적·정치적 의미를 지닌 한 사건에 관한 생생한 보고를 통해 나의 정신과 마음을 깊숙이 사로잡았다. 이것으로부터 나는 1828년 여름에 『세르비아 혁명의 역사』129)를 구성했다. 내가 이 작업에서 잊을 수 없는 것은 당시 독일 학계와 슬라브 학계의 매개자였던 코피타르(Kopitar)가 나에게 베풀어주었던 도움이었다.

당연히 나는 이러한 과정에서도 나의 주된 목표를 잊지 않고 있었다. 1828년 10월에 나는 베네치아를 향해 떠났다. 나의 첫 번째 베네치아 체류는 1829년 2월까지 계속되었다. 그다음으로 나는 플로렌스(Florenz)로 갔다. 3월 22일에 나는 로마의 캄파냐(Campagna)130)에서 첫 번째 관목

58권으로 간행되었다.-역자 주
128) 카라지치(Wuk Stefanović Karadzie, 1787~1864)는 세르비아의 시인이자 언어학자로, 1813년에 터키의 지배에 항거하는 세르비아인들의 반란이 일어난 후 빈으로 망명했으며, 세르비아어 사전 편찬과 『신약성서』를 세르비아어로 번역하는 작업을 했다.-역자 주
129) 원서명은 Die serbische Revoilution(1829)이다.-역자 주
130) 로마 시 교외에 있는 평원이다.-역자 주

숲을 보았다. 로마에서 나는 나폴리로 한 번 짧은 여행을 하면서 1830년 4월까지 머물렀다. 나의 연구는 나로 하여금 플로렌스로 다시 한 번 되돌아가게 했으며, 이곳에서 나는 7월혁명에 앞서서 일어났던 운동에 관한 최근의 신문들을 입수했다. 나는 이제 막 가장 큰 중요성을 얻게 된 나의 계획이 그러한 사건 때문에 혼란을 일으키지 않도록 했다. 왜냐하면 이제 비로소 나는 베네치아에서 그것의 문서고를 마음껏 이용하도록 허락을 얻었기 때문이다. 전혀 눈에 띄지 않은 채 소장되어 있는 '베네치아 보고서들(Die venetianische Relationen)' 전체를 대면하게 되었고, 그것들을 진심으로 기뻐하면서 이용할 수 있었다. 내가 1830년의 후반기와 1831년의 전반기에서처럼 그렇게 많이 배우면서 생각했던, 많은 수확을 거두었던 일은 나에게 결코 있어본 적이 없었다. 그렇지만 나는 지금 이러한 기억들에 매달리지 않고자 한다. 왜냐하면 나는 나의 이탈리아 체류에 관해 후일에 더욱더 자세하게 보고하기를 희망하고 있기 때문이다. 여기에서 나는 다만 내가 세계를 뒤덮었던 거대한 분열과 부딪혔던 것에 관해서만 언급할 것이다.

이러한 점에서 나는 프랑크푸르트 체류 시절에 관해서는 상세하게 이야기할 필요가 없다. 바로 그 시기는 선행했던 10년 동안의 결과가, 즉 연합국들과 정통성의 원리가 독자적인 무력들에 대해 거두었던 승리가 최대의 모순을 발견했던 시기였다. 김나지움의 한 교사가 그 현실과 접촉하지 않은 채 남아 있을 수는 없었다. 내가 속해 있던 단체가 바로 그 모순 속으로 빠져들었다. 나는 대학생연합(Burschenschaft)[131]의 회원이

---

[131] 나폴레옹의 지배와 특히 '해방전쟁' 시기에 각성된 독일 대학생들의 민족의식에 의해 1815년 6월 예나 대학에서는 향우회들의 통합 조직이 결성되었고, 이 사례는 독일의 모든 대학으로 확산되면서 학생들의 조야한 옛 관습을 타파하고 기독교적·

아니었다. 그러나 예나(Jena)에서 대학을 다녔던 나의 아우를 통해 젊은이들의 독립 사상과 게르만적 경향성이 나에게 끊임없이 접근해 왔다. 이탈리아와 스페인에서 일어났던 혁명운동들은 당시 사회에 왕성한 찬반의 물결을 불러일으켰다. 무엇이 사람들의 정신을 터키인들의 압제에 대한 그리스인들의 봉기보다 더 많이 채울 수 있고 자극할 수 있었겠는가? 나는 『남부 유럽의 군주들과 민족들』의 제1권 속에 서술했던 오스만(Osman) 제국에 관한 연구들이 바로 그러한 자극들에 근거를 두고 있다는 점을 부인하지 않겠다. 그 연구들은 주로 그리스 세계가 터키의 압제 아래 오늘날까지 생존해 온 사실에 관한 몇 개의 주석들 속에 있다.

베를린에서도 마찬가지로 나는 혁명 일반의 역사를 연구했다. 나는 공산주의 잡지 『글로베(Globe)』132)와, 그리고 혁명과 관계를 맺고 있는, 고찰할 가치가 있는 모든 중요한 것들을 열심히 연구하고 있던 한 모임과 가까워졌으며, 그 모임에 의해 결정적으로 그쪽 편으로 쏠렸다. 그 결과로 나는 1827년에 이 시기의 가장 귀중하고 진정한, 고찰할 가치가 있는 자료들을 입수하게 되었다. 그러나 그것들로써 충분하지 않았다. 나는 『모니퇴르(Moniteur)』133)를 깊이 분석했다. 그리하여 혁명운동의 장본인들과

애국주의적 신조를 표방하는 운동으로 전개되었다. 이 운동의 절정은 1817년 10월의 바르트부르크(Wartburg) 축제에서 절정을 이루었고, 그 결과 전(全)독일대학생 연합이 결성되었으며, 흑·적·황의 삼색기를 상징으로 채택했다. 이 운동은 코체부(Kotzebue)의 암살에서처럼, 점차로 과격화됨으로써 메테르니히 주도하의 1819년 카를스바트(Karlsbad) 결정에 의해 감시와 통제를 받게 되었다. 그러나 이 운동은, 통일 방안을 두고서 자체 내에 분파 방향들이 일어나면서도, 비밀리에 많은 대학에서 지속되었고, 1848년 이후에는 당국의 방해가 점차 해소되었다.—역자 주

132) 1824년에 파리에서 뒤부아(P. F. Dubois)와 르루(P. Leroux) 등에 의해 발간되었던 문학 및 철학 잡지이다. 루르는 생시몽(St. Simon)파의 사회주의자였다.—역자 주

말하자면 인간적으로 알게 되었다. 나는 그들이 내세웠던 동기들뿐만 아니라 그들의 머리에 떠오르고 있었던 경향성들까지도, 내가 이차적인 전거(典據)들에 의지했을 경우보다 더 잘 배우게 되었다. 나 자신 속에서 나는 혁명의 문제 ― 혁명은 정신과 정서를 필연적으로 결정하는 일반적인 관심과 무조건적인 참여를 필요로 하는 관심을 자체에 내포하고 있는지, 또는 그것은 다른 것들처럼 자체의 고유한 뿌리를 사실들에 내포하고 있었으며, 다른 것들도 갖고 있을 수 있었던 연관성들로부터 일어난 사건인지 ― 에 관해 결정해야만 했다. 나는 혁명 속에는 세계를 위한, 모든 개별 인간을 위한 무한한 의미가 있다는 것을 생생하게 인정했으며, 그러나 또한 저 운동에 의해 사로잡히지 않은 유럽 세계의 대립적인 노력들과도 화해했다. 나의 원고들에는 그 시대의 가장 중요한 전기적인 인물들을 비판해 보았던 시도들이 있다. 나는 지극히 열심히 연구하는 가운데 양쪽 편을 자체 내에 포괄하는 하나의 견해에 충분히 도달했고, 이것은 매일의 사건들에 의해 동요되지 않을 수 있었던 일정한 내적 평온을 나에게 제공했다.

그때에 나는 나의 개인적인 입장에 따라서 당시에 여전히 권력을 잡고 있었던 체제에 속해 있었다. 그러나 그 체제가 동요되었다는 사실을 나는 나 자신에게 숨길 수는 없었다. 내가 프라하(Prag)를 첫 번째이자, 유감스럽게도 마지막으로 방문하고 있을 때, 나는 빈 궁정을 반대하는 민족적 운동이 비등하고 있다는 사실을 들었다. 심지어 나는 뵈멘(Böhmen)이 프로이센과 결합하는 것이 더 좋지 않겠느냐는 질문들조차 들었다. 그러나 나는 그 대부분을 이 궁정 자체 속에서, 또는 적어도 궁정과

---

133) 프랑스혁명 시기에 국민의회에서의 토의들을 일반에게 알리기 위해 발간되었던 신문으로, 처음에는 개인적으로 발행되었다가 얼마 후 정부 간행물이 되었다. ― 역자 주

직접적으로 가까운 곳에서 경험했다. 궁정 고문 겐츠(Gentz)는, 사람들이 당시에 말하고 있었듯이, 여전히 노쇠해 버린 말(馬)의 마구간으로부터 오스트리아와 유럽의 정치를 주도하고 있었다. 그는 매우 호의적으로 나에게 자신의 신임을 보여주었다. 나는 그를 일주일에 한 번씩 방문했다. 그는 잘 알려져 있었듯이, 결코 어둡게 베일을 감싸고 있는 사람이 아니었다. 그는 거침없이 말했고, 바로 그렇기 때문에 훌륭했으며, 그리하여 스스로 만족하고 있었다. 나는 점차 빈에서 매일 이 사건들에 관해 가장 정통한 인물들 중 한 사람이 되어 있었다. 그러나 겐츠로부터의 소식들이 나에게 만들어주었던 인상은 훨씬 더 깊이 작용했다. 그는 그리스 편을 들었던 영국과 프랑스의 정책을 가장 강력하게 반대했던 인물이다. 캐닝(Canning)[134]이 죽었을 때 빈에서는 사람들이 마치 어떤 악령으로부터 해방이나 된 것처럼 느끼고 있었다. 그러나 그들은 영국에 대해서는, 매일같이 증대하고 있던 러시아와의 불화에 대해서만큼, 그렇게 많이 두려워하지는 않았다. 겐츠는 영국의, 그러나 주로는 러시아의 전보들이 자기에게 만들어주었던 인상들을 나에게 반복하면서 설명했다. 그는 당시 나에게 곧장 말하기를, 나폴레옹에게서조차 나오지 않을 만큼 더 이상 나쁠 수가 없을 정도의 지시들을 러시아로부터 받는다는 것이다. 나는 이에 관해 어떤 것도 기록해 두지 않았다. 비록 내가 그것을 아마도 했어야 했겠지만 말이다. 그러나 그랬었다면, 나는 그것을 통해 하나의 잘못된 요소를 나의 연구 속으로 가져오게 되었을 것이다.

한 번은 나는 나의 연구 속에 빠져 있으면서도 한 편의 글을 쓰기로

---

134) 캐닝(George Canning, 1770~1827)은 영국의 정치가로서 1822년에 외무장관이 되었다. 그는 토리당 내에서 자유주의파에 속했으며, 오스트리아 및 러시아에 대립하여 유럽의 자유주의적·민족주의적 운동을 지원했다. 그는 1827년에 수상에 취임하고 얼마 지나지 않아 사망했다. — 역자 주

용기를 냈었다. 이 글에서 나는 하나의 새로운 혁명이 불가피할 것이라는 점을 강조했으며, 그것은 비록 첫 번째 혁명에서와 같은 깊은 자극을 반복할 수는 없겠지만, 그 혁명에서와 같은 동일한 정치적 연관성들로부터 일어날 것임이 틀림없다고 보았다. 그리고 내가 이탈리아로 돌아왔을 때, 나는 베네치아에서조차도 프라하에서의 그것들과 비슷한 운동들을 보았다. 그러나 그것들이 그렇게 강력하지는 않았다. 사람들은 하나의 올바른 정부 아래에 있다고 생각하고 있었다. 어떻게 또 다른 종류의 표명들이 독일인들[Tedeschi]과 매우 가까이 서 있었던 한 프로이센 사람에게 전해져야만 했었겠는가? 다른 이탈리아 지역 사람들은 매우 거침없이 표현했다. 특히 로마에서는 레오 12세(Leo XII)[135]와 비오 8세(Pius VIII)[136]의 지배를 받던 당시 정부에 대해, 그러나 전반적으로 성직자들과 추기경들의 지배에 대해 지극히 격렬한 반대가 표명되었다. 살롱에서 공개적으로 표명되는 견해들은 나를 더욱 직접적으로 자극했다. 당시는 우리의 분젠(Bunsen)이 활약을 하던 가장 빛나는 시기였다. 그는 프로이센의 관심 속에도 있었던 중요한 문제들을 교황과 협상하고 있었고, 여러 민족들과 당파들의 인물들을 자기 주위에 모았으며, 그리하여 근심들과 기대들이 자유롭게 교환될 수 있었다. 그러나 공적으로 주목을 받았던 대상은 더욱 더 첨예하게, 그리고 위협적으로 되어갔던 프랑스에서의 운동이었다. 사람들은 이미 당시에, 프랑스에서 부르봉(Bourbon) 왕가는 끝장이 났다는, 샤를 10세는 자신의 왕위를 유지할 수 없을 것이라는 견해를 표명했다.

---

135) 교황 레오 12세(Leo XII)는 1823년부터 1829년까지 재위에 있었다. 보수적 인물로서 '신성동맹의 교황'이라는 별명이 따르기도 했다.—역자 주
136) 교황 비오 8세(Pius VIII) 1829년부터 1830년까지 재위에 있었다. 선임자 레오 12세와 마찬가지로 보수적 인물로서 자유주의운동에 대해 거부적이었다. —역자 주

당시 로마 주재 프랑스 대사인 샤토브리앙(Chateaubriand)은 본국의 궁정에 동의하지 않았다. 그러나 그가 의도했던 바와 같은 프랑스 정부의 정책 변화에 대해서는 거의 아무도 믿지 않았다. 사람들은 영국의 사례를 끌어왔다. 즉 사람들은 윌리엄 3세가 제임스 2세 대신에 들어섰듯이,[137] 샤를 10세 자리에 오를레앙(Orlean)의 대공이 들어설 것이라고 전망하면서 샤를 10세가 몰락할 것이라고 믿었다.

프랑스에서 혁명이 실제로 또 다시 일어났을 때, 나에게는 모든 것이 생생했다. 나는 아페닌 산맥(Appennin)의 언덕 위에서 그 소식을 신문을 통해 알았다. 내가 베네치아에 도착했을 때, 모든 것은 완료되었다. 샤를 10세는 도주했고, 오를레앙의 대공이 실제로 왕위에 올랐다.

내가 막 방문했던 베네치아의 문서고에서도 역시 사람들은 이 거대한 사건을 수용했던 일반 사람들의 환호에 공감하지 않았다. 문서고 사람들은 프란츠(Franz) 황제에게 감사하는 의무감을 느끼고 있었다. 왜냐하면 황제는 그 문서들을 우선 통합하여-베네치아 공화국에는 이러한 문서고가 없었으므로-, 하나의 위엄 있는 새로운 건물 속에 진열하도록 했기 때문이다. 사람들은 전반적인 몰락이 일어날까 봐 우려했고, 그러한 경우에는 연합국들이 또다시 프랑스로 진군하여 부르봉가의 지배를 재건해야 하지 않느냐는 문제가 논의되고 있었다. 나는 한편으로는 하나의 전반적인 몰락이 우려될 수는 없다는 것을, 다른 한편으로는 연합 세력들이 혁명을 또 다시 퇴치하기 위해 그러한 모습으로 제휴할 것이 기대될 수는 없으리라는 것을 더 잘 알고 있었다.

---

137) 주 91) 참조.-역자 주

프로이센 국왕 프리드리히 빌헬름 3세는 그와 같은 계획을 가장 단호하게 반대하는 인물이었다. 세계의 운명이 다시금 칼 끝 위에서 흔들리는 것을 그는 보고 싶어하지 않았다. 그는 당시에 빌헬름 왕자[138]를 보좌하도록 라인란트(Rheinland)로 보낸 노즈티츠(Nostiz) 백작에게 전쟁의 발발을 예방하도록 하는 의무를 부과했다. 그러나 결코 혁명적 추진 세력들은 질식되지 않았고 주민들에게서 더 계속적으로 생생한 공감을 발견했고, 프랑스의 사건을 통해 그들 자신들의 힘을 완벽하게 의식하는 경지에 도달했으며, 곳곳에서 일어났다. 그사이에 보수적 원리들은 그 반대로 강력하고 무력적으로 왕성해졌다.

내가 1831년 3월 22일에 베를린으로 돌아왔을 때는 그러한 충돌이 전개되고 있었다. 사람들의 정신은 지극히 활발한 적대주의에 사로잡혀 있었다. 사람들은 물론, 내가 여행 동안에 수집했던 귀중한 자료들을 보고하고 평가하는 일 이외에는 아무것도 하지 말아야 할 것이라고 생각했다. 역시 그렇게 함으로써 나는 곧바로 『1618년에 베네치아에 대립했던 모반』[139]에 관한 논문을 발표했다. 이 논문은 하나의 구체적인, 거의 잊혀버린, 곧바로 진압되었던 하나의 사건에 관한 것이었다. 그러나 좀 더 큰 기획들은 좀 더 큰 수집을 필요로 했다. 이것은 내가 다시금 돌아온, 특히 베를린 사회의 영향들 아래에서는 이루어질 수 없다. 프랑스의 사건에 대한 동정심은 매우 강력하고 압도적이었으므로, 나 자신도 한마디

---

138) 프리드리히 빌헬름 3세의 둘째 아들로서 후일 형인 빌헬름 4세의 뒤를 이어 프로이센 국왕 빌헬름 1세가 되었으며, 이어서 1871년에 출범한 독일 제국의 초대 황제가 되었다. — 역자 주
139) 원서명은 Über die Verschwörung gegen Venedig im Jahre 1618(1831)이다. — 역자 주

참견할 만큼 감동을 받았다.

베를린에서는 1830년의 혁명에 대해 공감과 반감이 마찬가지로 일어났다. 그러나 혁명적 이념이든 반혁명적 이념들이든 간에 이것들의 극단적인 결론들에 대해서는 거부하는 사람들도 많았다. 대부분의 나의 친구들, 온전한 명성과 순수한 지성을 갖춘 인물들은 그러했다. 이들에게서 나는 하나의 지주(支柱)를 발견했다. 그렇지 않았다면 나는 이 사람, 또는 저 사람으로부터 직접적인 영향을 받았을 것이다. 그렇게 하여 나는 정치적 저술가가 되었다. 그러나 나는 역사 연구와 생에 대한 관심에 의해 나에게 형성되었던 이념들의 기반 위에서 그렇게 했다. 그러나 이러한 양식의 태도가 사람들에게서는 이해될 수 없었다. 나는 『정치 주보(das politische Wochenblatt)』140)에 등장했었던, 많은 사람들에 의해 독실한 것으로 간주되었던 이념들로부터 얼마간 거리를 유지했다. 다른 한편에서는 사람들은 내가 혁명적 이념의 보편적 가치에 대치시켰던 저항을 보다 더 많이 느꼈다. 전자들에게서 나는 우파(Ultra)로 보였고, 후자의 또 다른 편의 사람들은 나에게서 자코뱅적인 흔적을 찾아보고자 했다. 나의 방향은 두 체제들의 한가운데서 프로이센 국가가 이미 세웠던 태도를 변호하는 것이었다. 내가 혁명적 경향성들의 조야한 충동들에 대해서보다는 현실적인 것과 기존하고 있는 것에 더 많이 호의적이었다는 점은 백일하에

---

140) 이 잡지는 『베를린 정치 주보(Das Berliner politische Wochenblatt)』를 지칭한 것이다. 이 잡지는 1830년 7월 혁명의 직접적인 영향 속에 프로이센 왕세자[프리드리히 빌헬름 4세] 수변의 인물들에 의해 군주제적 보수 이념을 유지하기 위한 투쟁 기관지로서 1831년 가을부터 발간되기 시작하여 1841년 말까지 계속되었다. 그 주도적 인물들은 라도비츠와 게를라흐 형제, 할러(von Haller) 등이었으며, 일종의 정치적 백과 지식들과 현실 문제를 주간 신문 형식으로 게재했다. 랑케는 이 잡지의 성격을 극우파로 간주하면서 일정한 거리를 유지했다. — 역자 주

드러났고, 나 자신조차도 혁명적 방법으로는 아무것도 결정될 수 없다는 점을 곧바로 의식하게 되었다. 그리고 나는 당시에 옆으로 비껴 두었던 작업들에 다시금 착수했다.

프리드리히 빌헬름 3세 정부의 마지막 10년은 사상들의 운동을 위해 무한히 중요했었다. 베를린 대학에서는 두 경향성들이 서로 부딪쳤으며, 그러나 어느 쪽도 확정적인 승리의 기쁨을 기대할 수 없었다. 나에게서는 여행에서 가져온 자료들에 대한 연구로부터 이러한 정신과 일치했던 작업들이 나왔다. 첫 번째로 『교황들의 역사』[141]가 나왔다. 이 저술에 관해서는 누구도, 이 작품이 교황권을 찬성하면서, 또는 반대하면서 서술된 것인지를 말할 수 없었다. 이 역사는 찬성도, 반대도 하지 않으면서 사고되었다. 이 역사는 오직 철저하고도 비당파적인 연구들의 결과였으며, 그렇게 받아들여지기도 했다. 그렇지만 나 자신에게는, 마치 여기에서는 프로테스탄트 요소가 완전히 공평하게 취급되지는 못했던 것처럼 보였다. 이 첫 번째 작품을 완료한 후에 나는 언젠가 자비니(Savigny)와 함께 그의 정원을 산책했다. 그는 깊은 관심으로 나에게, 이제 다음으로는 무엇을 계획할 것인지 물었다. 나는 그에게, 내가 오래전에 세웠었고, 내가 프랑크푸르트(Frankfurt a. Main)를 방문했을 때 제국의회 서류들을 보면서 나에게 더욱 강력하게 떠올랐던 과제에 관해 설명했다. 그것은 프로테스탄티즘이 생성하던 시기의 독일 제국의 발전에 나의 모든 힘을 바치겠다는 것이었다. 이 계획은 자비니로부터 완벽한 지지를 받았다. 왜냐하면 그 작업 자체를 위해서 나는 이탈리아 문서고들로부터의 연구들에다가 독일에 관해 좀 더 생생하게 서술된 독일 문서고들로부터의 또 다른 연구들을

---

[141] 원서명은 Die Römische Päpste, ihre Kirche und ihr Staat(3Bde., 1834~1836)이다.
ㅡ역자 주

첨가해야만 했기 때문이다. 프랑크푸르트에서 나에게 제공되었던 제국의 회 보고들의 수집품들은 비록 분량이 많았지만, 오직 도시의 관심에 해당되는 것들이었다. 이것들은 나의 계획을 위해서는 제2의, 또는 제3의 위치에 있는 것일 뿐이다. 훨씬 더 중요한 것은 내가 군주들의 궁정들에서 수집했던 보고들과 유품들이었고, 특히 이전 시기를 위해서는 바이마르에서, 뒤의 시기를 위해서는 드레스덴에서 찾아낼 수 있었던 작센에 관한 자료들이었다. 이 도시들을 방문했던 일은 나에게 과거를 연구한다는 것과 동시에 현재의 중요한 시섬들에 좀 더 가까이 접근할 수 있다는 이중적인 이점들을 나에게 제공했다.

바이마르에서 나는 대공의 궁정을 방문했다. 그곳은 당시에 유럽 세계에 속해 있었던, 그리고 동시에 독일 세계에 깊숙이 들어와 있었던 한 부인에 의해 관리되고 있었다. 그곳 바이마르에서 나는 루터에 대한 동정심을 발견하지 못했다. 그곳 사람들은 선제후령의 지위를 상실했던 것과 차자(次子) 계열의 알베르트(Albert: Sachsen의 왕족) 아래로 예속되었던 것을 여전히 얼마만큼의 왕성한 심정으로써 루터의 책임으로 보고 있었다. 그러나 그러한 자료들의 수집은 막시밀리안 1세(Maximilian I) 시기의 제국의회에 관해서는 매우 귀중한 것이었다. 오래된 시기에 대한 연구에는 최근 시기의 관계들이 결합되었다. 그리하여 종교개혁 시기에 대한 연구는 나를 더욱 멀리 인도해 나가야만 했었다. 1839년에 나는, 당시 세계에 대한 제국의회의 설명들 외에도 모든 것들의 중심점인 황제 궁정에 관한 신빙할 만한 지식이 나에게는 역시 부족하다는 점을 깨달았다. 브루셀(Brussel)에서 잘 정리된 두 권의 자료들을 내가 입수했을 때의 그 만족을 나는 도저히 설명할 수 없을 정도였다. 그 속에는 네덜란드에 있는 오스트리아 왕가의, 특히 칼 5세의 유물들이 취급되어 있었다. 그러나 이 지배자의 마지막 시기들에서 나온, 누구인가 여전히 보유하고 있었지만, 아직

정리되지 못한 자료들이 발견되어 내가 접근할 수 있었을 때, 나의 놀라움과 동시에 만족은 더욱 고조되었다. 그 자료들은 당시에 나의 작품을 완성시키는 데 곧바로 필요했었다. 그것들은, 내가 활용한 후에는, 칼 5세의 서간집으로 발간되었다. 새로운 자료의 발견은, 그것에 머무를 수 없다는 것을 결정할 때조차도, 그것을 다루는 데 있어 특별한 매력을 제공한다. 특히 신학적 논쟁들은 항상 왕성한 관심을 제공했으므로, 작업에서는 할 일이 많았다. 후일 사람들은, 나의 친숙한 친구들조차 종교개혁 시기에 관한 작품[142]이 교황사 작품에 훨씬 못 미친다고 보았다. 나 자신도 그것을 느꼈다. 즉 제국의회 문서들과 신학적인 설명들로부터 한 권의 읽을 가치가 있는 책을 구성한다는 것이 나에게는 불가능한 것으로 보였다. 그러나 그 소재는 당연히 형식을 함께 지니고 있었고, 그 목표는 하나의 전혀 다른 것이었다. 나는 근세 시기의 기본적인 사건에 관해서는 마땅히 하나의 기본적인 작품을 작성해야 한다고 생각했다. 나에게는 거대한 세계의 독자들이 아니라, 독일의 학문과 독일의 종교적 신념을 충족시키는 일이 중요했다. 그 작품은 당시에도 가치를 인정받았듯이, 앞으로도 주목을 받을 것이다.

내가 그 작품에 몰두하고 있는 동안에, 프로이센과 독일에서는 프리드리히 빌헬름 3세가 사망함으로써 모든 것이 변화되었다. 왕정복고 시기의 전쟁들을 이끌었던 위대한 군주들 중에서 유일하게 생존했던 인물이 무덤으로 가버린 것이다. 이미 언급되었듯이, 7월혁명을 반대하는 하나의 새로운 전쟁이 시도되었을 때, 이것을 가장 강력하게 저지했던 사람은 그였다. 그러나 이 혁명은 그때 확고한 기반을 확보함으로써, 그러한 반

---

[142] 원서명은 Deutsche Geschichte im Zeitalter der Reformation(6Bde., 1839~1847) 이다. - 역자 주

대 시도를 발견하지 못했고, 그러한 것을 두려워할 필요도 없었다. 그리고 7월 왕국 자체가 양쪽 편 원리들의 합의 위에, 비록 하나의 개인적인 것이기는 했지만, 서 있었듯이, 그리하여 하나의 사이비 정통성이 실현되었지만, 그것은 오로지 혁명적 이념들의 부활과 그 승리를 기반으로 했던 것이며, 그러므로 이 이념들은 유럽에서 무한한 우세를 확보하게 되었다. 신문들을 통해 이 이념들은 독일 안으로 들어오는 길도 발견했다. 논쟁의 대상을 이루고 있었던 것은 군주들의 전능한 권력이 민중의 의회를 통해 제한되어야 한다는 것, 즉 헌법에 대한 요구였다. 사람들은 베를린에서 이 운동을 지대한 관심으로 주목하고 있었다. 이 헌법 문제는 모든 사회적 대화들에서 토의되었고, 특히 그때 정부는 이전에 발표했던 바[143]를 통해 하나의 비슷한 작업으로 나아가야 할 의무를 지고 있는 것으로 간주되었다. 프리드리히 빌헬름 3세는 그러나 그러한 거대한 변화를 위해 결심하는 것을 두려워했으며, 그가 누리고 있었던 개인적 권위는 계속되고 있던 모든 시위들을 그러한 의미에서 저지했었다. 그러나 사람들은 새로운 군주에게 하나의 단호한 결심을 기대했다. 프리드리히 빌헬름 4세는 왕정복고 전쟁의 이념들을 가장 왕성하게 계속 지니고 있었던 인물로서 혁명에서 시작되었던 모든 것을 역겨워하면서 기피했다. 당시에 혁명적인 요소들에 주입되면서 나타났던 헌법(Konstitution)이라는 단어 자체가 그에게는 불쾌했다. 그러나 마찬가지로 그는 절대적인 관료 정치의 일체의 행위도 거의 인정하지 않았다. 그의 이념은 하나의 신분제적 체제를 역사적 발전의 옛 기반 위에 관철시키는 것이고, 그러나 동시에 국왕 자

---

[143] 프로이센 국왕 프리드리히 빌헬름 3세는 1815년 5월 22일의 워털루 전투가 있기 1개월 전에 프로이센 국민에게 헌법과 의회를 약속한다는 포고를 했다. 그러나 그는 전쟁 후에 그 약속을 실천하지 않았으므로, 1830년의 7월혁명 후로 프로이센 정부는 이전의 약속을 실현해야 할 의무를 지고 있었다. — 역자 주

신 아래에 통일적으로 장악하는 것이었다.

　나는 프리드리히 빌헬름 4세와는 베네치아에서, 내가 이렇게 말해도 된다면, 알게 되었다. 나는 그를 마르쿠스(Markus) 도서관에서 처음으로 보았으며—그것은 1828년이었다—, 그다음으로는 다니엘리(Danieli) 호텔에서 한 번 이상 보았다. 그는 나를 자신의 오랜 지인으로 인정하는 표현으로써 맞이했고, 이것이 나에게는 너무나 친절한 것이었으므로, 이것을 나의 『군주들과 민족들』과의 관계에서 다시 표현하는 일은 삼가야 했다. 그 후로 그는 나의 자비로운 주군이자 후견인이 되었다. 그는 부왕의 도움으로 이미 자신의 정신에 맞는 지위에 취임했었다. 당시에 나는 그를 때때로 보았으나, 라도비츠(Radowitz)·포스(Voß)[144]·게를라흐(Gerlach)를 통해 나에게 잘 알려졌던 그의 친밀한 교유권에 내가 속하지는 않았다. 라도비츠는 명석한 정신과 해박한 지식들을 갖춘 인물이었고, 포스는 옛날에 각료직을 지냈던 마르크(Mark) 지역[145] 가문의 한 후예로서 교조적이며, 지역 관계들에 관해 전반적으로 정통했고, 철두철미하게 정직했다. 그의 모든 입장은 신분제적 원리에 의해 물들여 있었다. 그의 친구가 바로 게를라흐였다. 그들은 모두 다 하이델베르크(Heidelberg) 대학에서 일시에 만났으며, 우파 쪽으로 기울어져 있었던 당시의 신념들에 물들여 있었고, 종교적·정치적 신조에 있어서 정통파적인 성향들을 함께 나누고 있었다. 게를라흐는 할러(Haller)[146]의 원리들을 따랐다. 당시 라도비츠와 게를

---

144) 포스(Ott von Voß, 1755~1823)는 프로이센의 정치가로, 슈타인(Stein)의 개혁 정책을 지지하다가 후일 반대자가 되었으며, 하르덴베르크(Hardenberg)와도 대립했다. 그는 왕세자 시절의 프리드리히 빌헬름 4세와 친숙했고, 1822년에 부수상이 되었으나 곧 사망했다.—역자 주
145) 부란덴부르크 선제후령을 의미한다.—역자 주

라흐는 궁정에 있지 않았다. 프리드리히 빌헬름 4세는 자신의 시종무관장 틸레(Thiele)에게서 자문을 받았다. 당시에 나는 틸레로부터 놀랍게도, 내가 국왕에게 그의 신분제에 관한 계획들에서 조언을 제시하면서 봉사할 수 있는가라는 질문을 받았다. 이에 대해서 내가 지극히 겸손하면서도 부정적으로 대답할 수 있었던 것은 내 생애의 가장 중요한 순간들 중 하나였다. 왜냐하면 나는 준수하는 데 어려울 수도 있는 신분제적 체제를 세우는 데 조언을 할 수 있을 만큼 프로이센 지방들의 내적 상태들을 정확하게 알고 있지 않았기 때문이다. 나는 여전히 『종교개혁 시기의 독일사』의 마지막 부분들과 씨름하고 있었고, 16세기 속에 그렇게 완전히 몰두하고 있었으므로, 새로운 과제를 맡는다는 것이 나에게는 어려운 일이라고 생각될 수밖에 없었다.

그리고 내가 이 작품을 막 완료했을 때, 나는 나 자신에게 가장 가까이 놓여 있었던 또 다른 연구들에 다시금 빠져들었다. 언젠가 나는 나의 일반적인 역사학적 훈련에 부족함을 느낀 바 있었고, 그것은 다름 아니라, 내가 문화와 권력을 통해 세계의 무대에서 가장 큰 역할을 했던 거대한 민족들에게 그들의 권역을 개인적으로 접촉하면서 좀 더 가까이 접근하지는 못했다는 사실에 있다. 왜냐하면 내가 이전부터 지니고 있었던 하나의 보편적 파악이라는 사상은 오직 그렇게 해서만 실현될 수 있기 때문이다. 이 보편적 파악을 하는 데 있어서 또 다른 면으로 나에게 방해가 되는

---

146) 할러(Karl Ludwig von Haller, 1768~1854)는 스위스 베른(Bern) 출신의 정치가이자 사상가로, 1805년부터 베른 대학의 정치학 및 역사학 교수를 지냈다. 주요 저서로는 『국가학의 복구(Die Restauration der Staatswissenschaften)』(6Bde., 1816~1834)가 있다. 그는 루소(Rousseau)의 사회계약설을 거부하면서 강자의 지배라는 자연법칙을 근거로 세습군주국(Patrimonialstaat)의 질서를 주장했다. 그의 저서는 왕정복고 시대의 정치사상을 대변했고, 특히 프로이센의 프리드리히 빌헬름 3세와 그 주위의 낭만적 보수주의자들의 사상을 주도했다. - 역자 주

것은, 내가 프로이센 자체의 입장을 적합하게 평가할 수 없다는 사실이다. 보편적 파악을 위한 가장 중요한 순간은 상당히 제한된 선제후령인 브란덴부르크(Brandenburg)가 제1급의 유럽 세력들 중 하나가 되었다는 사실에 있다. 사람들은 이것을 일반적으로 잘 알고 있었다. 나는 이것을 철저하게, 일목요연하게 전개시켜 보고자 희망했고, 이 작업을 이룩하고자 시도했다. 내가 1843년에 파리에서 할 수 있었던 첫 번째의 장기 체류는 그것을 위한 가장 가까운 동기를 나에게 제공했었다.

그것에로 나아가는 길은 티에르(Thiers)[147]와의 친교에 힘입으면서 작업했던 교황들에 관한 나의 저서가 열어주었다. 그는 얼마 전에 이곳 베를린의 루이젠 거리(Luisenstraße)로 나를 방문하는 영광을 베풀었으며, 나의 저서를 열렬하게 인정해 주었다. 나는 그를 파리에서 다시 보았고, 그는 가장 친밀한 우정의 태도로 나를 맞이했다. 그는 혁명적인 관념들 속에서 성장했었고, 그것들의 형성을 위해 하나의 특정한 사고에서 가장

---

[147] 티에르(Louis Adolphe Thiers, 1797~1877)는 프랑스의 정치가이자 역사가로, 변호사였다가 신문 기자가 되어 왕정복고 시기의 자유주의를 대변하면서 *Le National* 신문을 발간하여 샤를 10세(Charles X)의 반동정치를 비판했다. 그는 1830년 7월혁명에서 중요한 역할을 하여 장관직과 수상직까지 올랐다. 그러나 1848년 2월혁명 후로는 보수적인 입장에서 왕당파와 결탁하여 나폴레옹 3세에 대립했으며, 1870년 보불전쟁에서 나폴레옹 3세가 몰락하자 외국을 순방하면서 전쟁 종결을 위해 노력하던 중, 빈에서 랑케를 만나 3일간에 걸쳐 토론을 하기도 했었다. 그는 국민의회에서 행정장관으로 선출되어 1870년 파리코뮌을 진압하고, 이어서 제3공화정의 초대 대통령이 되었다가 1873년에 사임했다. 그가 역사가로서 남긴 주요 저서로는 『프랑스 혁명사(Historie de la Revolution francaise)』, 10vols. (1823~1827)과 『통령정부와 제국의 역사(Historie du consulat et l'Empire)』, 10vols. (1845~1862)를 저술하여 기조(Guizot) 및 미네(Mignet)와 함께 당대 프랑스의 3대 정치사적 역사가로 지칭되고 있다. - 역자 주

많이 기여했던 인물이었는가 하면, 나는 그 대립된 쪽에 더 많이 속해 있었고, 혁명적 요소 속에서는 단지 세계의, 결코 다시금 배제될 수는 없는 하나의 요소만을 인정했던 한 사람의 독일 학자였다. 바로 이와 같은 두 사람 사이에서 저 우정의 관계가 성립되었던 것이다. 티에르는 혁명적인 운동에 헌신하는 것으로부터는 거리를 두고 있었다. 그는 자신에게 한동안 가해졌던, 공개적인 무력을 행사하는 공산주의 경향성들에 대해 강력하게, 열성적으로 대립했다. 그는 민주주의적인 노력들을 싫어했던 자신의 국왕과도 멀어졌다. 그는 하나의 안정적인 정부를 혁명에 해당되는 하나의 토대 위에 세우고자 시도했던 상황들의 한가운데에서 살고 있었다. 그러나 그는 그 외에도 자신의 정신을 갖고 있었으며, 내가 불가능한 것이라고 설명했던 것에 대해 오히려 가능하다고 보는 감각이 있었다. 그는 하나의 헌법을 세우는 데 모든 것을 걸고 있었다. 나는 물론 그에게 말했다. 여러 헌법들에서 전제되었던 바대로, 그 조건들에 완벽하게 복종하게 될 타고난 군주를 사람들은 결코 발견하지 못할 것이라고.

내가 처음으로 파리에 갔을 때, 나는 애초에는 내가 이전에 예비 작업을 한 바 있는 혁명의 역사를 나의 연구 대상으로 삼겠다는 의도를 갖고 있었다. 또한 나는 알려지지 않았던 여러 가지 자료들을 국립 문서고에서 발견했다. 그러나 나의 연구 대상을 철저히 다루기에는 그것들은 훨씬 못 미쳤다. 그리고 내가 그 작업을 중지했을 때, 프로이센 자체와 관계되어 있었던, 최대의 가치를 지니고 있었던 하나의 보고 문서가 나에게 제공되었다.

그것은 프리드리히 대왕(Friedrich der Große) 시기의 프랑스 공사 발로아(Valori)[148]의 편지들이었다. 이것에 관해서는 여러 가지가 알려져 왔지만, 편지들 자체의 내용상의 풍부함은 거의 예감되지 못했다. 외무성 문서고의 관리자인 미녜(Mignet)149) 역시 나에게 많은 친절을 베풀었고, 나에게 그 자료들의 무제한적인 사용을 주저 없이 허락했으며, 나는 많은 날들을 10시부터 3시까지 손목이 지쳐버리도록 그것들로부터 발췌를 했다. 왜냐하면 당시에는 문서고의 엄격한 규칙이 외래인의 이용을 금지했기 때문이다.

나는 프로이센에 관한 원본의 풍부한 보고들을 안고서 베를린으로 돌아왔다. 나는 아마도 그것들을 있었던 바 그대로 세상에 내놓았을 수도 있었을 것이다. 그러나 그것이 근본적으로 교훈적이지는 않았을 것이다. 내가 무언가 수행하고자 했다면, 프로이센 문서고들 자체 속에서 계몽적인 것과 교훈적인 것을 찾는 것이 필수적인 일이었다. 당시까지 엄격하게 닫힌 채로 유지되고 있었던 이 문서고들은 나에게 기꺼이 개방되었다. 이곳에서도 역시 나는 나의 손으로 작업했다. 사람들은 개별 지면(紙面)들에 대한 이와 같은 정밀한 연구가 얼마나 많은 시간을 필요로 하는지에 관해 어떠한 개념도 갖고 있지 않았다. 그러나 그 대상은 다름 아니라 주로 나의 지식 욕구를 불러일으켰던 것이고, 나에게 그렇지 않아도 매우 가까이 놓여 있었다. 시종무관 틸레(Thiele)는 내가 그 근원을 16세기 속에

---

148) 발로아(Louis Marquis de Valori, 1629~1774)는 프랑스의 군인으로서 1739~1749년 기간에 프랑스 공사로 프로이센에 파견되어 왕세자 프리드리히 빌헬름과 친교를 맺었으며, 그의 전쟁에 종군하기도 했다. - 역자 주
149) 미녜(Francois Auguste Marie Mignet, 1796~1884)는 프랑스 역사가로, 그는 기자로서 왕정복고 시기에 티에르(Thiers)와 함께 반(反)정부 신문 *Le National*을 창간했고, 1830년 7월에 그가 서명에 동참하여 발표된 기자들의 항의문은 7월혁명의 도화선이 되기도 했다. 혁명 후에는 문서고 관장에 임명되어 기조(Guizot)의 위촉으로 프랑스사 사료 간행 작업을 했다. 그의 대표적인 역사 작품은 『프랑스혁명사(Historie de la Revolution francaise)』(2vols., 1824)이다. - 역자 주

서 증명했었던 힘들을 여기에서 찾아보게 될 것이라고 말했다. 나를 활기차게 한 것은 이미 언급된 바 있는 하나의 또 다른 관점이었다. 즉 브란덴부르크 선제후령(選帝侯嶺)이 어떻게 하나의 유럽 세력으로 성장했는지를 파악하는 일이었다. 그러나 이를 위해서는 먼저 군사적 힘들을 집결시켜서 국가를 정비했었던 인물이 서술되어야 했다. 나는 프리드리히 빌헬름 1세(Friedrich Wilhelm I)의 역사에 관해 연구를 집중했다. 나의 『9권의 프로이센 역사』150)의 제1권은 행정 업무의 창시자이자 국가 정비가였던 이 인물에게 바쳐졌다. 그는 프로이센 역사 속에서는 나쁘게 평판이 나 있었다. 내가 그를 가치 있는, 경탄할 만한 면으로부터 제시했다는 사실은 큰 주목을 끌었다. 이어서 나는 프리드리히 2세(Friedrich II)로 나아갔고, 자명하게, 우선은 그가 오스트리아와 치렀던 투쟁을 다루었다. 이 투쟁이 프리드리히 자신의 고유한 역사적 저술151)에서는 문서들로부터 나온 증거들에 의해 서술되지는 않았다. 내가 이미 이전에 발로아의 왕복 서한을 연구하여 습득해 두었던 것이 나에게는 큰 도움이 되었었다.

나의 이 저술은 한편으로는 많은 찬사를 받았으나, 다른 한편으로는 다양한 반대도 또한 받았다. 국왕이 이 작품을 막 접했을 때, 그는 아무도 예감하지 못했던 시대의 소용돌이에 빠졌다. 1848년의 폭풍들은 1830년의 혁명보다 더 깊게 전개되었다. 그것들은 사회적인 성격을 동시에 띠고 있었다. 그것들은 7월 왕정에 의해 세워진, 그러나 확고하게 자리 잡지는

---

150) 원서명은 '9권의 프로이센 역사(Neun Bücher preußischer Geschichte)' 3Bde. (1847~1848)이다. 이 작품은 후일에 프로이센의 초기 역사가 보강되어서 '12권의 프로이센 역사(Zwölf Bücher preußischer Geschichte)'로 재발간되었다. - 역자 주
151) 프리드리히 대왕(Friedrich der Große)이 저술한 『현대사(Historie de mon temps)』를 의미한다. - 역자 주

못했던 질서를 맨 먼저 산산이 내동댕이쳤다. 그러나 전체 유럽이, 7월 왕정 자체처럼, 비슷한 동요들 속에 빠짐으로써, 이 왕정의 전복은 모든 그 외의 나라들에 대해서도 불행한 것으로 되었다. 하나의 전반적인 전복이 문 앞에 다가선 것으로 보였던 순간이 나타났던 것이다. 프리드리히 빌헬름 4세는 지금 막 자신의 헌법 작품을 프로이센 연방의회(Der vereinigte Landtag)152)의 소집을 통해 실현시키고자 했다. 그러나 그는 전반적인 전복이 다가오고 있는 상황에서는 한순간도 버틸 수 없었다. 그는 혁명적 요소들에 넓은 작용 공간을 허용하는 제2의 헌법을 마련하지 않을 수 없게 되었다. 때때로 나는 상당히 절망적인 순간들에 간접적으로 자문을 요청받았다. 당시의 시종무관이었던, 후일에 육군 원수가 된 에드빈 폰 만토이펠(Edwin von Manteuffel)153)이 중개 역할을 했었다. 최소한 내가 들었던 바로는, 국왕이 자신이 약속했던 바를 고려했고, 하나의 확고한 태도를 취할 만큼 기운을 차리게 되었다는 것이다. 그는 나에게 신임을 보여주었다. 왜냐하면 내가 다만 목전에 놓여 있는 순간들을 통해서만 확신했었던 몇 개의 예고, 예를 들면 젊은 나폴레옹의 대통령 취임에 관

---

152) 프리드리히 빌헬름 4세는 1847년 4월에 프로이센 각 주(州, Land)의 주의회(Landtag)의 대표들을 베를린에 소집했다. 그는 이것을 프로이센 국민의 대표 기관으로 삼고자 했던 것이다. 그러나 그 대표들은 주로 국왕에 의해 선정되었고, 귀족들로 구성되었으므로 국민의 요구에 부응할 수 없었으며, 이 의회에 보낸 국왕의 교서(敎書)마저 위압적이었으므로 소집된 귀족들 사이에서도 불만이 일어났으며, 회의는 아무 성과 없이 산회되고 말았다. — 역자 주
153) 만토이펠(1809~1885)은 프로이센의 군인으로서 1848년에 프리드리히 빌헬름 4세의 시종무관이 되었고, 게를라흐 형제와 함께 국왕 주변의 비밀 당파(Kamarilla)를 형성하여 정부 정책에 영향을 주었다. 또한 그는 빌헬름 4세를 계승한 빌헬름 1세의 시종무관장이 되어 군사력 강화를 강조했고, 보불전쟁에 종군했다가 전쟁 후 육군 원수(元帥)가 되었다. — 역자 주

한 예고가 진실로 확증되었기 때문이다. 그 이후로 나는 국왕을 이전보다 더 자주 보았으며, 나는 그의 본질의 독창성, 그의 내면적 추진력의 깊이, 세계로 뻗어나가는, 한 번도 흐려지지 않았던 그의 안목에 만족했고 감동했다.

그러나 『프로이센 역사』 서술 작업을 계속하는 것이 나에게 불가능해질 뻔했었다. 내가 목격했던 소용돌이는 나로 하여금 고대 연구로 되돌아가도록 만들었던 것이다. 이 연구들로부터 고대 전반의, 특히 로마의 역사에 관한 나의 강의들이 나왔다. 직접적인 저술 활동과의 관계에서 나는 그때 비로소 내가 이탈리아에서 수집했던 자료들로 되돌아갈 수 있었다. 문서들이 보고하는 것들과 일반적으로 채택된 견해들 사이의 갈등 속에서 나의 『프랑스 역사』[154]가 탄생했고, 이것을 나는 여전히 국왕 앞에서 낭독하게 되었다. 그는 전반적으로 프랑스인들을 사랑했고, 또한 그들을 이해했다. 때때로 나는 몇 개의 장(章)들을 그에게 좀 더 일찍이 제출했어야만 했다고 생각하기도 했다. 그만큼 그의 소견들은 적합했었다. 나는 온통, 그는 사람들을 끌어들이기보다는 멀어지게 하는 인물이었다고 말하지 않을 수 없다. 어느 날 나는 그에게 영국 역사에 관해서, 특히 사람들이 1688년의 혁명이라고 부르는 거대한 재난에 관해서 몇 개의 관념들을 어느 정도 상세하게 설명했다. 내가 그에게, 이 사건은 나의 다음 작품의 대상[155]이 될 것이라고 말했을 때, 나는 그가 그렇게 주목하는 모습을 결코 본 일이 없었다. 그는 나에게 친절한 찬사를 건네면서 "그것을 하시오. 아마도 당신은 달성할 것이오!"라고 말했다.

---

154) 원서명은 Französische Geschichte vornehmlich im 16. und 17. Jahrhunderte (5Bde., 1852~1861)이다. — 역자 주

155) 원서명은 Englische Geschichte vornehmlich im 16. und 17. Jahrhunderte(6Bde., 1859~1867)이다. — 역자 주

20년 전에 나는, 당시에 베를린 대학에서 공부했던 바이에른(Bayern)의 왕세자 막시밀리안(Maximillian)156)에게 몇 차례에 걸쳐 강의를 했었다. 그 강의들은 많지는 않았지만, 그러나 나에게 평생 동안 그의 찬사와 호의를 가져다주었다. 그가 바이에른까지도 휩쓸었던 1848년 혁명의 혼란들 속에 왕좌에 올라서, 어느 정도 기반을 굳혔다고 느꼈을 때, 그는 나를 기억하는 호의로써 나에게 매우 명예로운 지위를 제공했었다.157) 본질적인 독창성과 예비 교육의 범위에 있어서 막시밀리안 2세(Maximillian II)는 프리드리히 빌헬름 4세와 비교될 수 없었다. 그러나 그는 침착하게, 조용히 숙고했고, 그러고 나서는 매우 확고했다. 그의 모든 노력들은 바이에른을 하나의 높은 문화 단계로 제고시키는 데 집중되어 있었다. 그는 학문을 그 자체로서, 그리고 자신의 나라와의 관계 속에서 사랑했다. 내가 지금 그에게 감사하는 바는, 그가 가을에 베르히테스가덴(Berchtesgaden)으로부터 출발했던 산악 여행에 나를 초대했던 일이었다.158) 그는 내가 그

---

156) 막시밀리안 2세(Maximillian II, 1811~1864)는 바이에른 국왕 루트비히 1세의 왕세자로서 일찍이 베를린 대학에서 랑케의 강의를 수강한 바 있으며, 1848년부터 바이에른의 국왕이 되었다. 그는 가톨릭교의 극우 보수 정책과 교황주권론(敎皇主權論, Ultramontanismus)을 거부하면서 온건한 입헌주의를 추구했으며, 대외적으로는 프로이센과 오스트리아의 사이에서 중위 국가의 지위를 확보하고자 했다. 그는 특히 학문을 사랑하여 뮌헨(München)에 학자들을 모았고 학문적 출판 사업을 장려했으나 병약하여 일찍 사망하고 말았다. 그의 왕비는 프로이센의 빌헬름(Wilhelm)의 딸이었다. — 역자 주
157) 막시밀리안은 1853년에 랑케를 뮌헨 대학의 교수로 초빙하고자 했으나, 랑케는 프로이센 및 프리드리히 빌헬름 4세와의 의리 때문에 베를린 대학을 떠날 수 없어서 그 초빙을 사양했다. 그 대신 그는 막시밀리안 국왕에게 몇 차례 강의를 했고, 뮌헨 아카데미의 '역사위원회' 위원장을 맡았다. — 역자 주
158) 랑케는 1854년 9월 말부터 10월 중반까지 막시밀리안의 초청으로 베르히테스가덴(Berchtesgaden)의 산장에 체류했으며, 이 기간에 '근세사의 여러 시기들에 관하

때까지 몰랐던 독일의 자연과 민족의 한 면을 나에게 열어주었다. 그의 대화는 항상 보편적인 것을 지향했다. 베르히테스가덴에서의 산책들에서 학문적 모임을 위한 기획이 탄생했다. 이것은 '바이에른 학문아카데미'의 '역사위원회(Historische Kommission)'159)로서 문학적·역사학적으로 거대한 기여를 이룩했다. 막시밀리안이 좀 더 오래 살지 못했던 것은 애석한 일이다. 그와의 대화에서는 정치적인 문제가 등장한 일은 없었다. 그것에 관해서였다면, 우리는 긴 대화를 나누지 않았을 것이다. 그는 철두철미하게 마음씨가 착했으며, 그에게는 어떠한 거짓도 없었다. 바이에른은 오스트리아와 프로이센 사이의 중간급의 국가들 중에서 가장 강력한 국가였다. 이 나라의 국왕으로서 그는 당시에 제기되었던 국가들의 연합을 추구하는 정책에는 결코 동의하지 않았다. 그러나 그의 예기치 않은 죽음은 그러한 체제 일반을 무효화했던 첫 번째 계기가 되었다. 전쟁이 발발했다 해도, 바이에른 국왕은 결코 오스트리아 편에 서고자 결심하지는 않았을 것이다. 이것이 일어났던 것은 그가 죽었던 저 시기에 막 발발했던 혼란 속에서였다. 그는, 계속 살았다면 훌륭하게 수행했었을 많은 과제를 갖고 있었다. 특히 '언어와 글을 위한 독일 아카데미 총회'의 설립이 그러한 것이었다. 그러나 그것을 위한 당시의 진행 상태와 또한 그것에 연계될

여(Über die Epochen der neueren Geschichte)'를 강의했다. 이 원고는 랑케의 사후에 출판되었다.—역자 주

159) '뮌헨 학문 아카데미'는 역사위원회(Historische Kommission)를 창설했고, 그 위원장은 랑케가 맡았다. 이 위원회는 그 후 『전 독일 전기 집성(Allgemeine deutsche Biographien)』·『독일 제국 연보(Jahrbücher des Deutschen Reichs)』·『독일 학문들의 역사(Geschichte der Wissenschaften in Deutschland)』·『독일 도시 연대기(Chroniken der deutscher Staate)』·『독일 제국의회 문서들(Deutsche Reichstagsakten)』·『19세기 독일 사료(Deutsche Geschichtsquellen des 19. Jahrhendert)』 등의 중요한 사료 편찬 및 간행 작업을 했다.—역자 주

수 있었던 모든 계획은 그때 발발했던 전쟁 때문에 끝나고 말았다.

　그리고는 세계의 운명을 변경시켰던 두 개의 거대한 전쟁들이, 오스트리아와 프로이센 사이에,160) 프로이센과 프랑스 사이에161) 연달아 일어났다. 이 전쟁들의 가장 중요한 결과는 정치적 관계들이 통일적으로 고르게 조정된 하나의 기반 위에서 발전하게 되었다는 사실이다. 독일과 세계를 위한 보편적 전망은 나로 하여금 나의 마지막 힘들을 세계사에 관한 작품에 바치도록 자극했으며, 이 작업을 나는 아직도 진행하고 있다.162)

---

160) 이것은 프로이센과 오스트리아 사이의 전쟁(1866. 6~8.)을 의미한다. 빌헬름 4세에 이어 국왕이 된 빌헬름 1세는 융커 출신의 비스마르크를 재상(宰相)으로 기용하여 국력을 강화하고 있던 중에 덴마크 국경의 슐레스비히-홀슈타인(Schleswig-Holstein)에 대한 지배권 문제를 두고서 오스트리아와 전쟁을 했으며, 7주 만에 제압해 버렸다. 이 승리로써 프로이센은 '북독일연방'을 조직하고서 민족 통일 문제에서 오스트리아를 배제한 채 소독일주의식으로 주도할 수 있게 되었다. —역자 주
161) 1870~1871년의 프로이센과 프랑스와의 전쟁을 의미한다. 이 전쟁으로 프랑스에서는 나폴레옹 3세(Napoleon III)가 몰락하고 공화 정부가 들어섰으나, 결국 프로이센과 강화조약을 맺고서 배상금을 치러야 했으며, 프로이센은 알자스·로렌과 함께 친프랑스적인 남부 독일 지역을 합병하여 오랫동안의 숙원이었던 통일 사업을 완수하고, 1871년에는 독일 제국으로 출발하게 되었다. —역자 주
162) 랑케는 아들 오토(Otto)에게 이 구술을 마친 후, 이듬해 1886년 5월 23일에 사망했다. —역자 주

●쉼터●

찾아보기_인명

ㄱ

게를라흐(Gerlach) 252, 289
겐츠(Friedrich Gentz) 247, 275, 280
괴테(Goethe) 146, 200, 267
구스타프 3세(Gustav III) 57, 80
구이치아르디니(Guicciardini) 271~272
그라티우스(Hugo Grotius) 217, 270
그림(Jacob Grimm) 163

ㄴ·ㄷ

네케르(Necker) 83
니부르(Niebuhr) 215, 234~235, 267
달림플(Dalrymple) 36
데트레(Kardinal d'Estrées, 추기경) 34
도스트리아(Don Juan d'Austria) 34
돈 페드로(Don Pedro) 143
디반(Diwan) 31
디오니시우스(Dionysius von Halicarnaß) 234, 267

ㄹ

라도비츠(Radowitz) 252, 289

라이지히(Reisig) 249
랑베르티(Lamberty) 54
랑케(Gottlob Israel Ranke) 166
랑케(Johann Heinrich Israel Ranke) 166, 168
레오 12세(Leo XII) 281
레오폴트(Leopold) 대공 220
루이 11세 270~271
루이 12세(Ludwig XII) 273
루이 14세 35~36, 38~39, 45, 50, 52, 56, 81, 93
루이 필리프(Louis Philipp) 250
루크레티우스(Lucrez) 68
루터 268, 286
루트비히 도약공(跳躍公, Ludwig der Springer) 192
뤼(Chritian F. Rüh) 41
리비우스(Livius) 234, 267
리슐리외(Richelieu) 33, 59

ㅁ

마르크스(Marx) 94

마자랭(Mazarin) 59
막시밀리안 1세(Maximilian I) 286
막시밀리안 2세(Maximillian II) 297
막시밀리안(Maximillian) 297
만스펠트(Mansfeld) 백작 166
만토이펠(Edwin von Manteuffel) 295
멜란히톤(Melanchton) 191
몬테쿠쿨리(Montecuculi) 35
몽테스키외(Montesquieu) 50, 124
뫼르시위스(Meursius) 233
무스타파(Kara Mustapha) 52
뮐러(Johannes Müller) 236
뮐러(Otfried Müller) 232, 235, 246
미녜(Mignet) 293
밀턴(Milton) 197

ㅂ

바리용(Barillon) 36
바이런(Byron) 108
발렌슈타인(Wallenstein) 51
발로아(Valori) 292, 294
베네딕트 107
베르길리우스(Virgil) 194, 227, 230
베르젠(Vergennes) 83
베른슈토르프(Bernstorff) 144
베커(Becker) 183
베크(Christian Daniel Beck) 214, 268
베테(De Wette) 212
보아디케아(Boadicea) 여왕 264

볼테르(Voltaire) 31, 39, 50
뵈크(Boeckh) 235
부아스레(Boisserée) 216
부트만(Buttmann) 227
분젠(Bunsen) 254, 281
브루달루(Bourdaloue) 67
브루투스(Brutus) 68
브리엔(Brienne) 대주교 86
비엘(Villéle) 144
비오 8세(Pius VIII) 281
비크(Wiek) 244
빌란트(Wieland) 209

ㅅ

사누토(Marino Sanudo) 275
살루스티우스(Sallust) 236~238
살방디(Salvandy) 30
샤를(Karl den Kühnen, 모험공) 270~271
샤를 10세(Carl X, Charles X) 143, 250, 282
샤베스 후작(Marquis von Chaves) 142
샤탱(Chatam) 79
샤토브리앙(Chateaubriand) 282
샹브레(Chambray) 118, 120
세귀르(Segur) 81
소(小)피트(Pitt) 84
소비에스키(Johann Sobieski) 31
소포클레스(Sophokles) 200, 202

쉴러(Schiller) 175, 184, 188, 200, 202, 263
슈뢰크(Schröckh) 210
슈베르트(Schubert) 164
슈탕게(Stange) 223, 225, 229
슈테펜스(Steffens) 246
슐라이어마허(Schleiermacher) 253
스콧(Walter Scott) 270~271
슬라이다누스(Sleidanus) 273

ㅇ

아리스토텔레스(Aristoteles) 136
아우구스트 2세(August II) 56
아이스킬로스(Aeschylus) 200, 202
아이히호른(Eichhorn) 253
아킬레우스(Achill) 183
아피아노스(Appian) 236
안실롱(Ancillon) 253
알렉산더(Alexander) 98
알버트(Albert) 공 259
알베르트(Albert) 286
앙리 4세(Heinrich IV) 29
앙투아네트(Marie Antoinette) 71, 87
야코비(Jacobi) 223
얀(Jahn) 217, 225, 246, 269
에우리피데스(Euripides) 202
영(Young) 37
오를레앙(Orlean)의 대공 282
오비디우스(Ovid) 194

요제프 2세(Joseph II) 71
웰링턴(Wellington) 120
윌리엄 3세(Wilhelm III) 43, 46, 48, 250
유스티니아누스(Justinianus) 215
율리우스(Julius) 240
일겐(Carl David Ilgen) 190

ㅈ·ㅊ

자비니(Savigny) 253, 255, 285
잘츠만(Salzmann) 182
제임스 2세(James II) 45, 78
조비오(Jovius) 271~272
찰스 2세(Karl II) 35~36, 45, 48
취르너(Tzschirner) 210, 268

ㅋ

카라지치(Karadzie) 276
카시우스(Dio Casius) 221, 236
카이사르(Cäsar) 236, 238~239
카토(Cato) 68
카틸리나(Catilina) 237
칸트(Kant) 73, 225, 247, 267
칼 4세(Karl IV) 61, 64
칼 5세(Karl V) 273, 286~287
칼 6세(Karl VI) 58~59
칼 7세(Karl VII) 60
칼 12세(Karl XII) 53~55
캐닝(Canning) 280
코민(Commines) 271

코피타르(Kopitar) 276
콘타리니(Contarini) 32
크로이처(Creuzer) 232
크루그(Krug) 267
크리스토프(Carl Ernst Christoph Schneider) 172
크세노폰(Xenophon) 217, 233
클롭슈토크(Klopstock) 188, 196~197, 199
키케로(Cicero) 194, 237~238

ㅌ

타키투스(Tacitus) 205, 239~241, 244, 264
테레지아, 마리아(Maria Theresia) 60, 63~64
테오크리토스(Theokritos) 214
투키디데스(Thucydides) 214, 222, 231, 233
튀르고(Türgot) 83, 89
튀링겐(Thüringen) 164
티어슈(Thiersch) 226
티에르(Thiers) 291
틸만(Thielmann) 175, 186, 205, 244, 265

ㅍ

페르디난드 7세(Ferdinand VII) 142~143

페르디난트(Ferdinand) 51
포스(Voß) 289
포포(Ernst Poppo) 222
표트르 1세(Peter I) 54~56
푸펜도르프(Pufendorf) 35
프란츠(Franz) 황제 282
프리드리히 대왕(Friedrich II, Friedrich der Große) 49, 61~62, 64~67, 70, 75, 92, 100, 292, 294
프리드리히 빌헬름 1세(Friedrich Wilhelm I) 294
프리드리히 빌헬름 2세(Friedrich Wilhelm II) 260
프리드리히 빌헬름 3세(Friedrich Wilhelm III) 255, 283, 285, 287~288
프리드리히 빌헬름 4세(Friedrich Wilhelm IV) 213, 256~259, 288~289, 295
프리스(Fries) 225
플라상(de Raxio de Flassen) 33, 39
플라톤(Plato) 125, 203
플뢰리(Fleury) 59
피히테(Fichte) 130, 215, 267
핀다로스(Pindar) 214~215, 264, 266

ㅎ

하우볼트(Haubold) 215
하이들러(Ferdinand Heydler) 228, 231
하인리히 1세(Heinrich I) 165
하인리히(Heinrich der Löwe, 사자왕) 70

할러(Haller) 289

헤라클리토스(Heraklit) 94, 156

헤로도토스 231, 233~234

헤르만(Gottfried Hermann) 190, 214, 223, 266, 273

헤시오도스(Hesiod) 266

호라티우스(Horaz, Horatius) 191, 196, 226~227

호메로스(Homer) 183, 195, 226, 230, 233, 264

훔볼트(Alexander von Humboldt) 252

찾아보기_개념 및 기타

ㄱ

가톨릭 문학 42
가톨릭적·독일적인 76
가톨릭주의 47
『갈리아 전쟁기』 239
개체들(Individuen) 138
개체성들(Individualitäten) 138
개혁되지 않은 의회 118
게르만 연대기들(Scriptores rerum Germanicarum) 218
게르만적·해양적(海洋的) 76
고등 법원들 144
공법(公法) 130
공화주의적 경향성 83
『교황들의 역사』 254~285
구문론(構文論, Syntax) 227
구세주 예수(Herr und Heiland) 188
국가의 가장 고귀한 노력 148
국가의 자연법칙 290
국가의 최고의 법칙 136
국가의 최고의 생명력 156
국가의 최고의 이념 229

군주제적·보수적 방향 269
『그리스사(Hellenica)』 233
그리스어 서법(Gräcität) 203
그리스적·슬라브적 76
『글로베(Globe)』 278

ㄴ·ㄷ

『남부 유럽의 군주들과 민족들』 274, 278
낭트칙령(Edikt von Nantes) 29, 45, 253
님베겐(Nimwegen)의 평화 42
대(大)통합회의(die Grand'-Chamber) 85
대담(Gespräch) 107, 113
대학생연합(Burschenschaft) 277
대화(Konversation) 107~108, 113
도시조례(條例) 119
도팽(Dauphin) 42
독립교회파(Independent) 35
『독일 민족에게 고함(Reden an die deutsche Nation)』 267
독일사에서 가장 빛나는 시기 165
독일연방(Deutscher Bund) 132

독일적·프로테스탄트적 76
독일적인 것(Deutschheit) 258
돈도르프(Donndorf) 182
돈도르프(Donndorf) 수도원 165, 180, 185, 264
디반(Diwan) 51

ㄹ

라이체인들(Raize) 53
라이프치히 전투 265
라틴어 서법(書法, Latinität) 203
『라틴적·게르만적 민족들의 역사들』 273
『로마사』 215, 246, 267
로마왕(der römische König) 42
로스레벤(Roßleben) 수도원 165

ㅁ

「메시아(Messiade)」 188, 198
멤레벤(Memleben) 수도원 165
명예혁명 43, 45~46, 78, 250
『모니퇴르(Moniteur)』 278
문헌학자들(Philologen) 214

ㅂ

바젤(Basel) 평화협정 262
방위 및 예속 조약(Das pactum unionis et subjectionis) 127
베르히테스가덴(Berchtesgaden) 297
벨르-알리앙스(Belle-Alliance)에서의 결전 244
보편군주제(Universalmonarchie) 93
복음서 195
북방전쟁 54
비밀 문건들(Portfolio) 109~110, 146, 248
비헤(Wiehe) 165, 168, 174, 243

ㅅ

사법(私法) 130
삼두정치(三頭政治) 68
30년전쟁 51
상징론(象徵論, Symbolik) 232
서신서 195
세 개의 신분들 124
성신(星辰, Gestirne)의 영향 262, 264
세계 문학 103
세계사건(Weltbegebenheit) 206
세계숙명(Weltgeschick) 230
세계주의자들(Kosmopoliten) 131
세력균형 43
『세르비아 혁명의 역사』 276
세르비아운동 248
『순수이성비판』 267
슈타인-하르덴베르크(Stein-Hardenberg) 개혁 7, 120, 253, 289
슐레지엔(Schlesien) 전쟁 63
스위스 연방(Eidgenossenschaft) 33
스위스 의회(Tagsatzung) 33

스페인 왕위계승전쟁 42~43, 48, 54
슬라브운동 248
시편(詩篇, die Psalmen) 212
신의 사상(Gedanken Gottes) 138
신지학(神智學, Theosophie) 233
『신통기(神統記, Theogonie)』 214
실증적 신앙(das positive Glauben) 186
실증적(positive) 학문 74, 269
실천신학(die praktische Theologie) 211

ㅇ

『아그리콜라(Agricola)』 205, 240, 244, 264
아메리카 전쟁 82, 84
「아에나이데(Aeneide)」 195, 228
아이스레벤(Eisleben) 166
애국주의 149~150
어형론(語形論, Formenlehre) 227
언원학자(言原學者, Etymolog) 214
「엘렉트라(Elektra)」 202
『역사(Historien)』 240
역사위원회(Historische Kommission) 298
『역사·정치잡지(Historische-politische Zeitschrift)』 251
역사학적 연습(die historische Übung) 255
『연보(Annalen)』 205, 240
열왕기(列王記) 212
예속민들(Heloten) 125
예언서 195

「오디세이아(Odysee)」 195
오스트리아 왕위계승전쟁 58, 70
오스트리아 위원회 87
외경(外經: Apokryphen) 198
이교들(異敎, Ketzerei) 114
이성적 판단(Raisonnement) 211
「일리아드(Iliade)」 195
입헌적 군주제의 대립 111

ㅈ

자도바(Sadowa)에서의 전투 260
자발성(Spontaneität) 147, 153
자유의사(自由意思) 153
자코뱅주의자들(Jakobiner) 90
작센(Sachsen) 선제후령(選帝侯領) 170
작센수도원 185
재합병관청(Reunionskammer) 36
전제정치(Despotismus) 151
전제정치(Tyrannei) 136
절대적 군주제 111
『정치 주보(das Politische Wochenblatt)』 252, 284
정치적 인간(politisches Geschöpf) 150
정통성의 원리 277
제3신분 88~89
제국의회(Reichstag) 256
제국의회 보고들 286
『종교개혁 시기의 독일사』 290
중도적 합리주의 211

중산형(中山型) 모자들(Hüte) 57
중용(中庸, Justemilieu) 111, 114, 116
진영(陣營, das Lager) 184

ㅊ·ㅋ

철학적 문법(Philosophische Grammatik) 129
체조협회(Turner) 217, 225
7년전쟁 57, 65~66, 71, 75, 79
『카틸리나(Catilina)의 모반』 237
쿠너스도르프(Kunersdorf)의 전투 69
크리미아 전쟁 259
키메라(Chimäre) 128, 145

ㅌ·ㅍ

털모자들(Mütze) 57
튀링겐(Thüringen) 왕국 164
트로이인들(Trojaner) 183
파리협정 266
『파우스트(Faust)』 200
「페니키아 여인들」 202
포르테(Pforte) 179, 185
포르테 수도원 264
포르테 학교(Schulpforte) 186, 203, 228
포르투갈-스페인이 범했던 방황들 142
폴란드의 분할 79

풀타바(Pultawa) 66
풀타바(Pultawa)의 전투 55
프라우엔호퍼(Frauenhofer, 직녀성) 128
『프랑스 역사』 296
프랑크푸르트(Frankfurt an der Oder) 219
『프로이센 역사』 258, 296
프로이센 연방의회(Der vereinigte Landtag) 295
프로테스탄트 교회 256
프로테스탄트 문학 42
프로테스탄티즘 47, 255, 257

ㅎ

하노버(Hannover) 합병 49
『학술원 사전(Diktionär der Akademie)』 41
한자(Hansa)동맹 219~220
혁명적·제국주의적인 원리 265
현세주의자들(現世主義者들, Weltkinder) 108
현실적-정신적인 것(das Real-Geistige) 131
협의적(協議的) 형식들(die deliberativen Formen) 156
혼합체들(Konglomerate) 138
휘그파(die Whigs) 49, 113

옮긴이 **이상신**

고려대학교 사학과 및 동 대학원 졸업, 문학석사.
독일 하이델베르크(Heidelberg) 대학 및 빌레펠트(Bielefeld) 대학 수학, 철학박사.
고려대학교 사학과 교수 역임, 현재 동 대학교 명예교수.
저서 : 『19세기 독일 역사 인식론』, 고려대 출판부.
　　　『역사학 개론』, 신서원.
　　　『서양사학사』, 신서원.
　　　『서양에서의 민족과 민족주의』, 한국서양사학회(공저), 까치.
역서 : 『역사의 이론과 역사』(B. Croce), 삼영사.
　　　『세계시민주의와 민족국가』(F. Meinecke), 최호근(공역), 나남.
　　　『세계사적 성찰』(J. Burckhardt), 신서원.
　　　『역사학』(G. Droysen), 나남.
　　　『근세사의 여러 시기들에 관하여』(L. v. Ranke), 신서원.

레오폴트 폰 랑케의
강대 세력들 · 정치 대담 · 자서전

2014년 4월 15일 초판 1쇄 인쇄
2014년 4월 25일 초판 1쇄 발행

지은이 ■ 레오폴트 폰 랑케(Leopold von Ranke)
옮긴이 ■ 이상신
펴낸이 ■ 정용국 · 임순종
펴낸곳 ■ (주)신서원
　　　　서울시 서대문구 냉천동 260 동부센트레빌 아파트 상가동 202호
　　　　전화 : (02)739-0222 · 3　팩스 : (02)739-0224
　　　　신서원 블로그 : http://blog.naver.com/sinseowon
　　　　등록 : 제300-2011-123호(2011.7.4)
ISBN 978-89-7940-605-4 93900

값 18,000원

신서원은 부모의 서가에서 자녀의 책꽂이로
'대물림'할 수 있기를 바라며 책을 만들고 있습니다.
잘못된 책은 연락주세요.